U0684477

企业数字化转型与内部控制重构

姚晓蓉 / 著

中国大百科全书出版社

图书在版编目（CIP）数据

企业数字化转型与内部控制重构 / 姚晓蓉著 .

北京：中国大百科全书出版社，2024. 12. -- ISBN 978-
7-5202-1777-4

Ⅰ . F272.7

中国国家版本馆 CIP 数据核字第 2024E957D1 号

出 版 人	刘祚臣
策 划 人	臧文文
责任编辑	王　绚
责任校对	臧文文
封面设计	博越创想・夏翠燕
版式设计	博越创想
责任印制	李宝丰
出版发行	中国大百科全书出版社
地　　址	北京市西城区阜成门北大街 17 号
邮　　编	100037
电　　话	010-88390703
网　　址	http://www.ecph.com.cn
印　　刷	北京九天鸿程印刷有限责任公司
开　　本	710 毫米 × 1000 毫米　1/16
印　　张	19
字　　数	280 千字
版　　次	2024 年 12 月第 1 版
印　　次	2024 年 12 月第 1 次印刷
书　　号	ISBN 978-7-5202-1777-4
定　　价	86.00 元

本书如有印装质量问题，可与出版社联系调换。

序　言

近年来，数字技术迅猛发展，已成为驱动经济社会高质量发展的强大引擎。国家领导人屡次在重要场合强调，要加速数字化进程，奋力建设数字中国，力促数字经济与实体经济深度融合，着力打造具备国际竞争力的数字产业集群。为此，各级政府相继颁布了一系列关于数字经济与数字化转型的纲领性文件，为企业数字化转型指明了方向。

作为提升企业竞争力、实现可持续发展的核心战略，数字化转型正引领企业迈入一个充满无限机遇与挑战的新时代。然而，这一转型之路并非一帆风顺，它要求企业在组织架构、业务流程、思维模式等多个维度进行深刻变革，方能从容应对数字化时代的风云变幻。

在此背景下，内部控制作为企业管理的关键环节，也面临着数字化转型带来的全新挑战与机遇。如何在数字化转型的浪潮中重构内部控制体系，以确保企业稳健运营、持续创造价值并有效防控风险，已成为当前理论与实践领域亟待破解的重大课题。

本书正是应时而作，以企业数字化转型与内部控制重构为核心主线，全面系统地探讨了数字化转型的演进历程、未来趋势、核心价值及其对企业运营的深远影响。同时，本书还深入剖析了内部控制的演变历程、数字化环境下的变革需求、重构的基本原则与标准、关键领域以及新兴工具与技术等。

在理论与实践紧密结合的基础上，本书进一步研究了企业数字化转型对内部控制、审计费用、组织结构管理控制适应性的影响。此外，还构建了基于 WSR 的企业数字化转型下内部控制评价体系，为相关实践提供了有力的理论支撑。

为增强本书的实用性和可读性，特别选取了中国工商银行和中国联通两家企业数字化转型与内部重构的典型案例进行深入剖析，以期为读者提供有益的参考和启示。

在结语部分，本书对数字化时代企业内部控制的发展趋势进行了前瞻性的展望，并提出了应对数字化转型与内部控制重构的切实可行策略，同时也指明了未来该领域的研究方向。

本书的顺利出版，得益于江苏省社会科学基金项目《江苏中小企业数字化转型模式与实施路径研究》（22EYBO20）、江苏省社科应用研究精品工程财经发展专项课题《江苏企业数据资产管理控制适应性研究》（24SCB-21）的研究成果，以及苏北现代化研究基地的鼎力支持。在此，衷心感谢这两个课题组的成员：袁安、包振山、陈玮、沈彬、钱英、何梦圆和许志冬对本书出版提供的帮助。

衷心希望本书能够为企业在数字化转型的征途中构建和完善内部控制体系提供有益的参考与指导，同时也能够为学术界在这一领域的深入研究贡献一份绵薄之力。本人学识有限，书中难免存在疏漏与不足，恳请各位专家、学者及广大读者不吝赐教，批评指正。

姚晓蓉

2024 年夏

目 录

第一章 绪 论

在当今瞬息万变的全球商业环境中，数字经济已成为推动社会进步与经济发展的重要引擎。随着信息技术的飞速发展和互联网应用的广泛普及，数字化转型已成为企业提升竞争力、实现可持续发展的必由之路。这一转型不仅深刻影响着企业的运营模式、组织结构和管理方式，更对传统的内部控制体系提出了新的挑战与要求。

本书第一章首先概述研究的背景与意义，明确数字经济与数字化转型的全球趋势，以及内部控制在现代企业中的核心地位。随后将对企业数字化转型的基本概念、驱动因素、核心要素与战略目标进行系统的梳理。在此基础上，本章将进一步探讨内部控制的基本理论框架，并分析企业数字化转型如何为内部控制开启新的篇章，以及在这一过程中内部控制所面临的挑战与机遇。

最终，本章将明确研究目的，并概述各章节的结构安排，以期为读者提供一个全面、深入且具有前瞻性的视角，来审视和理解企业数字化转型与内部控制之间的复杂关系。

第一节　研究背景与意义

数字经济的发展使得数字化转型成为当今企业发展的必然趋势，是企业提升核心竞争力、实现可持续发展的关键路径。本节将深入剖析数字经济的全球趋势与发展动态，探讨数字化转型在全球范围内的推进态势，阐述内部控制在现代企业治理中的重要地位。通过本节内容的阐述，我们将揭示数字化转型与内部控制之间的内在联系，并探讨本研究在理论与实践层面的意义与价值，为后续章节的展开奠定坚实的基础。

一、数字经济的全球趋势与发展

1. 数字经济的定义

数字经济是指以数字化的知识和信息作为关键生产要素，以数字技术创新为核心驱动力，以现代信息网络为重要载体，通过数字技术与实体经济的深度融合，不断提高传统产业数字化、智能化水平，加速重构经济发展与政府治理模式的新型经济形态。随着云计算、大数据、互联网、区块链、人工智能等数字技术的快速发展，数字经济正成为一个国家经济增长的"新引擎"（陈晓红等，2019[①]；SINGHA，et al.，2018）。数字经济相比传统经济而言，在信息的传播速度、数据的处理成本、资源的精准配置等方面独具优势（GOLDFARB & TUCKER，2019）。

近年来，随着信息技术的飞速进步，数字经济在全球范围内蓬勃发展。特别是互联网、移动通信技术的普及，使得信息获取和传输变得更加便捷高效，为数字经济的发展奠定了坚实基础。在中国，数字经济已成为经济增长的新引擎，对 GDP 的贡献率持续上升。

[①]　本书文内文献引用采用著者 – 出版年制。

随着 5G、人工智能、区块链等前沿技术的不断突破和应用,数字经济将迎来更加广阔的发展前景。这些技术将进一步推动产业数字化转型,催生更多新业态、新模式,为经济发展注入新活力。

2. 全球数字经济的发展现状与趋势

（1）数字经济在中国的发展

数字经济正以前所未有的力量重塑全球经济版图,同时也成为中国经济增长的新引擎。根据中国信息通信研究院及国家互联网信息办公室等历年发布的数据,2002—2022 年间,中国数字经济总量实现了从 1.2 万亿元到 50.2 万亿元的飞跃式增长。进入 2023 年,数字中国的赋能效应愈发显著,数字经济持续保持稳健增长态势,其核心产业增加值占 GDP 的比重已稳定在 10% 左右。

近年来,我国政府制定了一系列旨在推动数字经济发展的战略和政策,力求在全球数字经济竞争中抢占先机,形成新的国家竞争优势,助力中华民族在国际舞台上实现伟大复兴的宏伟目标。

2021 年 3 月 13 日,《中华人民共和国国民经济和社会发展第十四个五年规划和 2035 年远景目标纲要》在历经审议后正式表决通过。该纲要明确将"加快数字化发展,建设数字中国"以及"打造数字经济新优势"作为我国"十四五"期间经济社会发展的重要目标,彰显了数字经济在国家发展战略中的重要地位。

2022 年 10 月,党的二十大报告进一步提出了"加快发展数字经济,促进数字经济和实体经济深度融合,打造具有国际竞争力的数字产业集群"的重要任务,将数字产业置于数字经济发展的核心位置,为其发展指明了方向。

2023 年,中共中央、国务院印发的《数字中国建设整体布局规划》更是明确指出,数字中国建设是推动现代化建设和提升国家竞争力的关键力量。该规划还详细描绘了"2522"整体框架和路径,将数字经济战略置于经济发展的优先地位,充分彰显了数字经济在实现中国式现代化进程中的引擎作用。

特别是在当前加快形成新质生产力的背景下，提升数字经济的国际竞争力对于加快实现经济结构调整与增长动能转换具有至关重要的意义。这将有助于我们在数字经济的浪潮中抢占先机，加快形成新质生产力，推动中国经济实现高质量发展。

（2）全球数字经济的发展现状

全球数字经济正处于蓬勃发展的黄金时期，成为推动全球经济增长的重要引擎。随着信息技术的飞速发展，特别是互联网、大数据、人工智能、云计算、物联网等技术的广泛应用，数字经济在全球范围内迅速崛起，深刻改变了人们的生活方式、生产方式和社会治理方式。

从市场规模来看，全球数字经济总量持续扩大，预计在未来几年内将保持高速增长态势。2023年，全球数字经济总量已经超过40万亿美元，其中，物联网支撑的数字经济占据了一半以上的份额，显示出物联网技术在推动数字经济发展中的重要作用。

在技术创新方面，全球范围内数字技术创新热度持续提升，关键核心技术和前沿技术创新取得阶段性突破。特别是在人工智能领域，大模型的爆发式发展带动了智能算力需求的急剧增加，使得算力成为科技竞争的核心。此外，量子计算、区块链等前沿技术的研发也在加速推进，为数字经济的发展提供了无限可能。

在产业应用方面，数字经济已经渗透到各行各业，推动了传统产业的数字化转型升级。制造业、服务业、农业等传统产业通过应用数字技术，实现了生产、管理、营销等环节的优化升级，提高了生产效率和产品质量，降低了运营成本。同时，数字经济还催生了电子商务、移动支付、共享经济、在线教育等新兴业态，为人们提供了更加便捷、高效的服务体验。

（3）全球数字经济的发展趋势

展望未来，全球数字经济将继续保持快速发展的态势，并呈现以下几个趋势：

一是技术创新引领发展。全球数字经济将继续以技术创新为引领，推动产业不断升级。人工智能、量子计算、区块链等前沿技术的突破与应用，将为数字经济注入新的活力。这些技术不仅在提升生产效率、优化资源配置方面发挥重要作用，还将催生新的商业模式和产业形态，为数字经济的发展开辟更广阔的空间。

二是产业数字化深度融合。随着数字技术的不断普及和应用，产业数字化将成为全球数字经济发展的重要趋势。传统产业将加速与数字技术融合，通过数字化转型实现生产、管理、营销等环节的全面升级。同时，新兴产业也将依托数字技术快速崛起，成为推动数字经济增长的重要力量。产业数字化的深度融合将进一步打破行业壁垒，促进产业链上下游的协同发展。

三是数据要素价值充分释放。数据作为数字经济的关键生产要素，其价值将得到进一步挖掘和释放。随着数据确权、流通和交易机制的不断完善，数据要素将在数字经济中发挥越来越重要的作用。企业将通过数据分析、挖掘和应用，实现精准营销、智能决策等目标，提高经营效率和竞争力。同时，政府也将加强数据治理和监管，保障数据安全和个人隐私。

四是国际合作与治理加强。在全球化的背景下，国际合作与治理在全球数字经济发展中扮演着越来越重要的角色。各国将加强在数字经济领域的合作与交流，共同制定数字贸易规则和跨境数据流动政策，推动全球数字经济的协同发展。同时，各国还将加强数字经济治理能力的建设和提升，应对人工智能等新兴技术带来的科技伦理风险等问题，确保数字经济的健康、可持续发展。

五是可持续发展成为共识。随着数字经济的快速发展，其对环境的影响也日益受到关注。国际社会将共同努力，推动数字经济向可持续、包容性方向发展。各国将加强数字技术的绿色应用，降低数字经济的环境成本，促进数字技术与绿色低碳产业的融合发展。同时，各国还将关注数字鸿沟问题，加大对发展中国家和地区的支持力度，让更多国家和地区从数字经济发展中受益。

六是新业态新模式不断涌现。随着数字技术的不断创新和应用，新的业态和模式将不断涌现。例如，智能工厂、智慧城市、远程医疗等新兴领域将快速发展，为人们的生活带来更多便利和可能性。这些新业态和新模式将推动数字经济向更高质量、更高效率的方向发展，为全球经济的增长注入新动力。

综上所述，全球数字经济将继续保持快速发展的态势，技术创新、产业数字化、数据要素价值释放、国际合作与治理加强以及可持续发展将成为其重要的发展趋势。各国应抓住数字经济发展机遇，加强技术创新和产业应用，推动数字经济与实体经济深度融合，共同构建开放、合作、共赢的数字经济发展格局。

3. 数字经济对未来经济格局的潜在影响

数字经济作为当前全球经济发展的重要驱动力，正以前所未有的速度重塑全球经济格局。其深远影响不仅体现在经济增长模式的转变上，还深刻改变着产业结构、就业市场、国际贸易乃至全球治理体系。以下是数字经济对未来经济格局潜在影响的详细分析：

一是推动产业结构优化升级。数字经济通过大数据、云计算、人工智能等技术的应用，促进了传统产业的数字化转型和智能化升级。这一过程不仅提高了生产效率，降低了运营成本，还催生了大量新兴产业和业态，如数字金融、电子商务、远程办公、智能制造等。随着数字技术的不断渗透，传统产业与数字经济的融合将更加紧密，产业结构将更加优化，新兴产业的比重将持续上升，为经济增长提供新的动力源泉。

二是重塑就业市场与劳动力结构。数字经济的发展对就业市场产生了深远影响。一方面，新兴产业的崛起创造了大量新就业岗位，如数据分析师、网络安全专家、AI工程师等，为劳动者提供了更多职业选择。另一方面，传统产业的数字化转型也推动了就业结构的转变，部分低技能劳动力面临被自动化和智能化取代的风险，而高技能劳动力的需求则不断增加。这种变化要求劳动力市场进行适应性调整，加强技能培训和再教育，以适应数字经济时代的需求。

三是促进国际贸易与投资自由化便利化。数字经济通过数字平台和跨境数据流动，打破了传统贸易和投资的地域限制，促进了全球资源的优化配置。跨国企业可以利用数字技术实现全球范围内的资源整合和市场拓展，降低交易成本，提高运营效率。同时，数字经济的兴起也推动了国际贸易和投资规则的调整和完善，促进了贸易和投资自由化便利化进程。未来，随着数字技术的不断发展和普及，国际贸易和投资将更加依赖于数字平台和数据流动，数字经济将成为推动全球经济一体化的重要力量。

四是引发全球治理体系的变革。数字经济的全球化发展也带来了一系列新的全球性问题，如数据安全、隐私保护、数字鸿沟等。这些问题需要国际社会共同努力，制定相应的规则和标准来应对。因此，数字经济将推动全球治理体系的变革，加强国际合作与协调，共同应对数字经济带来的挑战。未来，随着数字经济的不断发展，全球治理体系将更加注重数据安全和隐私保护，推动数字技术的可持续发展和包容性增长。

五是促进可持续发展目标的实现。数字经济在推动经济增长的同时，也为可持续发展目标的实现提供了新的路径。通过数字技术的应用，可以实现资源的高效利用和环境的有效保护，降低经济发展对环境的影响。例如，智能制造、绿色能源等领域的发展将有助于降低碳排放和资源消耗，推动经济向绿色低碳方向转型。此外，数字经济还可以促进全球减贫事业的发展，通过数字技术和平台帮助贫困地区实现产业升级和就业增长，缩小贫富差距，实现共同富裕。

4. 从数字经济到数字化转型

数字经济已成为全球经济发展的新引擎，其影响力和渗透力正日益增强。在这样的时代背景下，数字化转型成为企业和社会适应数字经济、实现高质量发展的必由之路。面对日益多样化、个性化的市场需求，企业必须通过数字化转型，实现产品的定制化、服务的智能化，以满足市场的多元化需求。数字化转型不仅能帮助企业优化、自动化和智能化业务流程，降低运营成本，提高生产效率，还为企业提供了丰富的创新工具和手段。通过数字化转型，企业可以更便捷地进行产品研发、市场预测和定制化服务，从而增强自身的创新能力。

作为宏观经济的微观基础，企业数字化转型已不再是选修课，而是必修课。依绍华等（2023）指出，数字经济促使企业之间的相互竞争关系和竞争模式被重构，这进一步推动了企业的平台化转型发展。焦勇（2020）则认为，数字经济为制造业企业从价值重塑走向价值创造提供了可能，并给出了数字技术赋能下制造业企业的转型发展思路：数据驱动、创新驱动、需求驱动和供给驱动。周雪峰等（2022）的研究进一步表明，数字经济产生的数字化技术、装备、服务等为企业数字化转型提供了充分的现代化信息网络基础设施，使企业能够更快捷地获取、存储和处理海量信息，从而加快企业数字化转型的进程。

综上所述，数字经济为数字化转型提供了广阔的空间和无限的可能，而数字化转型则是数字经济深入发展的微观基础和重要支撑，两者相辅相成，共同推动着经济社会的高质量发展。

二、数字化转型的全球趋势

由人工智能、区块链、云计算、大数据等数字新技术推动的企业数字化转型是一个新现象、新潮流、新趋势（KHIN & HO，2018），是数字经济新时代下企业特有的战略升级现象。

数字化转型已在全球范围内掀起了一股热潮，成为企业提升竞争力、实现可持续发展的关键路径。这一趋势主要得益于大数据、云计算、人工智能等先进技术的迅猛发展，它们为企业提供了前所未有的数据处理能力、运营效率和决策支持。数字化转型不仅意味着企业要将传统业务模式向数字化、智能化方向转变，更要求企业在组织结构、管理流程和文化理念上进行全面革新。在全球化的背景下，数字化转型已成为企业适应市场变化、满足客户个性化需求的重要手段。越来越多的企业开始意识到，只有紧跟数字化转型的步伐，才能在激烈的市场竞争中脱颖而出。因此，研究数字化转型对企业内部控制体系的影响及应对策略，具有十分重要的现实意义。

随着信息技术的飞速发展，从人工智能、物联网到区块链、云计算，各种新兴技术不断融合创新，为数字化转型提供了强大的驱动力，当前全球数字化转型呈现以下几大趋势：

1. 人工智能的深度融入

人工智能（AI）正以前所未有的速度渗透到各行各业，成为数字化转型的核心引擎。无论是作为独立的智能聊天机器人，还是作为辅助客户服务人员的虚拟助手，AI都在提高生产效率、优化客户体验、改善决策质量方面发挥着重要作用。据预测，到2035年，人工智能技术将使制造业的生产率提高40%。尽管目前AI的普及率在不同行业间存在差异，但随着技术的不断成熟和成本的降低，AI的广泛应用将成为不可逆转的趋势。

2. 物联网的广泛连接

物联网（IoT）技术的快速发展为数字化转型提供了坚实的基础。通过海量传感器的部署和数据的实时传输，物联网技术实现了物理世界与数字世界的深度融合。相关数据显示，2023年中国物联网连接量已超过66亿个，未来5年复合增长率预计达到16.4%。物联网不仅在生产流程优化、供应链管理中发挥重要作用，还在智慧城市、智能家居、智能物流等领域展现巨大的应用潜力。

3. 云计算与边缘计算的融合

云计算与边缘计算的结合正加速数字化转型的进程。云计算提供了灵活的计算资源和数据存储服务，降低了企业的信息技术成本，提高了业务的敏捷性。而边缘计算则通过将数据处理能力推向网络边缘，实现了数据的低延迟传输和实时分析，为智能制造、智能交通等领域提供了强大的技术支持。随着5G技术的普及，云计算与边缘计算的融合将更加紧密，推动数字化转型向更深层次发展。

4. 数据安全与隐私保护的重视

随着数字化转型的深入，数据安全与隐私保护成为企业不可忽视的重要议题。数据泄露和隐私侵犯的风险不断增加，要求企业在数字化转型过程中建立完善的数据安全防护体系。这包括采用强密码、双因素认证等安全措施，以及建立多层次的数据防护体系，确保用户隐私和企业核心数据的安全。同时，随着隐私计算技术的发展，企业将在保护用户隐私的同时，实现数据的价值挖掘和利用。

5. 国际竞争加剧与合作深化

数字化转型已成为全球各国竞相追逐的战略高地。从英国、澳大利亚、德国到欧盟、加拿大等国家和地区，都在政策、战略层面积极推动数字经济的发展。然而，数字化转型并非孤立的行为，国际间的竞争与合作并存。各国企业在数字化转型过程中需要密切关注国际动态，加强技术交流和合作，共同应对数字化转型带来的挑战和机遇。

6. 数字化转型的普惠性增强

随着技术的不断成熟和成本的降低，数字化转型的普惠性逐渐增强。过去，数字化转型主要局限于大型企业和高科技企业，而中小企业往往因为技术门槛高、资金短缺等原因难以涉足。然而，随着云计算、软件运营等服务的普及，中小企业也能够以较低的成本享受到数字化转型带来的红利。这不仅有助于提升中小企业的竞争力，还有助于推动整个经济的数字化转型进程。

综上所述，数字化转型的全球趋势呈现出多元化、深层次、普惠性的特点。随着技术的不断进步和应用场景的不断拓展，数字化转型将为企业带来更加广阔的发展空间和更加丰厚的回报。

三、内部控制在现代企业中的重要性

内部控制作为企业管理的重要组成部分，在确保企业资产安全、维护财务信息的真实性和完整性，以及提升企业经营活动的有效性和效率性方面发挥着至关重要的作用。尤其在现代企业环境中，随着市场竞争的加剧和经营环境的不断变化，内部控制的重要性日益凸显，其意义和价值已远远超出传统的财务和管理范畴。

从资产保护的角度来看，内部控制是现代企业维护资产安全和完整的基石。企业资产不仅包括有形资产，如设备、库存和现金，还包括无形资产，如知识产权和商誉。这些资产是企业运营和发展的基础。然而，在复杂多变的经营环境中，资产面临着盗窃、损坏、自然灾害和人为错误等多重风险。通过建立完善的内部控制体系，企业可以确保资产得到妥善保管，有效防止资产流失、损坏或被非法侵占。内部控制体系通过制定严格的资产管理制度、实施定期的资产清查和盘点、加强资产使用的监督和审批等方式，全面保障企业资产的安全和完整，这对于维护企业的正常运营和持续发展至关重要。

其次，内部控制在保证企业财务信息的真实性和完整性方面具有重要意义。准确的财务信息是企业决策者制定正确经营策略的基础。在现代企业中，财务信息不仅反映了企业的财务状况和经营成果，还揭示了企业的运营效率和风险管理能力。内部控制通过规范企业的会计行为和财务报告流程，确保财务信息的真实性和可靠性。它要求企业建立完善的会计制度，明确会计政策和方法，确保会计记录的准确性和完整性；同时还要求企业实施有效的财务报告进行审计和内部控制评价，以确保财务报告的公正性和透明度。这不仅有助于增强投资者和债权人对企业的信心、降低企业的融资成本，还能显著提升企业的市场价值。

第三，内部控制在提高企业经营活动的有效性和效率性方面也发挥着重要作用。通过内部控制，企业可以优化业务流程，减少不必要的浪费和损失，提高资源利用效率。内部控制要求企业建立科学的业务流程和管理制度，明确各部门的职责和权限，确保业务活动的有序进行；还要求企业实施有效的绩效管理和激励机制，以激发员工的积极性和创造力。这有助于降低企业的运营成本，提高企业的盈利能力和市场竞争力。

第四，内部控制在企业风险管理中发挥着重要作用。企业面临着市场风险、信用风险、操作风险等多重风险，这些风险可能对企业的财务状况和经营成果产生重大影响。内部控制通过建立完善的风险管理制度和风险评估机制，帮助企业识别和评估潜在风险，并制定相应的风险应对策略。这有助于降低企业的风险敞口，提高企业的风险管理能力和抗风险能力。

此外，内部控制还在企业合规性方面发挥着重要作用。企业需要遵守各种法律法规和监管要求，如税法、公司法、证券法等。内部控制通过建立完善的合规性管理制度和内部控制评价机制，确保企业的业务活动符合法律法规和监管要求。这不仅有助于降低企业的法律风险和合规成本，还能显著提升企业的合规性和声誉。

在现代企业中，随着数字化转型的推进，内部控制的重要性进一步凸显。数字化转型带来了大量新的数据和业务流程，这对企业的内部控制提出了新的挑战。企业需要不断完善和优化内部控制体系，以适应数字化转型带来的变化，并确保企业在数字化转型过程中保持稳健的发展态势。在数字化转型的背景下，内部控制需要特别关注数据的准确性、完整性和安全性。企业需要建立完善的数据管理制度，确保数据的真实性和可靠性，同时还需要加强对网络安全和信息系统的控制，以防止数据泄露和非法访问。

然而，随着数字化转型的深入推进，企业内部控制体系正面临着前所未有的挑战。数字化技术的应用使得企业的业务流程变得更加复杂和多变，传统的内部控制方式难以适应这种快速变化的环境。一方面，新技术的应用使得企业运营环境变得更加复杂多变，传统的内部控制手段可能难以应对；另一方面，数字化转型要求企业具备更高的灵活性和创新能力，这也对内部控制体系提出了更高的要求；再一方面，随着数据成为企业的重要资产，如何确保数据的安全性和完整性也成为内部控制的新课题。

因此，重构内部控制体系以适应数字化转型的需要，已成为现代企业亟待解决的问题。企业需要不断探索和创新，建立完善的内部控制体系，以适应数字化转型带来的挑战和变化，确保企业在激烈的市场竞争中立于不败之地。

四、研究的意义与价值

研究企业数字化转型与内部控制重构不仅具有深厚的理论价值，更具有广泛的实践指导意义。

从理论层面来看，本研究致力于丰富和完善数字化转型与内部控制领域的理论体系，为相关领域的研究提供新的视角和思路。通过深入探讨数字化转型对内部控制的影响及应对策略，本研究期望为企业实践提供有益的参考和借鉴，推动理论与实践的深度融合。

从实践层面来看，本研究的核心目的在于帮助企业更好地应对数字化转型带来的挑战，提升内部控制体系的适应性和有效性。在数字化转型的背景下，企业通过重构内部控制体系，可以更加高效地运用新技术、优化运营流程、降低风险，进而提升整体竞争力。此外，本研究还旨在为政府监管部门、行业协会等提供政策制定和行业指导的依据，推动整个行业健康、有序发展。

随着数字技术的迅猛发展，企业数字化转型已成为全球范围内的必然趋势。然而，这一转型过程不仅深刻改变了企业的运营模式和业务流程，更对企业内部控制体系提出了新的挑战和要求。因此，本研究具有深远的意义和价值，具体体现在以下几个方面：

第一，有助于企业更好地适应数字化时代的要求。数字化转型使企业运营更加高效、灵活，但同时也增加了业务的复杂性和风险性。通过深入研究数字化转型对企业内部控制的影响，企业可以更加清晰地认识到在数字化时代如何构建和完善内部控制体系，以适应新的业务环境和市场需求，确保企业的稳健运营和持续发展。

第二，致力于提升企业的风险管理水平。数字化转型带来的数据驱动决策、自动化流程等变革，使得企业内部控制面临新的挑战。通过重构内部控制体系，企业可以更有效地识别、评估和管理风险，确保企业资产的安全和财务信息的可靠性，进而为企业的稳健运营提供有力保障。

第三，对企业提升竞争力和实现可持续发展具有重要意义。完善的内部控制体系不仅可以提高企业的运营效率，还能增强企业的透明度和信誉，进而吸引更多的投资者和客户。通过数字化转型和内部控制重构，企业可以不断优化自身运营，提升市场竞争力，实现长期稳健的发展目标。

第四，为政府和相关监管机构提供了有益的参考。随着数字化转型的深入推进，政府和相关监管机构也需要不断更新和完善相关法规和政策。本研究成果可以为他们提供有价值的见解和建议，以更好地指导和规范企业的数字化转型和内部控制建设，推动整个社会经济的数字化水平和风险管理能力的提升。

综上所述，企业数字化转型与内部控制重构的研究，不仅对企业自身发展具有重要意义，还对提升整个社会经济的数字化水平和风险管理能力有着积极的推动作用。本研究将围绕企业数字化转型与内部控制重构这一核心议题展开深入探讨，通过分析数字化转型对企业内部控制的影响机制，提出具有针对性的重构策略和建议，以期为企业在新时代背景下的稳健发展提供有益的参考和借鉴。

第二节　企业数字化转型概述

在讨论了研究背景与意义后，本节将直接聚焦于企业数字化转型的核心议题，对其进行全面而深入的阐述。

首先，我们将明确数字化转型的基本概念，阐述其为何在当今商业环境中占据如此重要的地位。接着，我们将探讨推动企业进行数字化转型的驱动因素，以及在这一转型过程中企业所面临的各种挑战。这些挑战可能来自技术、人才、文化等多个方面，但正是这些挑战塑造了数字化转型的复杂性和必要性。最后，我们将聚焦于数字化转型的核心要素和战略目标。核心要素是构成数字化转型成功的基石，而战略目标则是企业期望通过转型达到的长远愿景。通过深入了解这些要素和目标，企业可以更加明确自己在数字化转型道路上的方向和重点。

本节旨在为企业提供一个全面、深入的数字化转型概述。通过系统地分析，我们期望能够帮助企业更好地理解数字化转型的本质、挑战和机遇，并为其在这一重要领域的实践提供有益的指导和启示。无论企业处于数字化转型的哪个阶段，本节的内容都将为其提供一个有价值的参考框架。

一、数字化转型的基本概念

数字化转型，作为 21 世纪企业发展的重要战略方向，已经超越了单纯的技术革新范畴，它是一场涉及企业战略、运营、文化以及客户体验的全方位变革。这一转型的核心在于利用数字技术重塑企业的业务模式、运营流程和价值创造机制，以适应日益数字化的市场环境，满足客户日益增长的个性化需求，并实现企业的可持续发展。

数字化转型的概念最初起源于企业的经营变革。TOBIAS 等（2020）在其研究中指出，数字化转型是基于数字技术的一种深刻变革，它引领着企业在运营、业务流程和价值创造方面发生独特而深远的改变。AGARWAL（2010）和 MAJCHRZAK 等（2016）认为，数字化转型是一个通过数字技术不断改造和变革社会组织和机构的过程。这一过程强调将数据、信息和生产活动进行深度融合，以全新的方式实现生产经营，进而优化业务流程。作为一套全面的框架，数字化转型不仅被视为适应变化的过程，也被视为一种主动的观念变革，它要求持续不断地改进和优化价值创造的方式（VIAL，2019）。随着数字技术在各行各业的广泛应用和深入渗透，数字化转型的概念也在不断扩展和深化。

国内外学者从转型主体、转型技术、转型领域和转型效果等不同视角对数字化转型的概念和内涵进行了阐述。在转型主体方面，一种观点认为数字化转型的最终执行者是企业，所以应将企业作为研究主体；另一种观点则认为数字化转型是一种社会行为，应将视角聚焦于宏观层面，把国家、市场等作为研究主体。华为《数字化转型：从战略到执行》将数字化转型分为国家、城市、行业和企业四个层次。在转型技术方面，CHANIAS（2017）认为使用信息化技术的企业转型就可以被认为是数字化转型；HESS 等（2016）则认为数字化转型必须依托于新一代数字技术，但对于新一代数字技术的范畴依然没有形成广泛共识。转型领域方面的分歧主要存在于以企业为主体的研究中，大致分为仅业务领域和组织整体两种观点，如 WESTERMAN 等（2014）认为数字化转型主要作用于改进或重构企业的业务，HEILIG 等（2017）则认为数字化转型是在新的信息技术和信息科学发展趋势的驱使下进行的组织变革。在转型效果上，微观视角认为，从企业重构业务模式、提高绩效、完成组织变革方面，数字化转型就是数字技术从根本上提升企业的绩效、拓展企业业务范围（WESTERMAN, et al., 2014）；宏观视角认为，从提高社会生活质量和推动产业发展方面，数字化转型可以利用数字技术提高和改善人们的生活质量（PRAMANIKET, et al., 2016）。推动企业数字化转型是利用数字技术进行全方位、多角度、全链条的改造过程。通过深化数字技术在生产、运营、管理和营销等诸多环节的应用，实现企业以及产业层面的数字化、网络化、智能化发展，不断释放数字技术对经济发展的放大、叠加、倍增作用，是传统产业实现质量变革、效率变革、动力变革的重要途径（吕铁，2019）。

在众多关于数字化转型的概念内涵中，由"数码化（Digitization）"、"数字化（Digitalization）"和"数字化转型（Digital Transformation）"构成的"三步走"理解框架，近年来因其详细且准确地描绘了数字化转型从起步到成熟的三个阶段，而被越来越多的研究所采纳（IYAMU, et al., 2021；MERGEL, et al., 2019）。具体而言，根据韦氏词典的释义，数码化或数字化"是指"将某物转换成数字形式的过程"，它是数字化转型中最前置、最基础的步骤，标志着从模拟信息向数字信息的过渡，即信息开始具备数字形式的可用性和可访问性。而"数字化（Digitalization）"的含义则更进一步，它要求企业在数码化的基础上，充分利用数字技术和数据，对生产经营中的流程和角色进行深度改造，提高任务的标准化水平，从而实现安全性、效率和生产力的提升。至于"数字化转型（Digital Transformation）"，则将数字化所带来的提质、降本、增效视为一个阶段性成果，并进一步强调数字化的经济社会影响（OECD, 2019），它要求企业立足于数字技术、数字产品和数字平台，完成从产品、服务到客户体验的全方位重塑，创造新的业务概念、业务模式、业务领域和业务价值。综上所述，Digitization 的对象是信息，Digitalization 的对象是流程和角色，而 Digital Transformation 的对象则是战略和组织。相比之下，数码化和数字化（Digitization 和 Digitalization）更多地呈现出技术导向型特征，而数字化转型（Digital Transformation）则具有鲜明的客户导向型特征（BLOOMBERG, 2018）。

对已有研究的数字化转型的基本概念进行梳理，我们认为，可以从多个维度进行解读。

第一，技术维度。数字化转型首先体现在企业对新兴数字技术的广泛应用上，包括云计算、大数据、人工智能、物联网、区块链等。这些技术为企业提供了前所未有的数据处理能力、自动化水平和智能化决策支持，使得企业能够更高效地运营，更精准地服务客户，并不断创新业务模式。

第二，业务维度。数字化转型要求企业重新审视和优化其业务模式。这包括利用数字技术重塑产品设计和生产流程，提升供应链的透明度和响应速度，以及通过数据分析洞察客户需求，提供个性化的产品和服务。数字化转型还推动企业从传统的产品销售向服务导向型经济转变，通过数字平台构建新的收入来源和客户关系。

第三，组织维度。数字化转型不仅仅是技术或业务层面的变革，它同样要求企业对组织架构、工作流程和企业文化进行深度调整。企业需要构建更加灵活、敏捷的组织结构，鼓励跨部门协作和创新思维，同时培养员工的数字技能和持续学习的能力。数字化转型还强调以客户为中心的企业文化，确保所有业务决策都紧密围绕提升客户体验展开。

第四，价值创造维度。数字化转型的最终目标是创造新的商业价值。这包括通过数字技术提升运营效率，降低成本，增加收入，以及通过数据分析和创新服务拓展新的市场机会。数字化转型还使企业能够更好地管理风险，提升决策的准确性和速度，从而在竞争激烈的市场环境中保持领先地位。

简而言之，数字化转型是指企业利用数字技术对业务进行全面革新，以提升运营效率、创新服务模式并创造新的商业价值的过程。这一转型不仅仅是技术层面的升级，更是企业战略、文化、组织架构等多维度的深刻变革，它要求企业将数字技术融入所有业务领域，从根本上改变企业的运营方式、价值创造模式和与客户的互动方式。数字化转型的核心在于数据，企业通过收集、分析并利用大数据，能够更深入地了解客户需求，优化产品设计，提升生产效率，并实现更加精准的营销策略。同时，数字技术如云计算、人工智能、物联网等的应用，为企业提供了前所未有的创新能力和灵活性。

需要注意的是，数字化转型并非一蹴而就的过程，而是一个持续的、迭代的演变。它要求企业不断适应市场变化，持续投入资源，并培养具备数字技能和创新能力的人才队伍。

二、数字化转型的驱动因素与面临的挑战

1.数字化转型的驱动因素

数字化转型的进程不仅受到多重因素的强劲推动，同时也伴随着一系列复杂的挑战。这一系列内外部因素的共同作用，促使企业不断适应快速变化的商业环境，以期提升竞争力和巩固市场地位。

（1）技术进步与创新

技术进步是数字化转型的核心驱动力。云计算、大数据、人工智能、物联网等前沿技术的迅猛发展，为企业提供了前所未有的技术支持。这些技术不仅推动了业务流程的自动化和智能化，还使得数据驱动的决策成为可能。通过运用这些先进技术，企业能够显著提升运营效率，同时开辟出全新的商业模式和市场机遇。

值得注意的是，技术的不断迭代和创新也为数字化转型提供了持续的动力。企业需要密切关注技术发展的最新趋势，以便及时将新技术应用于业务中，从而保持竞争优势。

（2）市场竞争与客户需求变化

在日益激烈的市场竞争中，企业面临着不断创新以保持竞争优势的紧迫压力。数字化转型使企业能够迅速响应市场变化，提供更加个性化、便捷的产品和服务，从而满足客户日益增长的多样化需求。通过数字化渠道，企业能够与客户建立更加紧密的互动关系，进而提升客户满意度和忠诚度。

此外，随着消费者行为的不断变化和新兴市场的崛起，企业需要更加灵活和敏捷地应对市场变化。数字化转型正是实现这一目标的关键途径。

（3）成本效率与资源优化

数字化转型在提升企业成本效率和资源优化方面发挥着重要作用。通过自动化流程、云计算等技术手段，企业能够显著降低运营成本、提高资源利

用率，并创造出更多的盈利空间。这种成本效率的提升不仅增强了企业的市场竞争力，还为其可持续发展奠定了坚实基础。

同时，数字化转型还有助于企业实现更加精细化的管理。通过数字化手段对业务流程进行监控和优化，企业能够及时发现并解决潜在问题，从而提升整体运营效率。

（4）业务模式创新与增长机会

数字化转型为企业探索新的业务模式提供了广阔的空间。通过数字化平台、电子商务等创新模式，企业能够拓展新的市场、增加收入来源，并实现业务的快速增长。这种业务模式创新不仅为企业带来了新的增长机遇，还助力其在市场中保持领先地位。

此外，数字化转型还为企业提供了跨界合作和跨界竞争的可能性。通过与其他行业或领域的合作伙伴共同打造数字化生态系统，企业能够共同开拓新的市场空间，实现共赢发展。

综上所述，数字化转型的驱动因素多元且复杂，它们共同推动企业不断前行。然而，在享受数字化转型带来的诸多益处的同时，企业也需要清醒地认识到其中潜藏的挑战和风险，并采取相应的措施加以应对。

2. 数字化转型面临的挑战

尽管数字化转型为企业开启了前所未有的机遇之门，但这条转型之路并非一路坦途，企业在实施过程中需跨越重重挑战。

（1）技术实施与集成风险

在数字化转型的征途中，企业势必引入众多新技术和新系统。然而，这些技术和系统的实施与集成过程犹如一场未知的探险，充满了技术兼容性、系统稳定性以及项目延期或失败的潜在风险。为了降低这些风险，企业必须审慎选择技术合作伙伴，确保双方的技术理念和实施能力相契合。同时，制定详尽且周密的项目计划，明确时间节点、责任分配和风险管理策略，也是企业不可或缺的护航之宝。

（2）数据安全与隐私保护

数字化转型使企业如海绵般吸收、存储并处理海量数据，但这也让企业成为数据泄露和黑客攻击的重点目标。数据安全与隐私保护因此成为企业数字化转型中的一道重要防线。企业需要构建坚如磐石的数据安全管理体系，制定严格的数据访问权限制度，对敏感数据进行加密处理，并定期进行数据备份和恢复测试，以确保数据的安全性和合规性。

（3）人才短缺与技能提升

数字化转型的推进离不开具备相关技能的人才支持。然而，市场上这类人才的稀缺性以及企业现有员工数字化技能的不足，成为制约数字化转型的一大瓶颈。为了打破这一瓶颈，企业需要加大人才培养和引进的力度。通过内部培训提升员工的数字化技能水平，外部招聘吸引具备数字化专业背景的人才，以及与高校和研究机构建立紧密的合作关系，共同培养数字化时代的精英人才。

（4）组织文化与变革管理

数字化转型不仅仅是一场技术的革新，更是一场企业文化的重塑和组织架构的变革。如 MAEDCHE（2016）认为，数字化转型面临的一大挑战是跨组织的独立性和协同不足，必须采取有效措施来解决。这种深层次的变革往往伴随着员工的抵触和不安情绪，成为转型路上的绊脚石。因此，企业需要制定一套行之有效的变革管理策略，包括与员工进行深入的沟通，解释转型的必要性和重要性；提供必要的培训和支持，帮助员工适应新的工作环境和业务流程；建立激励机制，鼓励员工积极拥抱变革并参与其中。除了上述挑战外，数字化转型还面临着跨组织协同不足的问题。在数字化转型过程中，企业需要与供应商、客户等外部合作伙伴进行紧密的协同合作。然而，由于各组织之间的独立性和利益诉求不同，协同合作往往面临诸多困难。为了解决这个问题，企业需要建立一种跨组织的协同机制，明确各方的角色和责任，制定共同的数字化转型目标和计划，并通过定期沟通和协调来确保协同合作的顺利进行。

综上所述，数字化转型的驱动因素为企业带来了前所未有的发展机遇，但与此同时，企业也必须勇敢面对技术实施与集成风险、数据安全与隐私保护、人才短缺与技能提升以及组织文化与变革管理等一系列挑战。只有充分认识这些挑战的重要性，并积极采取有效的应对措施，企业才能确保数字化转型的顺利进行并取得最终的成功。

三、数字化转型的核心要素与战略目标

通过明确数字化转型的核心要素与战略方向，企业能够更好地把握数字化转型的精髓，为自身的可持续发展奠定坚实基础。下面将深入探讨数字化转型的核心要素与战略目标，揭示其如何成为企业开启新纪元、赢得未来竞争的关键。

1. 数字化转型的核心要素

数字化转型的核心，在于应对新的环境挑战，借助数字化技术和方法，全面提升企业的运营效率与能力，并发展出适应新生产力要求的管理方式，从而塑造新的竞争优势（安筱鹏，2019）。这一转型过程中的核心要素，是企业必须高度重视和精准把握的关键方面，它们构成了数字化转型的基石，并决定了转型的成效与可持续性。

首先，以用户为中心是数字化转型的核心理念。它要求企业在转型过程中，始终将用户需求置于首位，围绕用户体验和满意度来设计和优化产品与服务。在数字化时代，用户行为和偏好变化迅速，企业只有深入洞察用户需求，才能提供符合市场期待的产品和服务，从而增强市场竞争力。例如，喜茶通过 APP、小程序等渠道收集用户数据，构建精准的用户画像，进而推出满足不同用户需求的茶饮产品，有效提升了用户满意度和忠诚度。

其次，数据驱动是数字化转型的关键。它要求企业利用大数据、人工智能等技术手段，对海量数据进行收集、分析、挖掘和应用，以数据为基础进行决策和管理。作为数字化转型的核心生产要素，数据不仅传递信息，还在资源配置和信息传播中发挥着不可或缺的作用。通过数据分析，企业可以发现潜在的市场机会、优化业务流程、提升运营效率。数据驱动也是企业实现智能化、精准化运营的关键所在。例如，美的集团通过构建智能决策系统，利用大数据进行智能预测和精细化排产，实现了供应链的高效运营。

再者，技术基础设施是数字化转型的支撑平台。它要求企业利用信息技术，将制造过程数字化，实现生产过程的全面自动化、信息化、智能化。这包括云计算、物联网、人工智能等先进技术及其相应的硬件和软件设施。先进的技术基础设施能够为企业提供强大的数据处理能力、自动化控制能力和智能化决策支持，是企业实现数字化转型的坚实基础。例如，通用电气公司通过引入先进的数据分析技术，显著提高了工业设备的运营效率。

最后，人才与文化是数字化转型的重要保障。它要求企业在转型过程中，必须具备数字技能和持续学习的企业文化，以及能够推动转型顺利进行的人才队伍。数字化转型不仅需要先进的技术支持，还需要具备相应技能和思维的人才来推动和实施。同时，一个鼓励创新、持续学习的企业文化能够激发员工的积极性和创造力，为转型提供源源不断的动力。因此，许多企业在推进数字化转型时，都会注重培养和引进具备数字技能的人才，并营造开放、包容、创新的企业文化。

综上所述，企业在推进数字化转型时，应当特别关注几个核心要素的实践与优化。具体而言，企业需要将数据视为核心资源，通过深入的数据分析与挖掘来指导战略决策和业务操作。同时，积极整合并应用云计算、大数据、人工智能等先进技术，以构建高效稳定的数字化运营平台。此外，企业还应利用数字化手段对业务流程进行全面优化，旨在提高工作效率与客户满意度。为了适应数字化转型带来的深刻变革，企业可能还需要审视并调整现有的组织结构与管理模式，以确保它们能够与新的数字化运营环境相匹配并促进企业的持续发展。

2. 企业数字化转型的战略目标

2023 年 9 月发布的《2023 中国企业数字化转型指数》发现，挤压式转型和行业颠覆程度不断加剧，只有少部分中国企业能够持续、多维度地深化数字化转型战略，为下一阶段的转型和增长做好准备。MATT 等（2015）认为，数字化转型战略是支持企业由数字技术整合带来的变革以及转型后运营的蓝图。企业数字化转型是一个复杂系统工程，绝非仅仅是技术层面的跟风式选择，也不是管理方面的简单考量，而是需要包含对企业内部组织结构和体制变革的内在要求，以及对企业相关的各方利益主体的综合考虑与精细安排。与此同时，企业数字化转型不是一蹴而就、一成不变的，而是随着企业发展层级的不断跃升，结合企业自身发展现状不断优化的。数字化转型的战略目标，是企业希望通过转型实现的长期愿景和具体成果。战略目标不仅与企业自身的发展需求紧密相关，也深刻反映了数字化转型对企业未来发展的深远影响。因此，企业应综合考虑战略管理及其组成要素，制定先进且明确的数字化转型战略目标成为必要之举。

首先，提升运营效率是数字化转型的核心战略目标之一。它旨在通过数字化手段优化业务流程、减少人工操作、提高自动化水平，从而降低运营成本、提高生产效率和整体运营效率。运营效率的提升是企业数字化转型的直接成果，也是增强企业竞争力的重要途径。如美的集团通过数字化转型实现了全价值链的卓越运营，显著提高了整体运营效率。

其次，创新产品和服务是数字化转型的另一重要战略目标。它要求企业利用数字化技术开发新的产品或服务，或者对现有产品和服务进行创新和升级，以满足市场不断变化的需求。创新是企业持续发展的源泉，而数字化转型可以加速产品和服务的创新步伐，为企业带来新的增长点。例如，奈飞公司（Netflix）通过大数据分析顾客观影习惯，成功推出了一系列受欢迎的原创节目，这正是数字化转型推动产品和服务创新的生动实践。

再者，增强客户体验是数字化转型的战略目标之一。它强调通过数字化渠道提供更加个性化、便捷、高效的客户服务体验，以增强客户满意度和忠诚度。在数字化时代，客户体验成为企业竞争的关键要素。通过数字化转型提升客户体验水平，可以增强企业的市场竞争力。如"熊猫不走"蛋糕通过创新的送货方式和服务体验成功吸引用户注意力，正是数字化转型在增强客户体验方面的有力证明。

最后，构建数字生态体系是数字化转型的又一重要战略目标。它要求企业通过数字化转型整合企业内外部资源，构建数字生态体系，实现多边共赢和可持续发展。数字生态体系的构建有助于企业打破传统边界限制，实现资源的优化配置和共享利用，从而提升整体竞争力。华为携手产业链上下游企业共建数字生态平台，推动行业数字化转型和创新发展，这正是数字化转型在构建数字生态体系方面的成功实践。

综上所述，数字化转型的战略目标与企业的发展需求紧密相连，构成了企业转型升级的完整框架。企业需要全面把握这些目标，制定明确的数字化转型战略并付诸实践，以实现高质量发展。

第三节　内部控制理论基础与新挑战

在企业管理体系的广阔图景中，内部控制犹如一道坚固的防线，守护着企业经营活动的有效性、财务报告的可靠性以及法规的遵循性。它不仅关乎企业日常的运营顺畅，更是企业长期稳健发展的基石。内部控制作为企业的一套综合管控体系，已被大量经验证据证实能够在提高会计信息质量（COOK, et al., 2015；吴秋生和郭飞, 2020）、完善公司治理（XIA CHEN, et al., 2020；池国华等, 2021）、降低融资成本（GALLIMBERTI, 2021；顾奋玲等, 2018）、提高经营效率（CHEN, et al., 2020；王嘉鑫, 2020）等方面发挥作用，但是随着时代的演进，特别是数字化转型的浪潮席卷而来，内部控制的理论基础与实践应用正面临着前所未有的变革与挑战。在这一背景下，本节将深入探讨内部控制的基本理论框架，分析数字化转型对其提出的新要求，并揭示在这一变革过程中，内部控制所面临的挑战与蕴含的机遇。

一、内部控制的基本理论框架

内部控制作为企业管理的重要组成部分，其核心理念在于构建一个自我调节、自我约束的机制，以确保企业运营的高效与合规。这一机制的理论基础涵盖了几个关键维度，包括内部控制的基本概念、原则、目标和要素等，其基本理论框架的构建对于确保企业目标的顺利实现至关重要。

1. 内部控制的基本概念

内部控制是指组织为了维护资产的安全、完整，保证会计信息的真实、可靠，保证其管理或者经营活动的经济性、效率性和效果性并遵守有关法规，而制定和实施相关政策、程序和措施的过程。这一过程涉及企业内部的各个层级和部门，旨在通过一系列的控制活动来降低风险，提高经营效率，确保企业战略目标的实现。

2. 内部控制的原则

内部控制的设计和实施应遵循全面性原则、重要性原则、制衡性原则、适应性原则和成本效益原则。

全面性原则要求内部控制应当贯穿决策、执行和监督全过程，覆盖企业及其所属单位的各种业务和事项。

重要性原则要求内部控制应当在全面控制的基础上，关注重要业务事项和高风险领域。

制衡性原则要求内部控制应当在治理结构、机构设置及权责分配、业务流程等方面形成相互制约、相互监督，同时兼顾运营效率。

适应性原则要求内部控制应当与企业经营规模、业务范围、竞争状况和风险水平等相适应，并随着情况的变化及时加以调整。

成本效益原则要求内部控制应当权衡实施成本与预期效益，以适当的成本实现有效控制。

3. 内部控制的目标

内部控制的目标是多维度的，旨在确保企业稳健运营并实现长期发展。具体而言，内部控制的目标主要包括以下几个方面：

首先，是企业战略目标。内部控制致力于确保企业战略的有效实施，通过优化资源配置、强化风险管理等手段，推动企业实现长期发展目标，增强核心竞争力。

其次，是经营的效率和效果目标。内部控制关注企业经营活动的效率和效果，通过流程优化、成本控制等措施，降低资源浪费，提高运营效率，从而增加企业价值，提升市场竞争力。

再次，是财务会计报告及管理信息的真实可靠性目标。内部控制要求保证财务会计报告及其他管理信息的真实性和可靠性，通过建立健全的会计信息系统和内部控制机制，确保信息的准确性和完整性，为内外部利益相关者提供可信的信息支持。

此外，还有资产的安全完整目标。内部控制强调保护企业资产的安全和完整，通过实施资产管理制度、加强安全防范措施等手段，防止资产流失、盗窃和损害，确保企业资产的保值增值。

最后，是遵循国家法律法规和有关监管要求目标。内部控制要求企业经营活动必须遵守国家法律法规和相关监管要求，通过建立健全的合规管理体系，降低法律风险，确保企业合法合规运营。

4. 内部控制的要素

内部控制的要素包括控制环境、风险评估、控制活动、信息与沟通以及内部监督五个方面。

首先，控制环境是内部控制的基石。它包括了管理层的经营理念与风格、员工的诚信与道德价值观，以及企业的组织结构等要素。一个健康、正直的控制环境能够为内部控制的有效性提供坚实的基础，确保企业运营活动在正确的轨道上进行。

其次，风险评估在内部控制中扮演着至关重要的角色。在充满变数的市场环境中，企业必须定期评估与实现目标相关的风险，并制定相应的策略来应对这些风险。通过风险评估，企业能够识别潜在的威胁和挑战，为决策制定提供依据，确保企业在面对不确定性时能够做出明智的选择。

再者，控制活动是确保管理层指令得以执行的关键。包括授权、审批、核对、调节等一系列程序和政策，旨在确保企业运营的各个方面都符合既定的政策和标准。通过有效的控制活动，企业能够确保资源的合理分配和利用，防止错误和舞弊的发生，提高运营效率和效果。

此外，信息与沟通也是内部控制不可或缺的一部分。准确、及时的信息传递和良好的沟通机制是内部控制有效性的关键。信息是企业决策的基石，而沟通则是确保信息在企业内部流动、被理解和应用的桥梁。通过有效的信息与沟通，企业能够确保员工了解并遵循内部控制要求，促进各部门之间的协作和配合。

最后，内部监督是对内部控制质量和效果进行持续评估的重要环节。这一角色通常由内部审计部门来承担，他们通过审计、检查等方式，确保内部控制机制得到恰当的执行。内部监督的存在能够及时发现并纠正内部控制中的问题和缺陷，确保企业始终保持在合规和高效的轨道上运行。

综上所述，内部控制的基本理论框架为企业提供了坚实的理论基础和行动指南。通过遵循这些原则和要素，企业可以建立有效的内部控制体系，降低经营风险，提高经营效率，确保企业战略目标的实现。

二、企业数字化转型下内部控制开启新篇章

随着数字化转型的深入发展，企业内部控制正翻开新的篇章。这一变革不仅带来了新的技术要求，更对内部控制的理念和实践提出了全新的挑战。在数字化转型的背景下，企业需要重新审视和调整内部控制策略，以适应新的业务环境和运营模式。

首先，增强信息系统的安全性是数字化转型对内部控制的首要要求。随着企业信息系统的日益复杂和数据量的爆炸性增长，信息系统面临的安全风险也随之攀升。企业需要构建一套完善的信息安全机制，包括网络防火墙、数据备份与恢复措施等，以确保信息系统的稳健运行。同时，企业还应加强对员工的信息安全培训，提高员工对信息安全的认识和防范意识。

其次，提升数据管理与分析能力也是数字化转型对内部控制的重要要求。数字化转型使企业需要处理和分析的数据量激增，这对企业的数据管理和分析能力提出了更高的挑战。为了从海量数据中提取有价值的信息，企业必须建立高效的数据管理和分析系统，确保数据的准确性、一致性和及时性。同时，企业还应加强对数据分析人才的培养和引进，提高企业在数据驱动决策方面的能力。

再者，加强员工培训与技能提升也是数字化转型对内部控制的必然要

求。数字化转型带来了新的技术和工具，要求员工具备相应的技能和知识。企业需要加强员工培训和技能提升，使其能够适应数字化转型的需求，并有效执行内部控制措施。通过员工培训和技能提升，企业能够确保员工具备必要的数字化技能，提高内部控制的执行效果。

最后，优化内部控制流程也是数字化转型对内部控制的重要要求。数字化转型往往伴随着商业模式的创新和业务流程的重组，这就要求企业对现有的内部控制流程进行相应的调整和优化。通过优化内部控制流程，企业能够确保内部控制与新的业务模式相匹配，提高内部控制的效率和效果。

三、企业数字化转型下内部控制的挑战与机遇

数字化转型为企业内部控制带来了新的篇章——挑战与机遇并存。企业需要积极应对这些挑战，并抓住机遇，在不断创新和完善内部控制体系的过程中实现持续稳定的发展。

1. 企业数字化转型下内部控制的挑战

在数字化转型的大潮中，内部控制面临着多方面的严峻挑战。企业需要认清这些挑战，并采取相应的措施来应对，以确保内部控制体系的有效运行。

首先，技术更新迭代快是数字化转型给内部控制带来的主要挑战之一。随着科技的飞速发展，新的技术工具和平台不断涌现，这对企业内部控制系统提出了更高的要求。企业需要不断关注技术发展的最新动态，及时调整和优化内部控制系统，以确保其与技术发展的步伐保持一致。企业可以投资新兴技术如人工智能、大数据分析、云计算等，以提升内部控制的自动化和智能化水平。同时，企业还应加强对新技术的研究和应用，探索如何将新技术应用于内部控制中，提高内部控制的效率和效果。

其次，信息安全风险也是数字化转型给内部控制带来的重要挑战。在数字化环境下，企业面临着来自网络攻击、数据泄露等多方面的信息安全威胁，这些威胁可能导致企业敏感信息的泄露，进而对企业造成重大损失。因

此，企业需要加强信息安全防护，确保数据的机密性、完整性和可用性。这包括实施严格的数据访问控制、加密技术、定期的安全审计以及员工的安全培训。同时，企业还应建立完善的信息安全管理制度和应急预案，以应对可能发生的信息安全事件，确保在事件发生时能够迅速响应并恢复业务运行。

再者，专业人才短缺也是数字化转型给内部控制带来的挑战之一。数字化转型要求内部控制人员具备数字化技能和内部控制知识，但目前市场上这类人才相对稀缺。因此，企业需要加大人才培养和引进力度，建立一支具备数字化技能和内部控制知识的专业团队。这可以通过提供内部培训、与外部培训机构合作、招聘具备相关背景和经验的人才等方式实现。通过人才培养和引进，企业能够确保内部控制工作的专业性和有效性，推动数字化转型的顺利进行。

此外，数字化转型还可能带来组织结构和业务流程的变革挑战。企业需要调整其组织结构以适应数字化转型的需求，确保内部控制体系能够有效地嵌入新的业务流程中。这需要重新定义岗位职责、优化业务流程、建立跨部门协作机制等。同时，企业还需要关注数字化转型对企业文化和员工行为的影响，确保员工能够理解和接受新的内部控制要求，并积极参与数字化转型的过程。

综上所述，企业数字化转型下内部控制面临着技术更新迭代快、信息安全风险、专业人才短缺以及组织结构和业务流程变革等多重挑战。企业需要积极应对这些挑战，通过投资新兴技术、加强信息安全防护、培养和引进专业人才以及调整组织结构和业务流程等方式，确保内部控制体系在数字化转型过程中能够发挥应有的作用，为企业的可持续发展提供有力保障。

2. 企业数字化转型下内部控制的机遇

数字化转型不仅为内部控制带来了挑战，也为其提供了新的发展机遇。企业可以抓住这些机遇，进一步优化和完善内部控制体系。

首先，数据驱动决策成为可能，为内部控制带来了前所未有的机遇。数字化转型使企业能够实时收集和分析海量、多维度的数据，包括市场趋势、客户需求、业务流程、财务状况等。这些数据为企业提供了全面、深入的业务洞察，使内部控制能够基于更加准确、及时的信息进行决策。通过运用先进的数据分析工具和技术，如数据挖掘、机器学习等，企业可以从海量数据中提取有价值的信息，发现潜在的业务机会和风险点，为内部控制提供更加科学的决策依据。这种数据驱动的决策方式使企业能够更加精准地把握市场动态，满足客户需求，优化业务流程，从而提高市场竞争力。

其次，协同效率得到提升，为内部控制创造了更加高效的工作环境。数字化转型打破了传统部门之间的壁垒，通过信息化手段实现企业内部各部门之间的信息共享和协同工作。这使得企业能够更加高效地整合资源、优化流程，减少重复劳动和信息孤岛现象，提高工作效率和响应速度。同时，数字化转型还促进了企业与供应商、客户等外部合作伙伴之间的紧密协作，实现了供应链上下游的信息共享和协同优化。这种跨部门、跨组织的协同工作方式使内部控制能够更加全面地了解企业运营状况，及时发现并解决问题，进一步提高企业的整体运营效率。

再者，风险管理能力得到优化，为内部控制提供了更加先进的风险管理工具和技术。数字化转型使企业能够利用大数据和人工智能技术实时监控业务运营中的潜在风险，包括市场风险、信用风险、操作风险等。通过建立风险预警模型和实时监控系统，企业可以及时发现并评估潜在风险，采取相应措施进行干预和防范。这有助于企业降低风险损失，提高经营稳定性。同时，数字化转型还使企业能够更加全面地了解风险来源和影响程度，为制定更加科学、有效的风险管理策略提供有力支持。

此外，数字化转型还为内部控制带来了创新机遇。通过引入新的技术和方法，如区块链、云计算、物联网等，企业可以不断创新内部控制手段和方法。例如，利用区块链技术可以确保数据的真实性和不可篡改性，提高内部控制的可信度和透明度；利用云计算技术可以实现内部控制系统的弹性和可扩展性，降低企业运营成本和提高系统性能；利用物联网技术可以实现对企业资产和业务流程的实时监控和管理，提高内部控制的准确性和及时性。这些创新技术的应用使内部控制能够更加适应数字化时代的发展需求，为企业创造更大的价值。

综上所述，企业数字化转型为内部控制带来了数据驱动决策、协同效率提升、风险管理能力优化以及创新等多重机遇。企业应该积极抓住这些机遇，充分利用数字化转型的优势，进一步优化和完善内部控制体系。通过加强数据治理、推动跨部门协作、引入先进的风险管理工具和技术以及不断创新内部控制手段等方式，企业可以构建更加科学、高效、智能的内部控制体系，为企业的长期发展奠定坚实基础。

第四节　本书的研究目的与结构安排

本书致力于深入探讨企业数字化转型背景下的内部控制理论基础、实践挑战与重构策略，旨在为企业构建适应数字化时代的内部控制体系提供理论指导与实践参考。本节将明确本书的研究目的，并概述整体的结构安排。

一、研究目的

本书的研究目的主要体现在以下几个方面：

一是系统梳理内部控制与数字化转型的理论基础。回顾和梳理企业内部控制的基本理论框架，分析数字化转型的发展历程、趋势及对企业运营的影响，为后续研究提供坚实的理论基础。

二是深入分析数字化转型对内部控制的影响与挑战。探讨数字化转型对企业内部控制环境、风险评估、控制活动、信息与沟通以及监控等方面的影响，揭示数字化转型给内部控制带来的新挑战。

三是探索数字化转型背景下的内部控制重构策略。研究数字化环境下内部控制变革的需求、原则与标准，以及关键领域与实施策略，为企业内部控制的重构提供指导。

四是通过案例研究验证理论与实践。选取行业领先企业的数字化转型与内部控制重构实践进行案例研究，分析其实践经验，为其他企业提供借鉴与启示。

五是提出应对数字化转型与内部控制重构的策略建议。基于理论分析与实证研究，提出企业在数字化转型过程中完善与发展内部控制体系的策略建议，帮助企业应对数字化时代的挑战。

二、结构安排

本书共分为七个章节，每个章节都紧密围绕研究目的展开，形成了一个完整、系统的研究体系。具体结构安排如下：

第一章为绪论部分，主要阐述本书的研究背景、意义、研究目的与结构安排，为读者提供一个清晰的研究框架和导向。

第二章将深入探讨企业数字化转型的理论与实践，包括数字化转型的发展历程、趋势及对企业运营的影响，同时分析数字化转型的成功案例与启示。

第三章将重点研究内部控制重构的理论基础，包括内部控制的演变与发展，数字化环境下内部控制变革的需求、原则与标准，以及关键领域与实施策略。

第四章将分析企业数字化转型对内部控制的影响，并通过实证研究探讨数字化转型与内部控制之间的关系。

第五章将详细阐述企业数字化转型背景下的内部控制重构策略，包括战略定位与规划、风险评估与识别、控制环境的重构与优化、控制流程的重塑与整合、控制信息系统的创新与应用、控制监督系统的重建与突破。

第六章将通过案例研究，分析行业领先企业和中小企业的数字化转型与内部控制重构实践，总结其成功经验与启示。

第七章为结语部分，将总结本书的主要研究成果，探讨数字化时代内部控制的发展趋势，并提出应对数字化转型与内部控制重构的策略建议。

第二章 企业数字化转型理论与实践

在信息化、数字化的浪潮之下，企业正站在一个全新的历史起点，面临着前所未有的变革压力与转型机遇。数字化转型，作为企业提升竞争力、实现可持续发展的核心战略，正引领其迈向一个充满无限可能的新发展阶段。然而，这一转型过程并非坦途，它要求企业在组织架构、业务流程、思维方式等多个层面进行深度革新，方能驾驭数字化时代的风云变幻。

本章将深入探索数字化转型的广阔领域。首先，从数字化转型的发展历程与趋势出发，揭示这一变革的脉络与方向，包括数字化转型的起源、演进、当前的核心特征以及未来趋势预测。接着，深入分析数字化转型的价值，探讨其与价值创造的紧密联系，并揭示其几大核心价值。理论与实践相结合是智慧的源泉，因此，本章还将深入分析数字化转型对企业运营的多方面影响，展现这一变革如何重塑企业的各个角落，包括业务流程、组织结构、企业文化、员工技能与培训、数据安全与隐私保护。在全球视野下，本章将比较不同国家和地区的数字化转型策略，分析国内外实践的异同，为读者提供一个更为宏观、全面的视角。最后，通过呈现数字化转型的成功案例与宝贵启示，让读者从他人经验中汲取智慧，为自己的企业转型之路提供借鉴，包括国内外成功案例的剖析、案例中的经验与教训，以及特定企业如宁德时代、乐高集团与多科莫公司的数字化转型对企业内部控制的启示。

第一节　数字化转型的发展历程与趋势

一、数字化转型与企业数字化转型的概念

"数字化转型"一词是数字经济时代的产物。随着时代的进步和技术的不断创新,"数字化转型"的内涵越来越多样化。学术界关于数字化转型的定义较为丰富,在第一章第二节中已经详细介绍,此处不再赘述。

业界对数字化转型定义:国际商业机器公司(IBM)认为,数字化就是通过整合数字和物理要素,进行整体战略规划,实现业务模式转型,并为整合行业确定新的方向。麦肯锡认为,数字化包括资产数字化、运营数字化、劳动力数字化(去中介化、分散化和非物质化)三个方面。全球最大的上市咨询公司埃森哲公司认为,数字化转型的最显著特征就是通过数字化应用提升运营效率。全球最具权威的 IT 研究与顾问咨询公司高德纳公司认为,数字化是利用数字技术来改变商业模式并提供新的收入和价值创造机会。互联网数据中心认为,数字化转型分为领导力转型、运营模式转型、工作资源转型、全方位体验转型、信息与数据转型。阿里巴巴集团认为,数字化是一个"从业务到数据,再让数据回到业务的过程",关键在于 IT 架构统一、业务中台互联网化和数据在线智能化。中国信通院认为,数字化指企业与数字技术全面融合,提升效率的经济转型过程,即利用数字技术,把企业各要素、各环节全部数字化,推动技术、业务、人才、资本等要素资源配置优化,推动业务流程、生产方式重组变革,从而提高企业经济效率。

中关村信息技术和实体经济融合发展联盟发布的《数字化转型参考架构》将数字化转型定义为:"顺应新一轮科技革命和产业变革趋势不断深化应用云计算、大数据、物联网、人工智能、区块链等新一代信息技术,激发数据要素创新驱动潜能,打造提升信息时代生存和发展能力,加速业务优化

升级和创新转型，改造提升传统动能，培育发展新动能，创造、传递并获取新价值，实现转型升级和创新发展的过程。"

关于企业数字化转型的概念，其起源可追溯至 NEGROPONTE（1995）的早期研究，他认为企业数字化转型涉及企业生产资料的数字化渗透、生产关系的数字化重构以及商业活动的数字化创新。ACEMOGLU（2003）对此进行了更为具体的界定，指出企业数字化转型包含两个核心层面：一是新一代信息技术的投入和产出，旨在以创新要素突破传统资源的瓶颈；二是数字技术在企业内部的融合应用，体现其创新价值功能。HESS 等（2016）则强调，企业数字化转型是企业运用数字化技术对制造流程或组织结构进行改革的过程。VIAL（2019）进一步将数字化转型界定为企业通过运用数字化技术改变价值创造过程，以提高对外部环境变化的响应能力。何帆等（2019）认为在中国情景下，数字化转型被赋予了顶层设计的标签，富含着政策语义。赵振（2015）基于跨界融合的视角提出企业数字化转型创新驱动的内涵。李晓华（2016）结合政策语义，将"实体企业 + 新一代数字技术"作为企业数字化转型的表征，从而揭示了融合创新的战略本质。郑小碧（2017）认为，企业数字化转型体现了价值发现和创造的创新驱动意涵。陈剑等（2020）认为，数字化转型是企业在生产、经营和管理过程中数字新技术的运用程度，由此带来的企业各领域、各流程的数字化变革。谢卫红等（2020）从资源基础观视角对企业数字化转型的内涵进行了阐述，认为数字化转型是企业重组数字资源并融合于业务流程的创新活动。魏昀妍等（2022）将数字化转型归纳为：企业利用人工智能、区块链、云计算、大数据等新一代信息技术，对原有技术体系、生产系统进行数字化改造与提升，从而实现生产方式优化、管理水平提高的高层次转型。

综上所述，数字化转型及企业数字化转型的概念在学术界和业界均得到了广泛探讨，其内涵丰富多样，涵盖了从技术应用到业务模式、组织结构、价值创造等多个层面的变革。随着技术的不断发展和市场环境的不断变化，数字化转型的定义和内涵也将持续演进，为企业带来前所未有的机遇与挑战。

二、数字化转型的起源与演进

数字化转型的起源可以追溯到 20 世纪中叶，随着计算机技术的诞生，企业开始意识到信息技术在数据处理、存储和检索方面的巨大潜力。最初，企业使用计算机主要是为了自动化某些重复性的任务，提高工作效率。随着时间的推移，尤其是在 20 世纪八九十年代，网络技术开始兴起。企业开始探索如何利用局域网和广域网进行更高效的沟通和数据共享。这一阶段，我们看到了企业资源规划（ERP）、客户关系管理（CRM）以及供应链管理（SCM）等系统的广泛应用，这些系统不仅提高了企业内部的管理效率，还优化了企业与客户、供应商之间的协作。进入 21 世纪后，我们迎来了一个技术爆炸的时代。移动互联网、云计算、大数据、物联网和人工智能等技术的飞速发展，为企业数字化转型提供了前所未有的动力。企业不再仅仅满足于将现有流程数字化，而是开始寻求如何利用这些先进技术来重塑业务流程，提升客户体验，甚至开创新的商业模式。

数字化转型的演进是一个持续不断的过程，伴随着信息技术的飞速发展和商业环境的深刻变化。从最初的尝试性应用到如今的全面转型，数字化转型经历了多个阶段，每个阶段都有其特定的特征和重点。

初始阶段（20 世纪 80 年代～ 20 世纪 90 年代末）：在这一阶段，企业开始将数字技术应用于单一业务流程或职能领域，如财务管理、库存管理等。这些应用主要关注于提升单项业务的运行规范性和效率，尚未形成系统性的数字化战略。

发展阶段（21 世纪初～ 21 世纪中期）：随着互联网和移动技术的迅猛发展，企业开始将数字技术应用于更广泛的业务领域，并尝试构建跨部门的数字化集成系统。企业资源计划（ERP）、客户关系管理（CRM）等系统的引入，标志着企业数字化转型进入了一个新的发展阶段。这些系统不仅提升了工作效率，还为企业创造了新的价值创造机会。

深化阶段（21 世纪中期以后）：随着云计算、大数据、人工智能等新一代信息技术的兴起，企业数字化转型进入了一个深化阶段。企业开始利用这些技术构建全新的商业模式和服务模式，实现业务流程的全面数字化和智能化。同时，数字化转型不再局限于技术层面，而是深入企业文化、组织架构、流程和战略等各个方面，成为推动企业高质量发展的核心动力。

在演进过程中，数字化转型还呈现出一些新的趋势和特点：数字化转型更加注重数据的价值挖掘和利用，通过数据分析为企业决策提供有力支持；同时，数字化转型更加注重生态系统的构建和合作共赢，通过与其他企业和机构的合作实现资源共享和优势互补。这些趋势和特点将进一步推动数字化转型向更高层次发展。

2022年，华为公司发布的《数字化转型，从战略到执行》研究报告将数字化转型分为基础信息化、应用数字化、全面系统化和智慧生态化四个阶段。在数字化转型的发展和演进中，企业逐步夯实业务核心系统及数据体系构建，探索数字化、智能化应用，在深挖数字化深度的同时，扩展数字化广度。①

具体来说，基础信息化阶段是数字化转型的起点，在这个阶段数字化意识觉醒，管理层开始认识到信息化的重要性，并逐步推动企业在运营、管理等方面引入数字技术。关注基础设施的数字化，包括投资IT基础设施，如服务器、网络、数据中心等；在业务条线内完成核心企业信息系统的搭建，如企业资源规划、供应链管理等基础信息系统的建设，通过信息系统的应用，企业开始建立数据管理的基础，确保数据的准确性和可访问性，并优化业务流程，提高工作效率和管理水平。

到了应用数字化阶段，企业基础系统集成，全面实现信息化，数据架构清晰完善。在此阶段，企业开始将数字化应用于更具体的业务场景和流程中，如客户关系（CRM）、产品生命周期管理（PLM）等。企业开始利用数据分析工具对业务数据进行初步分析，以支持决策制定和优化。企业对关键业务流程进行数字化改造，实现可视化、智能化的流程管理，如通过数据分析和监控大屏实时调整生产进度和管理策略。在这个阶段，企业的数字化能

---

① 《数字化转型，从战略到执行》. https://e.huawei.com/cn/topic/digital-economy

力得到显著提升，为后续的全面系统化阶段打下基础。

全面系统化阶段实现了业务流程和管理系统的全面数字化，形成了集成的数字化平台。通过数字化手段，企业能够实现跨部门、跨业务的流程协同和数据共享。企业开展全局可视化管理，通过集成各业务单元的数据和信息系统，实现全面的业务监控和分析。利用先进的数据分析技术和人工智能（AI）算法，企业能够进行智能化的决策支持，如利用云计算、大数据等技术，提高数据处理和分析能力，快速响应市场变化和业务需求。针对业务单元整体具备全局可视化及分析能力，可快速锁定异常，并辅助决策。全面系统化阶段为企业提供了商业模式创新的可能性，通过数字化手段探索新的业务模式和市场机会。

智慧生态化阶段是数字化转型的高级阶段，企业不仅自身实现了高度数字化，还能够与外部合作伙伴、客户和供应商等形成数字化生态系统，构建智慧生态。智慧生态化阶段强调持续的技术创新和应用创新，通过引入前沿的数字技术（如人工智能、区块链、物联网等）推动产品和服务的不断升级，实现智能化的决策和运营。在这个阶段建立开放的应用程序编程接口（API）和平台，促进与外部系统的互联互通；利用人工智能技术优化产品和服务，提供个性化的客户体验；构建智能化的供应链和生产系统，提高响应速度和灵活性。企业在实现自身数字化转型的同时，也致力于通过数字化手段创造更大的社会价值，如推动智慧城市建设、提升公共服务水平等。

华为公司的这一数字化转型框架强调了从基础设施的数字化到构建智慧生态的逐步演进。每个阶段都是基于前一阶段的基础上进一步深化和扩展数字化的应用。由于不同企业的数字化转型路径和速度存在差异，企业在数字化转型过程中需要根据自身的业务需求、技术能力和市场环境，制定合适的转型策略和实施路径。同时，数字化转型是一个持续的过程，企业需要不断评估、优化自身的数字化战略和执行计划，以适应市场变化和业务需求。

三、当前数字化转型的核心特征

在 21 世纪的全球经济格局中，数字化转型已成为企业提升竞争力、实现可持续发展的关键路径。随着技术的飞速进步和市场的不断变化，数字化转型的核心特征日益凸显，这些特征不仅涉及技术层面，更深刻地影响着企业的业务模式、组织结构乃至文化价值观。以下是对当前数字化转型核心特征的详细阐述。

1. 数据驱动决策

在数字化转型的过程中，数据已成为企业的核心资产。数据驱动决策是转型的首要特征，意味着企业依赖高质量的数据来指导战略制定、运营优化和业务创新。这要求企业具备强大的数据采集、存储、分析和应用能力，能够将海量数据转化为有价值的洞察，进而驱动业务决策和流程优化。数据驱动不仅提高了决策的精准性和效率，还促进了企业内部的透明度和协作，使得各个部门能够基于统一的数据平台开展工作，形成合力。为了实现数据驱动决策，企业需要建立完善的数据治理体系，确保数据的准确性、完整性和时效性。同时，企业还需要培养数据分析和数据挖掘的专业人才，提高员工的数据素养和数据分析能力（黄勃等，2023）。

2. 业务智能化与流程自动化

随着人工智能、机器学习等先进技术的广泛应用，业务智能化和流程自动化成为数字化转型的重要趋势。企业通过将智能技术融入业务流程，实现了从订单处理、客户服务到供应链管理的全面智能化，不仅提高了工作效率、降低了人力成本，还显著提升了客户体验和满意度。流程自动化则通过预设的规则和算法，自动执行重复性高、附加值低的任务，释放了员工的创造力和时间，使他们能够专注于更有价值的工作。业务智能化与流程自动化的实现需要企业具备强大的技术实力和创新能力，同时也需要企业对业务流程进行深入的梳理和优化（邹怡等，2021）。

3. 敏捷创新与生态整合

在数字化转型的推动下，企业必须具备敏捷的创新能力，以快速响应市场变化和客户需求。这要求企业建立灵活的组织结构和决策机制，鼓励员工提出新想法、尝试新技术，并通过快速迭代和持续优化的方式，将创新成果转化为实际生产力。同时，企业还需要通过生态整合，构建以自身为核心的数字化生态系统，与供应商、客户、合作伙伴等利益相关方实现资源共享、优势互补和互利共赢。这种生态整合不仅增强了企业的市场竞争力，还促进了整个产业链的协同发展。为了实现敏捷创新与生态整合，企业需要打破传统的层级结构和思维定式，建立跨部门、跨领域的协作机制和创新平台。

4. 平台化与云服务

平台化和云服务是数字化转型的技术支撑。企业通过构建或采用行业云平台、软件运营（SaaS）平台等，实现资源的集中管理和高效利用。这些平台不仅简化了应用开发流程，提高了数据集成性，还为企业提供了丰富的API接口和开发工具，降低了技术门槛和成本。云服务的普及则使得企业能够随时随地访问和处理数据，实现业务的灵活部署和快速扩展。平台化和云服务的结合，为企业数字化转型提供了强大的技术保障和灵活的业务模式。为了充分利用平台化和云服务的优势，企业需要选择合适的平台和服务商，并进行有效的集成和管理。

5. 组织文化变革与人才培养

数字化转型不仅仅是技术的革新，更是组织文化和人才战略的深刻变革。企业需要培养和塑造适应数字化环境的组织文化，包括开放创新、敏捷响应、用户导向、持续学习等特质。这种文化变革要求企业打破传统的层级结构和思维定式，鼓励员工跨部门协作、跨领域交流，形成开放包容的工作氛围。同时，企业还需要加大人才培养和引进力度，建立一支具备数字化技能和创新能力的专业人才队伍，这些人才将成为企业数字化转型的重要推动力和智力支持。为了实现组织文化变革与人才培养的目标，企业需要制定相应的人才发展战略和培训计划，并注重员工的职业发展和激励机制。

6. 安全与合规

在数字化转型的过程中，数据安全和隐私保护成为不可忽视的重要问题。随着数据量的爆炸式增长和数据应用场景的不断拓展，企业面临着严峻的数据安全风险。因此，企业必须建立完善的数据安全管理体系和隐私保护机制，确保数据在采集、存储、处理和应用过程中的安全性和合规性。这要求企业加强数据治理和合规意识培训，提高员工的数据安全素养和责任意识；同时，还需要采用先进的安全技术和手段，如加密传输、访问控制、审计追踪等，保障数据资产的安全可控。为了确保数字化转型的安全与合规性，企业还需要密切关注相关法律法规的变化和监管要求的变化，并及时调整和完善自身的数据安全管理体系和合规机制（戚君贤，2021）。

综上所述，当前数字化转型的核心特征体现在数据驱动决策、业务智能化与流程自动化、敏捷创新与生态整合、平台化与云服务、组织文化变革与人才培养以及安全与合规等多个方面，这些特征相互交织、相互促进，共同构成了企业数字化转型的完整框架和路径。面对未来更加复杂多变的市场环境和技术挑战，企业需要持续深化数字化转型实践，不断探索和创新，以实现更高质量的发展。

四、数字化转型的未来趋势预测

在日新月异的数字化时代，技术的飞速发展正不断重塑着全球经济与社会的面貌。数字化转型，作为这一变革的核心驱动力，正以前所未有的速度和深度影响着每一个行业和企业。从人工智能的深度整合到数据要素的价值开发，从行业云的兴起到全民数字素养的提升，数字化转型的未来趋势呈现出多元化、深层次的特点，引领我们走向一个更加智能、高效和可持续的未来。以下是对未来数字化转型趋势的详细分析①：

1. 人工智能的深度整合与应用

随着生成式 AI、自然语言处理、计算机视觉等技术的不断进步，AI 将不再局限于辅助决策，而是直接参与到业务流程的执行中。例如，在制造业中，AI 将直接控制机器人进行精密加工；在服务业，AI 客服将提供更加个

---

① 数字产业创新研究中心．2024DIRC 央国企数字化转型十大趋势报告 [R/OL]．（2024-06-05）[2024-06-06] https://www.jnexpert.com/article/detail?id=11126

性化、情感化的交互体验。

AI 将与物联网、区块链等其他前沿技术深度融合，形成更加复杂和强大的解决方案。这种融合将打破传统行业的界限，催生出全新的商业模式和服务形态。

2. 成本控制与效率提升

随着云技术的成熟和 SaaS 模式的推广，企业将能够以更低的成本获得更强大的 IT 能力。云原生应用将实现更高效的资源利用和更灵活的扩展性；而 SaaS 服务则帮助企业以订阅的方式获取所需的功能，无须承担高昂的初期投资和运维成本。

AI 驱动的流程自动化将覆盖更多业务领域，从简单的重复性任务到复杂的决策过程。通过自动化和智能化，企业可以显著减少人力成本，提高运营效率和响应速度。

3. 数据要素的价值开发

数据作为新型生产要素，其价值将得到更加充分的挖掘和利用。企业将建立完善的数据治理体系，确保数据的质量、安全和合规性。同时，通过数据分析和挖掘，企业将能够发现新的商业机会和市场趋势，为决策提供有力支持。

随着数据要素市场的逐渐成熟，数据交易和数据服务将成为新的经济增长点。企业可以通过出售数据产品或提供数据服务来获取额外的收入来源，同时也可以利用外部数据资源来优化自身的业务运营。

4. 行业云与行业解决方案的兴起

面向特定行业的云平台将更加注重定制化需求。这些平台将深入了解行业特点和业务流程，提供符合行业规范的解决方案和服务。这种定制化将帮助企业更快地实现数字化转型目标，并降低转型过程中的风险和成本。

行业云将促进产业生态系统的构建。通过云平台，企业可以与其他产业链上下游企业实现信息共享和协同作业，形成更加紧密和高效的合作关系。这种生态系统将推动整个产业的数字化转型进程，提升整个产业的竞争力。

5. 平台工程与敏捷开发

平台工程通过构建通用平台来加速软件交付过程。这些平台提供了标准化的开发工具、流程和最佳实践，帮助开发团队更加高效地完成软件开发和部署任务。同时，平台还支持持续集成或持续部署（CI 或 CD）流程，实现快速迭代和反馈循环。

敏捷开发方法强调快速响应市场变化和客户需求的能力。通过敏捷开发，团队可以更加灵活地调整开发计划和策略，确保软件产品始终符合市场需求和业务目标。这种灵活性将有助于企业在竞争激烈的市场环境中保持领先地位。

6. 数字治理与数据安全

随着数据法规的不断完善和执行力度的加强，企业将不得不加强数字治理和数据安全管理工作。包括建立完善的数据治理体系、加强数据权限管理、实施数据加密和备份等措施，以确保数据的安全性和合规性。

同时，技术创新也将为数字治理和数据安全提供新的解决方案。例如区块链技术可以用于构建去中心化的数据共享和交换平台，零信任网络架构可以提供更加严格和灵活的安全访问控制机制等。

7. 新赛道与产业创新

车联网、智能交通、智能制造等新领域将成为数字化转型的重要方向。这些领域将借助数字技术实现传统产业的升级和转型，推动经济增长方式的转变和产业结构的优化调整。

基于数字技术的系统性创新将引领产业向更高层次发展。这种创新不只局限于单一产品或服务的技术革新，而是涉及整个产业链和生态系统的全面优化和升级。通过系统性创新，企业可以构建更加完善和强大的竞争优势，并推动整个产业的可持续发展。

8. 全民数字素养与技能提升

随着在线办公、在线教育等数字应用的普及以及数字经济的不断发展，全民数字素养与技能将得到提升。政府和企业将加强数字教育普及工作，通过开设相关课程和培训项目来提高公众的数字技能水平，并培养其适应数字时代的能力素质。

同时，社会各方也将积极参与数字素养提升工作。例如学校可以加强信息技术课程教育，企业可以提供内部培训和支持员工自我学习提升，社区可以组织相关活动来推广数字应用和相关文化等。

9. 变革管理与组织文化

数字化转型的成功实施离不开领导层的支持和推动。领导层需要充分认识到数字化转型的重要性和紧迫性，并制定明确的转型战略和目标，同时积极参与转型过程中的决策和协调工作，以确保转型工作的顺利进行并取得预期成果。

同时，组织文化也是数字化转型成功的关键因素之一。企业需要建立开放、协作、创新的企业文化，鼓励员工积极参与数字化转型工作并勇于尝试新技术和新方法；同时加强内部沟通和协作，形成合力，共同推动数字化转型工作的深入开展。

10. 绿色化与可持续发展

数字化绿色化将成为未来数字化转型的重要主题之一。企业将利用数字技术推动绿色低碳发展，实现"双碳"目标。通过数字化手段优化能源管理，减少资源消耗和排放，推动传统产业向智能化、效率化、环境友好型方向发展。

同时，数字化转型也将助力企业实现可持续发展目标。通过数字化转型，企业可以更加精准地把握市场需求和趋势，制定更加科学合理的战略规划和管理决策。同时，加强社会责任意识和环境保护意识，积极履行社会责任并推动社会经济的可持续发展进程。

综上所述，未来数字化转型将围绕人工智能、成本控制、数据要素价值开发、行业云与解决方案、平台工程与敏捷开发、数字治理与安全、新赛道与产业创新、全民数字素养提升、变革管理与组织文化以及绿色化与可持续发展等多个方面展开，这些趋势将共同推动全球经济与社会的数字化转型进程。

第二节　数字化转型的价值

在快速发展的商业环境中，数字化转型已成为企业实现持续发展和竞争优势的关键路径。它不仅关乎技术的革新，更触及了企业战略转型和价值创造的深层次。本节将深入探讨数字化转型与价值创造的紧密联系，揭示其几大核心价值，并通过对《信息化和工业化融合　数字化转型　价值效益参考模型》（GB/T 23011–2022）的解读，进一步强调数字化转型在价值创造中的重要作用。

一、数字化转型与价值创造的紧密联系

数字化转型在企业价值创造中扮演着至关重要的角色，它不仅是企业战略转型的重要组成部分，更是推动企业实现价值最大化的关键驱动力。通过引入先进的信息技术和数字化手段，数字化转型优化了企业的生产运营流程，提升了产品和服务的质量与效率，为企业创造了更大的价值。

数字化转型与企业战略目标的实现紧密相连。企业在制定数字化转型策略时，通常会将其与自身的战略目标相结合，以确保数字化转型能够为企业带来长期的竞争优势和可持续发展。数字化转型有助于企业更好地了解市场需求和消费者行为，制定更加精准的市场营销策略，提升品牌知名度和市场份额。同时，它还可以帮助企业优化供应链管理，降低运营成本，提高整体盈利能力。

数字化转型与价值创造之间存在着相互作用的机制。一方面，数字化转型通过优化生产流程、提升产品质量、拓展新市场等方式为企业创造价值；另一方面，企业价值的提升又为数字化转型提供更多的资源和动力，推动数字化转型的深入进行。这种相互作用机制使得数字化转型与企业价值创造之间形成了良性循环，共同推动企业的持续发展和竞争优势的提升。

二、数字化转型的几大核心价值

数字化转型为企业带来了显著的价值创造，这些价值主要体现在生产运营优化、产品和服务创新以及业态转变等方面。

在生产运营层面，数字化转型通过引入先进的信息技术和数字化手段，优化了企业的生产流程和管理方式。这不仅可以提高生产效率和产品质量，还可以降低运营成本和风险。例如，智能制造和工业互联网技术的应用使企业能够实现生产过程的自动化和智能化，提高生产线的运行效率和稳定性。

在产品和服务创新方面，数字化转型为企业提供了强大的创新能力和市场拓展空间。通过数字化技术的应用，企业可以开发出更加符合市场需求和消费者偏好的新产品和服务。利用大数据和人工智能技术，企业可以进行精准的市场营销和客户服务，提供个性化的购物体验和售后服务。

在业态转变方面，数字化转型推动了企业与生态合作伙伴的共建共享模式。通过构建开放的价值生态网络，企业可以与供应商、客户、用户等各方建立紧密的联系和合作关系，共同推动业态的创新和发展。数字化转型还推动了企业向服务化、平台化等新型业态的转型，为企业创造了更大的商业价值和社会价值。

三、《信息化和工业化融合 数字化转型 价值效益参考模型》（GB/T 23011–2022）解读：强化价值主题的突出

2022 年 10 月，我国首个数字化转型国家标准《信息化和工业化融合 数字化转型 价值效益参考模型》（GB/T 23011–2022）发布。该标准作为一项重要的国家标准，进一步强调了数字化转型在价值创造中的核心地位，不仅提供了数字化转型的定义和分类，还明确了价值效益的评估方法，为企业衡量数字化转型成果提供了有力工具。

通过解读这一模型，我们可以更加深入理解数字化转型如何带来生产运营的优化、产品或服务的创新、业态的转变，这些正是数字化转型的核心价

值所在。模型中的评估方法也为企业提供了量化数字化转型价值的手段，有助于企业在实践中更好地把握数字化转型的方向和重点。

综上所述，数字化转型已成为企业实现持续发展和竞争优势的关键路径，它与价值创造紧密相连，为企业带来了显著的核心价值。通过对《信息化和工业化融合 数字化转型 价值效益参考模型》（GB/T 23011–2022）的解读，我们更加明确了数字化转型在价值创造中的重要作用，这为企业制定和实施数字化转型策略提供了有力的指导和支持。

第三节　数字化转型对企业运营的影响

数字化转型是一场深刻的企业战略转型变革，它充分利用云计算、大数据、人工智能等先进的信息技术，对企业进行全面的改造和升级。这一转型旨在提高运营效率、优化客户体验、创新业务模式，并最终推动企业的可持续发展。数字化转型正在深刻改变企业的运营方式、组织结构以及企业文化，对企业运营带来广泛而深远的影响。本节将深入探讨数字化转型对企业运营的这些具体影响。

一、业务流程的优化与重组

数字化转型首先体现在业务流程的优化与重组上。传统企业往往面临着业务流程烦琐、效率低下、信息孤岛等问题，这些问题严重制约了企业的发展。而数字化转型通过引入先进的信息技术，能够对企业业务流程进行全面梳理和重构，实现业务流程的自动化、智能化和高效化。

在数字化转型过程中，企业可以借助信息技术对业务流程进行深度分析，识别出冗余环节和瓶颈问题，并通过流程再造和自动化工具进行优化。例如，通过引入企业资源计划系统，企业可以实现采购、生产、销售等各个环节的信息集成和共享，打破部门之间的信息壁垒，提高业务流程的协同效率和响应速度。利用大数据分析和人工智能技术，企业可以对业务流程进行预测和优化，实现更加精准的决策和资源配置。这种基于数据的决策方式不仅提高了企业的运营效率，也降低了运营风险。

此外，数字化转型还推动了业务流程的创新。企业可以借助数字平台和技术手段，开发出全新的业务模式和服务方式。例如，通过构建电子商务平台，企业可以实现线上线下的无缝对接，拓展销售渠道，提升客户体验。这种业务流程的创新，不仅为企业带来了新的增长点，也增强了企业的市场竞争力和适应能力。在数字化转型的推动下，企业可以更加灵活地调整业务流程，快速响应市场变化，满足客户需求。

二、组织结构的调整与变革

数字化转型对企业组织结构的影响同样深远。传统的层级式组织结构往往存在着决策效率低下、信息传递不畅等问题，这种僵化的组织结构已经无法适应快速变化的市场环境和客户需求。而数字化转型要求企业具备更加灵活、高效的组织结构，以提高企业的响应速度和创新能力。

在数字化转型过程中，企业倾向于采用扁平化、网络化、项目制的组织结构。这种组织结构减少了层级关系，使得决策更加迅速和高效。同时，通过构建跨部门的协作团队和项目小组，企业可以打破部门壁垒，实现资源的共享和协同工作。这种组织结构的调整不仅提高了企业的运营效率，也增强了员工的参与感和创新精神。在扁平化的组织结构中，员工可以更加直接地参与到企业的决策和创新过程中，发挥自己的专业能力和创造力。

此外，数字化转型还推动了企业组织的虚拟化发展。借助云计算、移动互联网等技术手段，企业可以构建虚拟化的工作平台和团队协作空间。员工可以在任何时间、任何地点进行工作交流和协作，实现了工作方式的灵活性和便捷性。这种虚拟化的组织结构不仅降低了企业的运营成本，也提高了员工的工作满意度和生产力。在虚拟化的工作环境中，员工可以更加自主地安排工作时间和地点，提高工作效率和生活质量。

三、企业文化的重塑与提升

数字化转型对企业文化的重塑与提升也是不可忽视的。传统企业文化往往强调稳定、规范、层级等观念，这种文化观念已经无法适应数字化转型的需求。在数字化转型的背景下，企业需要具备更加开放、创新、协作的企业文化来支撑其持续发展。

数字化转型要求企业倡导开放和包容的文化氛围。企业需要鼓励员工积极拥抱新技术、新思想和新方法，并为其提供学习和成长的机会。同时，企业也需要与外部合作伙伴、客户以及社会各界保持紧密的沟通和合作，共同推动数字化转型的进程。在开放和包容的文化氛围中，企业可以更加容易地吸引和留住优秀人才，促进企业的创新和发展。

此外，数字化转型还要求企业注重创新和协作的文化建设。企业需要鼓励员工敢于尝试、勇于创新，并为其提供创新的平台和资源支持。同时，通过构建跨部门的协作机制和团队文化，企业可以促进员工之间的交流和合作，共同解决数字化转型过程中的挑战和问题。在创新和协作的文化建设中，企业可以激发员工的创造力和团队精神，提高企业的整体竞争力和创新能力。

数字化转型还要求企业注重客户体验和市场需求的变化。在数字化转型的过程中，企业需要更加关注客户的需求和反馈，及时调整和优化产品和服务。通过构建客户导向的企业文化，企业可以更好地满足客户的需求和期望，提高客户满意度和忠诚度。同时，企业也需要关注市场趋势和竞争对手的动态，及时调整战略和业务模式，保持竞争优势。

四、员工技能与培训的挑战

数字化转型对企业员工技能提出了新的要求，同时也带来了培训方面的挑战。这一变革要求员工掌握新的技能和知识，以适应新的技术和工作方式。因此，企业应注重员工的培训和发展，通过持续的教育和培训，确保员工能够充分利用新技术提高工作效率，并增强他们对数字化转型的接受度和参与度。

为了实现这一目标，企业需要制定全面的培训计划，涵盖数字化转型所需的各种技能和知识。培训计划可以包括在线课程、研讨会、工作坊等形式，以满足不同员工的学习需求。此外，企业还可以鼓励员工参加外部培训和认证，以提升他们的专业能力和市场竞争力。

在培训过程中，企业应注重实践与理论相结合，让员工在实际工作中应用到所学的知识和技能，可以通过项目模拟、案例分析、角色扮演等方式帮助员工更好地理解和掌握新技能。

同时，企业还应建立激励机制，鼓励员工积极参与培训和发展。激励机制包括奖励制度、晋升机会、职业发展规划等，以激发员工的学习动力和职业发展意愿。

五、数据安全与隐私保护的重要性

在数字化转型的过程中，数据安全与隐私保护变得尤为重要。随着大量的数据交换和存储，企业面临着数据泄露和隐私侵犯的风险，因此，在数字化转型的过程中，企业必须加强数据安全管理，确保客户数据和企业机密得到妥善保护，并严格遵守相关的法律法规，以维护企业的声誉和客户信任。

为了实现数据安全与隐私保护，企业应采取一系列措施。首先，建立健全的数据安全管理制度和流程，确保数据的收集、存储、处理和传输都符合相关法律法规的要求。其次，加强数据加密和访问控制，确保只有授权人员能够访问敏感数据。此外，企业还应定期进行数据备份和恢复测试，以防止数据丢失或损坏。

同时，企业还应注重员工的数据安全意识和培训。通过定期举办数据安全培训活动，提高员工对数据安全和隐私保护的认识和重视程度。员工应了解并遵守相关的数据安全政策和流程，以确保企业的数据资产得到充分保护。

综上所述，数字化转型对企业运营的影响是多方面的、深远的。它不仅优化了企业的业务流程、调整了组织结构、重塑了企业文化，还提高了企业的运营效率、竞争力和创新能力，并对员工技能与培训以及数据安全与隐私保护提出了新的要求。这些变革不仅为企业带来了全新的发展机遇，也要求企业不断适应和创新，以保持竞争优势和实现可持续发展。因此，企业需要积极拥抱数字化转型的浪潮，不断探索和创新，实现业务增长和长期成功。

第四节　数字化转型的全球视野与比较

一、全球不同国家和地区的数字化转型策略

在全球数字化转型的浪潮中，不同国家和地区依据自身的发展阶段、资源禀赋和战略目标，制定了各具特色的数字化转型策略。以下对几个主要国家和地区的数字化转型策略进行概述与比较。

美国作为全球科技创新的领头羊，其数字化转型策略聚焦于前沿技术和高端制造业。美国政府通过发布一系列战略计划，如《联邦大数据研发战略计划》《国家人工智能研究和发展战略计划》等，构建了以开放创新为基础、以促进传统产业转型为主旨的政策体系。此外，2008 年金融危机后，美国实施了再工业化战略，发布了《智能制造振兴计划》和《先进制造业美国领导力战略》，旨在依托新一代信息技术等创新手段，推动制造业的数字化转型和升级。

欧盟在数字化转型方面坚持合作共赢的原则，致力于建立统一的数字市场，为成员国产业协同发展提供有利条件。欧盟委员会启动了《数字化单一市场战略》，通过一系列措施消除法律和监管障碍，推动各成员国在 5G、云计算、物联网和网络安全等重点领域实施数字化转型。此外，欧盟还发布了《欧洲工业数字化战略》，旨在打造开放协同的创新体系，培育创新型企业，确保欧盟在全球产业数字化转型中处于领先地位。

德国以"工业4.0"为核心,逐步完善数字化转型计划。德国政府推出了《数字化战略2025》,强调利用"工业4.0"促进传统产业的数字化转型,并提出了跨部门跨行业的"智能化联网战略"。德国还建立了开放型创新平台,促进政府与企业的协同创新,为中小企业提供了良好的发展环境。通过一系列政策和措施,德国在制造业数字化转型方面取得了显著成效。

日本在数字化转型方面以技术创新和"互联工业"为突破口,致力于建设超智能社会。日本政府发布了《第五期科学技术基本计划》和《日本制造业白皮书》,明确提出将互联工业作为制造业发展的战略目标。通过加强基础领域的研发支持、打造开放包容的创新载体、构建支持中小企业创新发展的服务体系等措施,日本在推动制造业数字化转型方面取得了积极进展。

东盟国家在数字化转型方面虽然起步较晚,但发展势头迅猛。各国纷纷出台优惠政策扶持制造业发展,加强基础设施建设促进互联互通,积极营造有利于制造业发展的开放环境。特别是新加坡、越南、印度尼西亚和泰国等国家,通过发展工业4.0、优化发展环境、引入外部优势资源等措施,推动制造业的数字化转型和升级。

全球不同国家和地区的数字化转型策略各具特色,共同之处在于都高度重视科技创新、基础设施建设、政策支持和市场培育。通过制定符合自身发展实际的数字化转型策略,各国正积极应对数字经济时代的挑战和机遇,推动经济社会的高质量发展。

二、国内外数字化转型实践的比较分析

在数字化转型的实践中,国内外企业在策略、路径、成效及面临的挑战上均存在一定差异。以下是对国内外数字化转型实践的比较分析。

1. 策略与路径

我国政府高度重视数字化转型,出台了一系列政策文件,如《关于深化制造业与互联网融合发展的指导意见》、"国有企业数字化转型行动计划"等,为企业的数字化转型提供政策引导和支持。

国内以大型国有企业和互联网龙头企业为引领，通过示范效应带动整个行业的数字化转型。例如，中国联通等电信运营商在数字化转型中取得了显著成效，为其他行业提供了可借鉴的经验。针对中小企业数字化转型的痛点，国内推出了许多"小快轻准"的数字化解决方案，帮助中小企业以较低的成本实现数字化转型。

国外大多采用国家战略驱动，如英国的《英国数字化战略》、德国的"工业 4.0"战略等，这些国家战略为数字化转型提供了明确的方向和目标。

国外在数字化转型中注重政府、企业、高校和研究机构的合作，通过产、学、研、用深度融合，推动数字化转型的深入发展。例如，美国创建国家制造业创新网络作为"孵化器"，促进先进技术的研发和应用。国外企业在数字化转型中更加注重技术创新，通过引入人工智能、大数据、云计算等前沿技术，提升企业的竞争力和创新能力。

2. 成效与挑战

我国在数字化转型的推动下，国内企业在生产效率、产品质量、客户服务等方面均取得了显著提升。特别是制造业企业，通过数字化手段实现了生产过程的自动化、智能化和透明化。

国外企业在数字化转型中也取得了显著成效，特别是在智能制造、智慧供应链等领域形成了一批具有国际竞争力的企业。

我国国内企业在数字化转型过程中面临的主要挑战包括技术更新迅速、数据安全风险、组织变革阻力以及人才短缺等。特别是中小企业，由于资金、技术和人才等方面的限制，数字化转型难度较大。

国外企业在数字化转型中也面临类似挑战，如技术标准的统一、跨国数据流动的限制以及数字化转型过程中的文化冲突等。

3. 总结与展望

总体来看，国内外在数字化转型实践中均取得了显著成效，但也面临着不少挑战。未来，随着技术的不断进步和应用场景的不断拓展，数字化转型将成为企业提升竞争力、实现高质量发展的重要途径。同时，政府、企业和社会各界应进一步加强合作与交流，共同推动数字化转型的深入发展。

对于国内企业而言，政府应继续加强政策支持力度，鼓励企业加大数字化转型投入；同时，注重培养数字化人才，提升企业内部的数字化转型能力。对于中小企业而言，应积极探索适合自身特点的数字化转型路径和解决方案、降低转型成本和风险。对于国际企业而言，应关注国际标准和技术趋势的发展动态，加强与国际伙伴的合作与交流；同时，注重本土化应用和创新能力的提升，以适应不同国家和地区的市场需求。

第五节　数字化转型的成功案例与启示

数字化转型已成为企业发展的重要趋势，众多企业通过数字化转型实现了业务增长、效率提升和创新能力的增强。本节将剖析国内外数字化转型的成功案例，总结其经验与教训，并探讨这些案例对企业内部控制的启示。

一、国内外数字化转型成功案例剖析

在全球范围内，许多企业已经成功实施了数字化转型，并取得了显著的成效。

案例一：宁德时代的数字化转型之路：从"制造"到"智造"的飞跃

宁德时代，这家成立于 2011 年 12 月、总部位于中国福建省宁德市的企业，近年来在全球动力电池市场上展现出了惊人的竞争力。据韩国市场调研机构 SNE Research 数据统计，2023 年宁德时代全球动力电池使用量市占率高达 36.8%，连续 7 年排名全球首位；同时，其在全球储能电池出货量方面也连续 3 年占据榜首，市占率达到 40%。更为引人注目的是，2021 年 9 月，宁德时代宁德工厂被世界经济论坛（WEF）评为全球第 7 批"灯塔工厂"，成为首个获此殊荣的电池工厂，标志着其在电池智能制造领域的领先地位。

宁德时代的迅猛发展，与其早期布局并实施数字化战略密不可分。通过数字化转型，宁德时代成功突破了生产经营的困境和外部市场的压力，实

现了从"制造"到"智造"的华丽转身。其智能工厂通过数字化转型实现了生产数据可视化、生产过程透明化和生产现场无人化，这些高度自动化、数字化、智能化的生产成果，得益于其构建的以制造执行系统（MES）为核心的集成制造系统、以客户为中心的集成交付系统，并引入了人工智能、物联网、机器学习和云计算等先进技术。这一系列举措使得宁德时代的劳动生产率在 3 年内提高了 75%，能源消耗降低了 10%。

宁德时代的数字化转型是内外因素共同驱动的结果。从内部生产视角看，数字化转型是优化生产方式、提升生产效率和质量控制的必然选择；从外部市场视角看，新能源汽车产业的迅猛发展带来了对动力电池的巨大需求，进一步推动了宁德时代的数字化转型步伐。这一转型过程经历了"系统升级—万物互联—数据赋能—AI 助力"4 个关键阶段。

1. 系统升级：开启数字纪元

2014 年，宁德时代开启了数字化之路的元年，对管理信息系统进行全面升级。通过与企业管理软件巨头思爱普（SAP）的合作，宁德时代引入了 ERP、SRM 和 CRM 等系统，打造了以 ERP 为核心的管理信息系统，实现了运营前后端整体价值链的打通和核心业务层、业务支持层、职能管理层三个层面的系统集成，开启了数字化转型的新篇章。

2. 万物互联：打通信息渠道

2015 年，宁德时代在全球动力电池装机量上跃居第三，确立了行业领先地位。同年，公司设定了数字化转型的明确目标，致力于通过物联网技术实现生产全过程的可控和产品生命周期的全流程追溯。为此，宁德时代在终端控制、制造现场管理和产品生命周期管理三个层面建设了物联网体系，实现了数据采集和传递的准确完整、全生产要素的集成以及产品从研发到售后的一体化生产模式。

3. 数据赋能：优化生产流程

2017 年，宁德时代以 12GWH 的动力电池装机量超越日本松下，成为全球行业领袖。得益于物联网技术的应用，宁德时代此时已积累了大量数据。为此，公司成立了专门的大数据管理团队，并与天翼云、英特尔等企业展开合作，在大数据平台和数据应用等方面开展联合创新。通过与天翼云共同搭建物联网数据分析平台、与英特尔合作提升 MES 系统的数据计算和存储能力，宁德时代充分挖掘了数据的价值，为生产和决策提供了有力支持。

4. AI 助力：迈向智能制造

2019 年，宁德时代被工信部评为"智能制造标杆企业"，并开启了"AI 应用元年"。通过与英特尔、第四范式等企业的合作，宁德时代在生产线上推广了机器学习、图像识别、智能物流、视频流智能监控等技术，实现了智能生产和质量智能管控。特别是在质量管控方面，宁德时代与英特尔合作构建了 AI 电池缺陷检测方案，大幅提升了质量控制水平。同时，与第四范式的战略合作进一步推动了人工智能技术在生产制造中的全面应用。

经过"系统升级—万物互联—数据赋能—AI 助力"四阶段的数字化转型，宁德时代建立起一套完善的智能制造体系，实现了从"制造"到"智造"的升级跃迁，并稳步成长为全球动力电池行业的领跑者。然而，上海交通大学溥渊未来技术学院院长、宁德时代首席制造官倪军认为，为了打造世界领先的智能制造企业，宁德时代还需继续投入更多的数字技术与智能装备。近年来，宁德时代加速了对数字化转型的投资布局，成立了多家专注于工业大数据、人工智能、智能制造等领域的子公司，展现了其在数字化转型和智能制造方面的坚定决心和长远规划。

宁德时代的这些举措不仅满足了自身数字化转型的需求，更为整个行业的发展提供了有力支持。作为动力电池行业的领跑者，宁德时代通过数字化转型实现了智能制造的实践与创新。如今，该公司正逐步从数字化应用商向数字化赋能者转变，积极推广数字技术在行业内的应用，旨在带动整个行业的转型升级。宁德时代的未来发展充满期待，其数字化转型和智能制造的成功经验有望为行业树立新的标杆，推动整个制造业的智能化升级。

案例二：乐高集团数字化转型案例

乐高集团，这家私营家族式企业，总部位于丹麦的比隆，同时在美国艾菲尔德、英国伦敦、中国上海以及新加坡均设有地区总部。自 1932 年创立以来，乐高玩具公司凭借其独特的木质玩具起家，并在相当长的时间内保持了强劲的增长势头。然而，这种增长在 2003 年遭遇了前所未有的挑战。那一年，公司玩具突然滞销，销量呈现断崖式下跌，一度使乐高陷入破产的边缘。这一困境主要源于两方面：一是电子游戏市场的迅速扩张侵蚀了传统玩具的市场份额；二是当时乐高集团的许多产品设计脱离了用户需求，尽管产品线丰富，但真正能创造利润的产品并不多。

面对这一危机，乐高集团开始了其艰难的转型之路，而美国宾夕法尼亚大学沃顿商学院教授大卫·罗伯逊在其著作《砖块堆砌：乐高如何重写创新规则并征服全球玩具行业》中，详细记录了这一数字化转型的辉煌历程。乐高集团的数字化转型并非一蹴而就，而是一个长期、全面的过程。

2004 年，首席执行官约根·维格·克努德斯托普（Jørgen Vig Knudstorp）的上任成为乐高集团的转折点。乐高集团回归其核心价值主张，并使其运营、技术和营销流程保持一致。其数字化转型的成功主要归功于以下三个关键因素：

首先，乐高集团对其企业 IT 系统进行了全面重组，极大地提高了公司内部与第三方供应商之间的数据共享效率。通过实施先进的 API，乐高集团引入了更优质的服务，并简化了用户界面，使得团队能够更轻松地获取信息，并利用新工具深入解读数据，为业务决策提供了有力支持。这一重组不仅提升了业务效率，还为乐高集团的后续创新奠定了坚实的技术基础。

其次，乐高集团重回"以客户为中心"的视角，并在此基础上探索各种创新形式。2008 年，乐高集团推出了乐高创意平台（LEGO Ideas），鼓励用户提交契合乐高品牌调性的玩具设计理念。这一平台化的转型不仅吸纳了公司之外的创意，还极大地提升了用户参与度和品牌忠诚度。通过用户投票和专业审核，被选中的设计理念会被量产并销售，理念的提出者也会获得 1% 的版税。这一创意平台已经吸引了超过 100 万用户，提交了超过 2 万件产品创意，其中 28 个系列产品已成功量产并在市场上取得了显著成功。

最后，乐高集团还聚焦于创新商业模式。通过强大的媒体授权模式，乐高集团成功地将品牌延伸至电影、游戏等数字媒体领域。这种跨界合作不仅丰富了产品线，还显著提升了品牌影响力和客户体验。例如，乐高集团与多部知名电影进行合作，推出了与电影角色和场景相关的玩具产品，深受消费者喜爱。这种多元化的收入来源为乐高集团的持续增长提供了有力支持。

从 2004 年克努德斯托普上任开始，历经 10 年时间，乐高集团实现了突飞猛进的增长。2014 年，乐高集团一举超过美泰公司，成为世界上最大的玩具制造商。这一成就充分展现了乐高集团在数字化转型方面的卓越能力和深远影响。通过优化数据共享、吸纳外部创意和跨界合作，乐高集团不仅提升了业务效率，还丰富了产品线，显著增强了品牌影响力和客户体验。

展望未来，随着技术的不断进步和市场的不断变化，乐高集团有望继续利用其数字化转型的优势，创造更多创新的产品和服务。通过持续的创新和优化，乐高集团将为消费者带来更加丰富和有趣的体验，进一步巩固其在全球玩具行业的领先地位。

案例三：NTT DoCoMo 公司（日本最大的移动通信运营商）的数字化转型案例

NTT DoCoMo 公司是日本电信业的佼佼者，致力于提供创新、便捷和安全的移动服务。作为 3G、4G 和 5G 移动网络技术的主要推动者之一，NTT DoCoMo 公司在全球电信领域具有举足轻重的地位。然而，随着移动互联网和物联网技术的迅猛发展，传统电信业务面临严峻挑战，迫使 NTT DoCoMo 公司寻求数字化转型以保持竞争优势。NTT DoCoMo 公司凭借其前瞻性的战略规划和持续的技术创新，成功实现了从传统电信运营商向综合服务公司的华丽转身。下面将深入剖析 NTT DoCoMo 公司的数字化转型历程，探讨其在战略升级、生态体系构建、客户服务优化等方面的成功经验，以期为其他行业的企业提供有益的借鉴和启示。

NTT DoCoMo 公司的数字化转型动因主要包括市场需求的变化、竞争压力的加剧以及技术驱动的革新。随着消费者对数字化服务需求的日益增长，传统电信业务已难以满足市场多元化、个性化的需求。同时，互联网公司和新兴电信运营商的崛起，对传统电信运营商构成了巨大威胁，使得市场竞争愈发激烈。而云计算、大数据、人工智能等新兴技术的不断涌现，为电信行业的数字化转型提供了有力的支撑和广阔的空间，进一步推动了 NTT

DoCoMo 公司等电信企业进行数字化转型的步伐。

1. 战略升级

面对市场环境的深刻变化和行业发展的必然趋势，NTT DoCoMo 公司果断进行了战略升级。2020 年，NTT 完成对 NTT DoCoMo 公司的要约收购，后者退市并成为 NTT 的全资子公司。此后，NTT DoCoMo 公司通过一系列战略调整和收购行动，如收购 NTT Communications 和 NTT COMWARE 等，成功组建了新的 DoCoMo 集团，并于 2022 年 7 月正式完成重组。新集团成立后，NTT DoCoMo 的中期战略也进行了相应升级和调整，将智慧生活业务和政企业务提升到了核心地位，以期在新的市场环境中实现可持续发展。

2. 业务转型

（1）智慧生活业务的发展

为了顺应市场变化和消费者需求升级的趋势，NTT DoCoMo 公司大力发展智慧生活业务。2011 年，公司公布了 2015 年中期愿景——"塑造智慧生活"，并成立了专门的智慧生活业务部门，专注于向综合服务公司转型。为了聚合合作伙伴的服务和内容，NTT DoCoMo 公司建立了 dmarket 平台，统一提供数字业务入口。该平台涵盖了购物、娱乐、生活支持、医疗保健等多个领域，通过 B2C 和（B+B）2C 模式为消费者提供丰富多样的智慧生活服务。同时，公司还推行了"+d"计划，旨在通过合作创造价值，成为"价值共创公司"。合作伙伴可以利用 NTT DoCoMo 公司的客户资源、平台资源等加快自身业务的运作流程，共同打造以"d"为前缀的系列服务。

（2）政企业务的拓展

除了智慧生活业务外，NTT DoCoMo 公司还积极拓展政企业务。通过提供定制化的解决方案和高效的服务，公司致力于满足政府和企业客户的多样化需求。在政企业务领域，NTT DoCoMo 不断发挥其在电信领域的专业优势和技术实力，为政府和企业客户提供高质量的服务和支持。

3. 生态体系的构建与优化

（1）会员生态体系的建设

为了打造更加紧密的客户关系和增强客户黏性，NTT DoCoMo 公司构建了跨网络、跨设备、跨操作系统、跨运营商的统一 ID 体系——d ACCOUNT。这一举措打破了运营商壁垒，为客户提供无缝衔接的场景体验。通过统一的 ID 体系，客户可以更加便捷地访问和使用 NTT DoCoMo 公司提供的各项服务，享受更加个性化的用户体验。

（2）移动支付与金融服务的创新

在移动支付和金融领域，NTT DoCoMo 公司也进行了积极的布局和创新。公司推出了移动支付产品"d Payment"，并借助政府政策和疫情带来的机遇，实现了移动支付用户数量的快速增长。通过移动支付业务的拓展和创新，NTT DoCoMo 进一步巩固了其在数字支付领域的市场地位，为消费者提供了更加便捷、安全的支付体验。

（3）积分计划与客户忠诚度的提升

为了进一步提升客户忠诚度和增强客户黏性，NTT DoCoMo 公司推出了 d POINT 积分计划。该计划将原积分计划进行升级和更名，并推出了 d POINT CARD。客户可以在合作伙伴处获取和消费积分，享受更加高频实用的用户权益。通过积分计划的实施和优化，NTT DoCoMo 公司成功地将积分融入用户的日常生活之中，增强了客户对公司的忠诚度和依赖度。

4. 客户服务优化与技术创新

（1）客户服务体验的提升

NTT DoCoMo 公司始终注重提升客户服务体验。通过数字化手段优化服务流程、提高服务效率是公司客户服务优化的重要方向。例如，公司通过 dmarket 平台提供一站式服务入口，方便客户快速获取所需服务；通过统一的 ID 体系实现跨平台无缝衔接，提升客户使用体验；等等。这些举措有效地提升了服务质量和客户满意度。

（2）技术创新与合作伙伴关系的深化

在技术创新方面，NTT DoCoMo 公司也不遗余力地进行投入和探索。公司与爱立信等合作伙伴共同推进网络功能虚拟化基础架构的安装、测试及部署效率的提升，与鲁邦通等物联网服务提供商合作拓展物联网服务的应用场景等。通过技术创新和合作伙伴关系的深化，NTT DoCoMo 公司不断推动自身业务的发展和创新能力的提升。

通过一系列数字化转型措施的实施和优化，NTT DoCoMo 公司取得了显著的成效。公司不仅提升了自身业务的效率和收入水平，还成功构建了一个以会员为核心、覆盖客户日常生活的智慧生活生态体系。截至相关时间点（如 2022 年 12 月），NTT DoCoMo 公司通过 dmarket 平台提供的智慧生活服务已涵盖多个领域，并与众多合作伙伴实现了紧密合作和共赢发展。同时，智慧生活业务和政企业务的收入占比也显著提升，成为新 NTT DoCoMo 公司的主要收入来源之一。

综上所述，NTT DoCoMo 公司的数字化转型案例充分展示了企业在面对数字化转型时所应采取的战略升级、生态体系构建、技术创新和客户服务优化等关键举措。这一成功案例不仅为电信行业提供了宝贵经验和借鉴价值，也为其他行业的企业在面对数字化转型时提供了有益的启示和参考。展望未来，随着技术的不断进步和市场环境的持续变化，NTT DoCoMo 公司将继续深化数字化转型进程，推动业务持续创新和发展，为全球用户提供更加优质、便捷的服务体验。

二、案例中的经验与教训

从众多成功案例可以看出，数字化转型的成功并非一蹴而就，而是需要企业在战略定位、技术创新、数据驱动、人才培养等多个方面进行持续的努力和投入。许多企业积极探索、勇于创新，积累了丰富的经验与教训。

经验一：明确数字化转型战略和目标

成功的企业在数字化转型过程中都有明确的战略和目标。它们不仅清楚地知道自己想要通过数字化转型实现什么，还制定了详细的实施计划和时间表。这种明确的战略不仅为企业提供了方向，还为员工提供了动力和信心，确保整个组织在转型过程中保持一致的步伐。

经验二：注重技术创新和研发投入

利用先进技术是数字化转型的核心。成功的企业都注重技术创新和研发投入，不断引入新技术、新设备和新算法来提升自己的数字化能力。它们还注重与科研机构、高校等外部创新源的合作，共同推动技术创新和应用，确保企业在技术领域保持领先地位。

经验三：数据驱动决策

数字化转型强调数据的重要性。企业应建立完善的数据治理体系，确保数据的准确性、完整性和安全性。同时，利用数据分析来优化决策过程，实现数据驱动的业务运营和管理。这有助于企业更准确地了解市场需求、客户行为和业务状况，从而做出更明智的决策。

经验四：培养数字化人才和文化

数字化转型需要人才的支撑。成功的企业都注重培养数字化人才和构建数字化文化。它们通过招聘、培训、激励等方式吸引和留住数字化人才，并为员工提供数字化技能和知识的培训。同时，它们还注重构建开放、创新、协作的数字化文化，鼓励员工积极参与数字化转型和创新活动，形成全员参与、共同推进的良好氛围。

经验五：持续的创新文化与迭代

数字化转型是一个持续的过程。企业应保持敏锐的市场洞察力，培养一种持续创新的企业文化。鼓励员工不断尝试新的方法和技术，不断创新和迭代产品和服务，以满足客户日益多样化的需求。同时，企业还应建立灵活的组织结构和流程，以快速适应市场变化和客户需求的变化。

数字化转型是一场企业必须面对的革命，但成功并非易事。众多案例表明，转型之路布满挑战。麦肯锡的一份报告曾指出，2016年企业数字化转型的成功率仅为20%。这一数据不禁引发深思：何为成功？如何衡量？企业又应如何自评其转型成效？这些问题，以往并没有统一的答案。但是，随着《信息技术服务 数字化转型 成熟度模型与评估》（GB/T 43439–2023）国家标准的正式实施，企业有了新的指引灯塔。

该标准由全国信息技术标准化技术委员会（SAC/TC28）归口管理，中国电子技术标准化研究院牵头研制，确立了数字化转型成熟度模型的构成，并定义了7个能力域、29个能力子域的相应要求。它从5个等级对企业数字化转型成熟度进行细致评估，为企业利用数字技术优化服务流程、提升服务质量、加速业务数字化转型提供了重要参考。

尽管有了评估标准，但企业在数字化转型过程中的失败教训仍需被认真总结和反思。

教训一：避免盲目跟风

每个企业的数字化转型路径都是独特的。企业应结合自身实际情况和业务需求，制定符合自身发展需求的转型策略，避免盲目跟风导致资源浪费和战略失误。在转型过程中，企业应注重实效和可持续性，确保转型成果能够真正为企业带来价值。

教训二：重视信息安全与隐私保护

数字化转型过程中，信息安全和数据隐私保护至关重要。企业应建立健全的信息安全保障体系，加强员工的信息安全意识培训，确保客户数据的安全和隐私不受到侵犯。同时，企业还应遵守相关法律法规和行业标准，确保数字化转型的合法性和合规性。

教训三：紧密关注客户需求和市场变化

一些企业在数字化转型过程中过于注重技术和管理层面的变革，而忽视了客户需求和市场变化。这导致它们的产品和服务与市场需求脱节，无法实现商业价值的最大化。因此，在数字化转型过程中，企业需要时刻关注客户需求和市场变化，及时调整战略和业务模式，确保产品和服务始终符合市场需求和客户期望。

教训四：加强跨部门协作和沟通

数字化转型是一个涉及多个部门和领域的复杂过程。一些企业在实施过程中缺乏跨部门协作和沟通，导致信息孤岛和重复劳动等问题。因此，在数字化转型过程中，企业需要建立跨部门协作机制和沟通平台，促进信息共享和协同工作。同时，企业还应注重培养员工的团队协作意识和能力，提高整个组织的协同效率和执行力。

教训五：有效管理变革阻力

在数字化转型过程中，企业应识别和应对变革过程中的各种阻力。通过有效沟通和管理手段减少内部冲突和抵触情绪，确保转型的顺利进行。企业可以建立变革管理团队或指定专门的变革管理负责人，来负责处理变革过程中的问题和挑战，确保转型过程的顺利推进。

教训六：深化人才培养与团队建设

数字化转型离不开专业的人才支持。企业应高度重视数字化人才的培养和引进工作，通过提供培训、实践机会和职业发展路径等方式吸引和留住优秀人才；同时，加强团队建设、提升团队的整体素质和协作能力，为数字化转型提供坚实的人才保障。企业还应注重培养员工的创新意识和能力，鼓励员工提出新的想法和解决方案，共同推动企业的数字化转型进程。

通过这些经验与教训的学习和应用，企业可以更加稳健地推进数字化转型，避免重蹈覆辙，实现真正的业务革新和价值增长。在数字化转型的道路上，企业需要不断探索、创新和实践，才能找到适合自己的转型之路，实现可持续发展。

三、宁德时代、乐高集团与 NTT DoCoMo 公司数字化转型案例对企业内部控制的启示

在数字化转型的浪潮中，企业纷纷寻求通过技术革新来重塑内部管理和外部竞争力。宁德时代、乐高集团以及多科莫公司作为各自领域的佼佼者，其数字化转型的成功经验不仅为企业发展注入了新的活力，也为企业内部控制的优化提供了宝贵的启示。

1. 宁德时代：构建智能化内部控制体系

宁德时代作为全球领先的新能源汽车锂电池生产商，其数字化转型的成功经验在于通过智能化手段全面升级内部控制体系。

（1）数据驱动的决策体系

宁德时代在研发和设计方面率先引入万物互联技术，实现了数据的快速收集、分析和处理。这一举措不仅提高了车辆电池测试的智能化、自动化水平，还使得生产过程中的质量控制更加精准。在内部控制层面，宁德时代将

数据作为核心资源，构建了数据驱动的决策体系。通过大数据分析，企业能够实时掌握生产状况、市场需求及潜在风险，为管理层提供科学依据，确保决策的准确性和及时性。

（2）智能化工厂与流程优化

宁德时代通过建立智能化工厂，实现了生产线的高度智能化和自动化。这一转变不仅提高了生产效率，还大幅降低了人为错误和舞弊的风险。在内部控制方面，智能化工厂意味着内部控制活动的执行更加标准化、自动化，减少了人工干预，提高了控制执行的效率和有效性。同时，智能化系统能够实时监控生产过程中的各项指标，一旦发现异常立即报警，确保问题得到及时解决。

（3）风险评估与应对

在数字化转型过程中，宁德时代高度重视风险评估与应对工作。公司设立了专门的风险管理部门，负责识别、评估内外部风险，并制定相应的应对措施。通过智能化手段，企业能够实时跟踪风险变化，确保风险始终处于可控范围内。这种以数据为基础的风险评估与应对机制，为企业的稳健运营提供了有力保障。

2. 乐高集团：以客户为中心的文化重塑与内部控制

乐高集团作为传统玩具行业的领军企业，在数字化转型过程中成功实现了业务模式的创新和内部控制的优化。

（1）以客户为中心的文化重塑

乐高集团的数字化转型始于对客户需求的深刻洞察。企业重回"以客户为中心"的视角，鼓励用户参与产品设计过程，通过乐高创意平台收集用户创意并转化为实际产品。这一举措不仅激发了用户的参与热情，还使得企业的产品设计更加贴近市场需求。在内部控制层面，这种以客户为中心的文化重塑，意味着企业需要更加注重市场反馈和客户需求的变化，及时调整内部控制策略和流程，以适应市场变化。

（2）开放式创新与内部控制

乐高集团的开放式创新模式为内部控制带来了新的挑战和机遇。企业通过与外部创新源的合作，共同推动技术创新和应用。在内部控制方面，企业需要建立更加开放、灵活的内部控制体系以支持这种开放式创新模式。例如，加强与科研机构、高校等外部合作伙伴的信息共享和沟通机制，建立跨部门的协作团队以应对复杂多变的创新项目等。

（3）知识产权保护与内部控制

在乐高创意平台等开放式创新模式下，知识产权保护成为企业内部控制的重要一环。企业需要建立完善的知识产权保护体系，以确保创意的合法性和安全性，这包括加强知识产权保护意识培训、制定严格的知识产权管理制度、建立快速响应的知识产权侵权处理机制等。

3. NTT DoCoMo 公司：数字化服务创新与内部控制的深度融合

NTT DoCoMo 作为日本领先的电信运营商，在数字化转型过程中通过数字化服务创新推动了内部控制的深度融合。

（1）数字化服务创新

NTT DoCoMo 公司在数字化转型过程中不断探索数字化服务的新模式和新应用，如通过引入云计算、大数据等先进技术提升服务质量，开发智能化客服系统提高客户满意度等。这些数字化服务创新，不仅为企业带来了新的增长点，还使得内部控制活动更加智能化和高效化。例如，智能化客服系统能够自动处理大量常规咨询，降低人工客服压力；大数据分析能够帮助企业实时掌握客户需求和市场动态，为管理层提供决策支持。

（2）信息安全与隐私保护

在数字化服务创新过程中，信息安全和隐私保护成为 NTT DoCoMo 公司内部控制的重点关注领域之一。企业建立了健全的信息安全保障体系，加强员工的信息安全意识培训，确保客户数据的安全和隐私不受到侵犯。同时，企业还遵守相关法律法规和行业标准，确保数字化转型的合法性和合规性。这种以信息安全和隐私保护为核心的内部控制体系，为企业的稳健运营提供了有力保障。

（3）数字化转型与业务流程再造

NTT DoCoMo 公司在数字化转型过程中注重与业务流程的深度融合，通过对传统业务流程的再造和优化，企业实现了业务流程的数字化和智能化升级。这种业务流程再造，不仅提高了工作效率，还使得内部控制活动更加标准化和规范化。例如：通过引入机器人流程自动化（RPA）技术实现自动化流程处理，减少人工干预降低操作风险；通过建立数据中台实现业务数据的集中管理和分析，提高决策效率；等等。

4. 总结与启示

宁德时代、乐高集团和 NTT DoCoMo 公司的数字化转型案例为企业内部控制的优化提供了宝贵的启示。

（1）数据驱动决策

企业应建立完善的数据治理体系，确保数据的准确性、完整性和安全性，并利用数据分析来优化决策过程。这有助于企业更准确地了解市场需求、客户行为和业务状况，从而做出更明智的决策。

（2）智能化与自动化

通过引入智能化和自动化技术，企业可以提高内部控制活动的执行效率和有效性，降低人为错误和舞弊的风险。例如智能化工厂、机器人流程自动化技术等的应用，使得内部控制活动更加标准化和自动化。

（3）风险评估与应对

企业应高度重视风险评估与应对工作，建立健全的风险管理机制，确保风险始终处于可控范围内。通过智能化手段，企业能够实时跟踪风险变化，及时调整内部控制策略和流程，以适应市场变化。

（4）以客户为中心

企业应注重客户需求和市场变化，将客户反馈作为内部控制优化的重要依据。通过开放式创新模式，鼓励用户参与产品设计过程，提高产品设计的贴近度和市场竞争力。

（5）信息安全与隐私保护

在数字化转型过程中，信息安全和隐私保护至关重要。企业应建立健全的信息安全保障体系，加强员工的信息安全意识培训，确保客户数据的安全和隐私不受到侵犯。同时遵守相关法律法规和行业标准，确保数字化转型的合法性和合规性。

（6）业务流程再造

数字化转型应与业务流程深度融合。通过对传统业务流程的再造和优化，实现业务流程的数字化和智能化升级。这有助于提高工作效率、降低运营成本、提高内部控制活动的标准化和规范化水平。

数字化转型不仅是企业技术创新和业务模式创新的重要驱动力，也是企业内部控制优化的重要契机。企业应积极借鉴成功案例的经验教训，结合自身实际情况，制定符合自身发展需求的数字化转型策略和内部控制优化方案，以实现可持续发展和竞争力提升。

从内部控制的五要素（控制环境、风险评估、控制活动、信息与沟通、内部监督）视角，宁德时代、乐高集团和 NTT DoCoMo 公司的数字化转型案例确实为我们提供了丰富且深刻的经验与启示。以下是对这些经验和启示的进一步深入透彻分析：

（1）控制环境

这三家企业都明确展示了企业文化在数字化转型中的关键作用。它们不仅倡导以客户为中心、创新为导向的价值观，还通过实际行动如设立创新基金、举办创新大赛等，将这些价值观深植于员工心中。这种文化环境为数字化转型提供了强大的内在动力。

企业应意识到，构建支持数字化转型的控制环境不仅仅是一个口号，更需要具体的行动和资源投入，包括为员工提供数字化转型相关的培训、设立专门的数字化转型团队、制定明确的数字化转型战略等。

管理层的承诺和投入是数字化转型成功的关键。这三家企业都展示了管理层对数字化转型的坚定决心和实际行动，这是其他企业应学习和借鉴的。

（2）风险评估

在数字化转型过程中，新技术、新市场和新业务流程都会带来新的风险。这三家企业都展示了如何全面、系统地识别和评估这些风险，并制定相应的应对策略。

企业应建立完善的风险评估机制，并将其嵌入数字化转型的每一个阶段，包括定期的风险审查、风险报告制度以及风险应对预案的制定和演练。

风险评估不仅仅是一个技术过程，还需要与企业的战略和业务紧密结合。企业应确保风险评估能够真正反映企业的风险状况，并为管理层提供有价值的决策支持。

（3）控制活动

智能化和自动化技术在内部控制活动中的应用，是这三家企业数字化转型的一个亮点。它们通过引入这些技术，大大提高了内部控制活动的效率和准确性。

企业应积极探索智能化和自动化技术在内部控制中的更多应用场景，如智能审计、自动化合规检查等，这将有助于企业进一步减少人为错误和舞弊的风险。

同时，企业也应意识到，智能化和自动化技术并不能完全替代人工。在某些情况下，人工的干预和判断仍然是必要的。因此，企业应寻求智能化和自动化技术与人工的有机结合，以实现最佳的内部控制效果。

（4）信息与沟通

这三家企业都强调了信息与沟通在数字化转型中的重要性。它们建立了完善的信息治理体系，确保数据的准确性、完整性和安全性。同时，它们还加强了跨部门、跨层级的沟通与协作，以实现信息的共享和协同工作。

企业应建立完善的信息治理体系，包括制定明确的数据管理政策、建立数据质量标准、加强数据安全管理等，这将有助于企业确保数据的质量和安全，并为数字化转型提供有力的支持。

加强内部沟通机制也是企业数字化转型成功的关键。企业应建立有效的沟通渠道和协作平台，以便及时传递重要信息、协调各部门的工作，并共同应对数字化转型带来的挑战。

（5）内部监督

这三家企业都建立了有效的内部监督机制，来确保数字化转型的顺利进行和内部控制的有效性。它们通过内部审计、合规检查、绩效考核等手段，对数字化转型过程进行持续监督，并及时调整策略以应对出现的问题。

企业应建立完善的内部监督机制，并将其嵌入数字化转型的每一个阶段，包括制定明确的监督计划、建立有效的监督团队、制定合适的监督指标等。这将有助于企业及时发现并纠正潜在的问题和偏差，确保数字化转型的顺利进行和内部控制的有效性。

同时，企业也应注重内部监督的连续性和系统性。数字化转型是一个持续的过程，监督也应随之持续进行。企业应建立长期的监督机制，以确保数字化转型的持续成功和内部控制的长期有效。

从内部控制五要素的视角来看，宁德时代、乐高集团和多科莫公司的数字化转型案例为我们提供了宝贵的经验与启示。企业应注重塑造有利于数字化转型的控制环境、建立完善的风险评估机制、优化控制活动、加强信息与沟通以及建立有效的内部监督机制，将有助于企业确保数字化转型的顺利进行和内部控制的有效性，从而实现企业的长期发展和取得竞争优势。

通过剖析成功案例中的经验与教训，我们可以发现数字化转型的成功离不开明确的目标设定、技术创新与融合、数据驱动决策以及持续的创新与迭代等。同时，这些成功案例也为企业内部控制提供了有益的启示，包括强化风险评估与管理、优化内部控制流程、提升数据治理能力、加强内部沟通与协作以及注重合规性与透明度等。在未来的发展中，企业应积极拥抱数字化转型的浪潮，不断提升自身的竞争力和可持续发展能力。

第三章 内部控制重构理论基础

在数字化转型的浪潮中，企业内部控制体系的重构不仅是应对变革的必然选择，也是实现转型成功的关键基石。本章"内部控制重构理论基础"将深入探索这一重要议题，揭示内部控制在数字化环境下的演变历程、变革需求、重构原则与实施策略。

本章首先从内部控制的演变与发展入手，回顾其历史脉络，理解其在不同时代背景下的角色与功能，包括内部控制的历史演变、内部控制理论的发展与创新、我国内部控制规范体系建设。随后，将聚焦于数字化环境对内部控制带来的新挑战与变革需求，分析在新技术、新业态、新模式不断涌现的当下，内部控制如何适应并引领变革，具体包括数字化环境的特点与挑战、内部控制变革的迫切性与重要性。在明确了变革需求后，本章将进一步探讨数字化环境下内部控制重构的原则与标准。这些原则与标准将为企业重构内部控制体系提供明确的指导与框架，确保其既符合监管要求，又能够支撑企业的数字化转型战略。最后，本章将聚焦于数字化环境下内部控制的关键领域与实施策略。深入剖析在数字化转型过程中，企业应如何识别并关注内部控制的关键领域，以及如何制定并实施有效的内部控制策略，以确保转型的顺利进行与成功实现，具体包括关键控制领域的识别和实施策略与方法。

第一节　内部控制的演变与发展

一、内部控制的历史演变

在公元前 3000 多年前，内部控制的思想已经在人们的日常经济生活中得到了运用。现代内部控制作为一个完整概念，于 20 世纪 40 年代被提出，此后，内部控制理论不断完善，逐渐被人们了解和接受。具体来说，内部控制理论和实务经历了大致五个发展阶段（李凤鸣等，2001）。

1."内部牵制"阶段

内部控制的雏形最初出现在公元前 3600 年前的美索不达米亚文化时期，人们用各种标志来记录财物的生产和使用情况，以防止其丢失和挪用。例如，经手钱财者要为付出款项提供付款清单，并由另一记录员将这些清单汇总报告。到 15 世纪末，内部牵制发展到一个新的阶段，以意大利出现的复式记账方法为标志，内部牵制逐渐成熟，以账目间的相互核对为主要内容并实施一定程度的岗位分离。18 世纪产业革命以后，企业规模逐渐扩大，公司制企业开始出现，特别是公司内部稽核制度因收效显著而为各大企业所纷纷效仿。20 世纪初，股份制的盛行使得企业所有权和经营权的分离，产生诸多信息不对称的矛盾，为解决这些矛盾，美国的一些企业逐渐摸索出组织、调节、制约和检查企业生产经营活动的办法，特别是"内部牵制制度"，规定有关经济业务或事项的处理不能由一个人或一个部门总揽全过程。

在中国，内部控制的思想和实践可以追溯到西周时期。《周礼》中记载了当时官厅组织结构的完善，会计、出纳、税务、财物保管等职责分工明确，已经具备了内部控制的初步形态。秦朝时期，形成了严密的上计制度和御史监察制度，进一步加强了内部控制的力度。

2."内部控制制度"阶段

以账户核对和职务分工为主要内容的内部牵制，从 20 世纪 40 年代开始逐步演变为由组织结构、岗位职责、人员条件、业务处理程序、检查标准和内部审计等要素构成的较为严密的内部控制系统。1949 年，美国注册会计师协会（AICPA）所属审计程序委员会首次正式提出了内部控制的定义，并突破了与财务会计部门直接相关的控制的局限，将内容扩展到成本控制、预算控制、定期报告经营情况、进行统计分析并保证管理部门所制定政策方针的贯彻执行等内容。1958 年，该委员会又将内部控制分为"内部会计控制"和"内部管理控制"两类：前者涉及与财产安全和会计记录的准确性、可靠性有直接联系的方法和程序，后者主要是与贯彻管理方针和提高经营效率有关的方法和程序。这一分类即是内部控制"制度二分法"的由来。1972 年 12 月美国 AICPA 所属审计准则委员会（ASB）在其公布的《审计准则公告第 1 号》中，重新阐述内部管理控制和内部控制的定义。

在中国，内部控制制度的发展也逐步加快。中华人民共和国成立后，由于前 30 年实行计划经济体制，企业内部控制相对薄弱。改革开放后，市场经济体制的确立为企业内部控制的发展提供了广阔空间。1986 年，财政部颁发《会计基础工作规范》，对内部控制作了明确规定，标志着我国现代内部控制建设的开始。

3."内部控制结构"阶段

进入 20 世纪 80 年代，内部控制进一步发展为内部控制结构。这一阶段强调内部控制不仅是一系列政策和程序，更是一个包括控制环境、会计制度和控制程序在内的完整结构。其中，控制环境是内部控制的基础，包括管理者的经营理念和风格、组织结构、职责分配等；会计制度则是记录、分类和汇总财务信息的过程；控制程序则是为了确保管理指令得到执行而采取的一系列措施。内部控制结构阶段的标志是美国 AICPA 于 1988 年 5 月发布的《审计准则公告第 55 号》，该公告认为，内部控制结构由控制环境、会计制度、控制程序三个要素组成（吴小澎等，2000）。

4. "内部控制整体框架" 阶段

1992 年 9 月，在美国反虚假财务报告委员会建议下成立的 COSO 委员会经过充分研究，形成并发布了指导内部控制实践的纲领性文件《内部控制——整体框架》，简称 COSO 报告，并于 1994 年进行增补。COSO 委员会指出：内部控制是由企业董事会、经理阶层以及其他员工实施的，旨在为财务报告的可靠性、经营活动的效率和效果、相关法律法规的遵循性等目标的实现提供合理保证的过程。COSO 报告提出了内部控制五要素，包括控制环境、风险评估、控制活动、信息与沟通、内部监督。2013 年 5 月 14 日，COSO 委员会本着持续改进的原则，发布《内部控制——综合框架》，该框架保留了 COSO 报告关于内部控制的核心定义和三维立体结构等内容，并对内部控制五要素和内部控制有效性等方面加以完善和提升。

2003 年，COSO 委员会发布了《企业风险管理框架（草稿）》，2004 年 9 月，COSO 委员会正式公布了该报告的最终稿《企业风险管理——整合框架》，简称 ERM 框架，该框架在 COSO 报告的基础上进行了补充和拓展。ERM 框架指出，管理的重点应由单纯的控制转向全面风险管理。ERM 框架增加了一个目标和三个要素，还提出了风险组合观以及风险偏好和风险容忍度两个概念（朱荣恩等，2003）。

在中国，随着市场经济的发展和企业改革的深入，内部控制体系不断完善。2008 年，财政部等五部门联合发布了《企业内部控制基本规范》，标志着我国企业内部控制规范体系建设取得重大突破。随后，一系列配套指引的发布，进一步细化和完善了内部控制体系（阎达五等，2001）。

二、内部控制理论的发展与创新

内部控制理论的发展与创新始终伴随着企业管理实践的不断深入和外部环境的变化。以下是内部控制理论发展的几个重要方面：

1. 从 "纠偏" 到 "引导" 的转变

传统内部控制理论主要侧重于纠正偏差，即通过对已经发生的问题进行纠正来确保企业的正常运行。然而，在现代企业管理中，内部控制的作用已经远远超出了"纠偏"的范畴。现代内部控制更加注重"引导"，即通过设定合理的目标和标准，引导企业各部门和员工朝着共同的目标努力。这种转变体现了内部控制在企业管理中的前瞻性和战略性（张砚等，2007；王蕾等，2021）。

2. 风险管理框架的形成

随着企业面临的风险日益复杂和多样化，内部控制逐渐与风险管理相结合，形成了风险管理框架。风险管理框架强调内部控制不仅要确保企业目标的实现，还要对可能影响目标实现的各种风险进行有效管理。这一框架的提出，使内部控制在企业管理中的作用更加全面和深入。

3. 数字化与智能化的融合

随着数字技术的飞速发展，企业内部控制体系也面临着新的机遇和挑战。数字化和智能化的融合为内部控制提供了更加高效、便捷的工具和手段。通过数字化手段，企业可以实现对业务流程的实时监控和数据分析，从而及时发现潜在的风险和问题。同时，智能化技术的应用也为企业提供了更加精准和个性化的内部控制解决方案。

4. 内部控制体系的国际化与标准化

随着全球经济一体化的进程加快，企业内部控制体系的国际化与标准化也成为一个重要趋势。国际先进的内部控制理念和标准不断被引入国内，并与中国企业的实际情况相结合，形成了具有中国特色的内部控制体系。这一体系的建立，不仅提高了中国企业的管理水平和竞争力，也为全球内部控制理论的发展作出了贡献（杨雄胜，2005）。

三、我国内部控制规范体系建设

中国会计领域改革开放取得的标志性成就之一是借鉴具有国际影响力的 COSO 报告，建立了具有中国特色的内部控制规范体系。从行业性到全国性、从会计控制到全面控制、从内部控制到风险管理、从企业到行政事业单位、从大中企业到小企业，一系列内部控制标准的出台，表明中国内部控制规范体系建设走出了一条从借鉴到创新的道路。行业性的规范从 1995 年 11 月审计署驻交通部审计局发布《交通行业内部控制制度评审办法》（交审计发〔1995〕1140 号）开始，这是中国发布的第一个行业性内部控制规范。规范认为："交通行业内部控制制度是交通企事业单位为了贯彻经营方针和决策，实现经营目标，维护财产物资完整，保证财务收支合法、会计信息真实，以及提高经济效益而形成的一种自我协调、制约和检查的控制系统。""交通行业内部控制制度按范围分为内部会计控制制度和内部管理控制制度。"第一个行业性内部控制规范借鉴了美国注册会计师协会（AICPA）的观点，AICPA（1973）认为，内部控制制度可分为内部会计控制制度和内部管理控制制度。注册会计师主要负责评价内部会计控制制度，这反映了当时中国理论界对内部控制的认识。

1997 年，亚洲金融风暴爆发。为健全金融机构内部控制、防范金融风险、保证金融业安全稳健运行，中国人民银行先后印发《加强金融机构内部控制的指导原则》（银发〔1997〕199 号）、《关于进一步完善和加强金融机构内部控制建设的若干意见》（银发〔1997〕565 号）。这是中国政府监管部门颁布的第一批金融行业内部控制规范，适用于各类银行和非银行金融机构。规范指出："金融机构内部控制是金融机构的一种自律行为，是金融机构为完成既定工作目标和防范风险，对内部各职能部门及其工作人员从事的业务活动进行风险控制、制度管理和相互制约的方法、措施和程序的总称。"该规范最大的亮点是提出金融机构要按顺序递进设立三道监控防线，以完善内部控制制度，具体要求："建立一线岗位双人、双职、双责为基础的第一道监控防线；建立相关部门、相关岗位之间相互监督制约的工作程序作为第二道监控防线；建立以内部监督部门对各岗位、各部门各项业务全面实施监督反馈的第三道防线。"

内部控制三道防线是中国首创。直至 2010 年，欧洲风险管理协会联合会（FERMA）和欧洲内部审计协会联合会（ECIIA）联合发布立场公告《第 8 号公司法指令第 41 条指南——董事会和审计委员会指南》，才正式提出三道防线理论（FERMA 和 ECIIA，2010）。2013 年，国际内部审计师协会（IIA）发布立场公告《有效风险管理和控制的三道防线》，向各国内部审计机构推荐使用三道防线理论（IIA，2013）。同年，内部控制权威研究机构 COSO 发布《内部控制—整合框架》修订版，在报告中引入三道防线理论（COSO，2013）。而在《加强金融机构内部控制的指导原则》的影响下，中国证监会发布《证券公司内部控制指引》（证监机构字〔2003〕260 号），国资委发布《中央企业全面风险管理指引》（国资发改革〔2006〕108 号），保监会先后发布《保险公司风险管理指引（试行）》（保监发〔2007〕23 号）、《人身保险公司全面风险管理实施指引》（保监发〔2010〕89 号）等规范时已经采用三道防线理论，这说明中国在内部控制规范体系建设之初便已取得创新性成果（白华等，2020）。

1999 年修订的《中华人民共和国会计法》（下称《会计法》）指出："各单位应当建立、健全本单位内部会计监督制度。"这对全国性内部控制规范的出台提出了法律层面的要求。

2001 年，为贯彻实施《会计法》，财政部发布《内部会计控制规范——基本规范（试行）》（财会〔2001〕41 号），以促进各单位内部会计控制建设，加强内部会计监督。2001—2004 年，财政部先后发布 11 项具体规范或征求意见稿，涵盖货币资金、采购与付款、销售与收款、固定资产、工程项目、担保、存货（征求意见稿）、对外投资（征求意见稿）、筹资（征求意见稿）、预算（征求意见稿）和成本费用（征求意见稿）。《内部会计控制规范》是中国第一部全国性内部控制规范，适用于国家机关、社会团体、公司、企业、事业单位和其他经济组织。

2006 年，财政部等六部委发起成立企业内部控制标准委员会，着手建立一套具有统一性、公认性和科学性的企业内部控制规范体系。2008 年，财政部等五部委发布《企业内部控制基本规范》（财会〔2008〕7 号）。2010 年，财政部等五部委发布《企业内部控制配套指引》（财会〔2010〕11 号），该指引包含《企业内部控制应用指引》《企业内部控制评价指引》和《企业内部控制审计指引》。这标志着中国企业内部控制规范体系已基本建成。

为保障内部控制规范有效实施，财政部单独或会同有关部门发布一系列配套政策文件，构建了具有中国特色的企业内部控制规范体系。2010 年，财政部会计司对《企业内部控制应用指引》《企业内部控制评价指引》进行解读，并会同中国注册会计师协会（下称中注协）解读《企业内部控制审计指引》。2011 年，为规范注册会计师执行内部控制审计业务，中注协发布《企业内部控制审计指引实施意见》（会协〔2011〕66 号），并组织编写《企业内部控制审计工作底稿编制指南》（中国注册会计师协会，2011）。2012 年，财政部会同证监会、审计署、银监会、保监会、国资委先后印发《企业内部控制规范体系实施中相关问题解释第 1 号》（财会〔2012〕3 号）和《企业内部控制规范体系实施中相关问题解释第 2 号》（财会〔2012〕18 号），针对企业内部控制规范实施过程中出现的问题进行了解释。2012 年，财政部、证监会联合发布《关于 2012 年主板上市公司分类分批实施企业内部控制规范体系的通知》（财办会〔2012〕30 号），对主板上市公司分类分批推进实施企业内部控制规范体系提出要求。从该文件看，目前中国 A 股上市公司中，只有主板上市公司需要按照《企业内部控制基本规范》及其配套指引的要求披露内部控制自我评价报告，并经注册会计师审计，而中小板和创业板上市公司只需按照深圳证券交易所发布的《深圳证券交易所中小板上市公司规范运作指引》（深证上〔2015〕65 号）和《深圳证券交易所创业板上市公司规范运作指引》（深证上〔2015〕65 号）的要求执行。中小板和创业板上市公司均需对与财务报告和信息披露事务相关的内部控制制度的建立和实施情况，出具年度内部控制自我评价报告。中小板上市公司还应当至少每两年要求会计师事务所对其内部控制设计与运行的有效性进行一次审计或鉴证，并出具内部控制审计报告或鉴证报告。2020 年，《深圳证券交易所上市公司规范运作指引》（深证上〔2020〕125 号）规定，中小板上市公司需每年进行一次内部控制审计或鉴证。

2013 年，财政部发布《石油石化行业内部控制操作指南》（财会〔2013〕31 号），2014 年，财政部发布《电力行业内部控制操作指南》（财会〔2014〕31 号），这两个操作指南为石油石化行业和电力行业企业建立内部控制体系提供了参考。

2014年，证监会会同财政部制定《公开发行证券的公司信息披露编报规则第 21 号——年度内部控制评价报告的一般规定》（证监会公告〔2014〕1号），以全面贯彻实施企业内部控制规范体系，规范上市公司内部控制信息披露行为。

总的来说，我国内部控制发展始于 20 世纪 90 年代。当时我国企业制度还不完善，理论和实务方面都欠缺独立建设内控制度基础，彼时主要的工作就是引进 COSO 框架。在美国上市的中国公司最先采用 COSO 框架，之后才在国内企业推广。在相关行业陆续出台其行业性内部控制规范的过程中，财政部于 2001 年颁布了《内部会计控制规范——基本规范（试行）》和以其为基础的具体规范。财政部等五部委在 2008 年联合发布了《企业内部控制基本规范》，2010 年出台了《企业内部控制配套指引》，标志着以《基本规范》为主、《配套指引》为辅的内部控制规范体系的初步形成，现行体系的建立基础仍然是 COSO 早期提出的内部控制理论（宋建波等，2018）。

第二节　数字化环境下内部控制变革需求

一、数字化环境的特点与挑战

数字化环境作为 21 世纪企业运营的新常态，其特点鲜明且充满挑战。具体地说，数字化环境具有以下特点：

1. 数据化

数据化是数字化环境的核心特征。数据已成为企业的核心资产，其规模庞大、类型多样、价值巨大。数据的规模、类型、质量和价值都在不断演变，成为企业决策、创新和市场洞察的重要基础。随着数字化技术的不断发展，数据的收集、存储、分析和应用能力成为企业竞争力的关键。因为海量数据的处理并非易事，企业需要具备强大的数据处理能力，并面对数据安全和隐私保护的重要挑战。数据泄露和隐私侵犯事件频发，使得确保数据的安全性和合规性成为企业内部控制的重要任务。同时，数据来源还呈现多样化特征。数据来源不再局限于企业内部，还包括社交媒体、物联网设备、第三方数据平台等，数据来源渠道的广泛为企业提供更丰富数据资源的同时，也给企业内部控制带来了挑战（周卫华等，2022）。

2. 网络化

网络化是数字化环境的另一重要特征。网络已成为企业连接市场、客户、合作伙伴和内部员工的重要渠道，具有覆盖广、传输速度快、稳定性高等优势，实现了信息的即时传递和共享，为企业提供了高效的沟通平台。然而，网络环境的复杂性和开放性也使得企业面临诸多网络安全风险。网络攻击、数据篡改、非法访问等事件时有发生，给企业带来了巨大的经济损失和声誉损害。因此，加强网络安全管理、防范网络风险，成为企业内部控制的重要挑战。

3. 智能化

智能化是数字化环境的发展趋势。随着人工智能、大数据、云计算等技术的不断应用，企业的运营效率和竞争力得到了显著提升。智能化技术可以帮助企业实现自动化生产、智能化决策和个性化服务等目标，智能化技术的应用显著提升了企业的运营效率和质量，降低了人力成本，提高了市场竞争力。智能化技术不断推动产品和服务的创新，满足市场不断变化和个性化的需求。然而，智能化技术的应用也要求企业具备相应的技术能力和人才储备，并面对智能化系统本身的复杂性和不确定性带来的新风险和挑战。企业需要加强内部控制体系的建设，确保智能化系统的稳定性和安全性。

4. 创新化

创新化是数字化环境的内在要求。在数字化时代，创新已成为企业持续发展的动力源泉。企业需要不断推动产品和服务的创新，以满足市场的不断变化和客户的个性化需求，保持竞争优势。然而，创新不再是企业单打独斗的过程，而是需要开放合作、共享资源，共同推动行业进步和发展，所以要求企业具备更强的创新意识和能力，并有效管理和控制创新过程中的不确定性和风险。企业需要建立健全的内部控制机制，确保创新活动的合规性和有效性（张钦成等，2022）。

在享受数字化环境赋予的便捷与无限机遇之时，企业亦不得不直面一系列前所未有的挑战，这些挑战不仅是对企业技术实力和管理智慧的考验，更深刻地影响着企业的长远发展轨迹。具体而言，企业需应对以下几方面的重大挑战：

1. 数据安全与隐私保护问题日益凸显

随着数据量的爆炸性增长和数据来源的多元化，数据泄露的风险也随之增加。企业必须构筑起坚固的安全防线，采取行之有效的措施，确保数据不被非法窃取或滥用。同时，如何在充分挖掘数据价值的同时，妥善保护个人隐私，成为企业亟待破解的难题。为此，企业必须严格遵守相关法律法规，确保所有数据处理活动的合法性与合规性。

2. 网络安全威胁如影随形

数字化时代的网络环境既复杂又开放，这使得企业时刻面临着黑客入侵、病毒传播等网络攻击的威胁。为了防范这些潜在的安全风险，企业必须不断加强网络安全防护能力，确保网络环境的稳健与安全。值得注意的是，数字化时代企业的供应链也变得更加复杂和脆弱，一旦供应链的某个环节遭受攻击或出现故障，其连锁反应可能对整个企业造成灾难性的影响。

3. 技术更新迅速与数字化人才短缺的矛盾日益突出

数字化技术日新月异，企业要想保持竞争力，就必须紧跟技术发展的步伐，不断适应新技术的变革。然而，技术的快速迭代不仅给企业带来了巨大的挑战，也增加了企业的成本压力。同时，随着数字化进程的加速推进，市场上对数字化人才的需求也水涨船高，供不应求的矛盾愈发凸显，因此，企业必须加大人才培养和引进的力度，以缓解这一矛盾。

4. 业务流程与组织结构的变革势在必行

数字化环境要求企业对业务流程进行重构和优化，以适应新的市场环境和技术要求。然而，业务流程的重构涉及多个部门和环节的协同配合，其难度之大、风险之高不言而喻。同时，数字化环境也要求企业对组织结构进行相应的调整，以适应新的管理模式和工作方式。然而，组织结构的调整往往触及利益分配和权力重组等敏感问题，容易引发内部矛盾和冲突，因此企业需要谨慎处理。

综上所述，数字化环境以其独特的特点和带来的挑战正在深刻地影响着企业的运营与发展。面对这些挑战，企业必须保持清醒的头脑和敏锐的洞察力，积极寻求应对策略，以实现可持续发展。

二、内部控制变革的迫切性与重要性

在数字化时代背景下，企业所处的内外部环境正经历着前所未有的快速变化，这对企业的内部控制体系提出了新的挑战和要求，迫使其进行相应的变革以适应这些变化。

1. 内部控制变革的迫切性

首先，技术进步的迅猛推动是不可忽视的因素。云计算、大数据、人工智能等数字化技术的快速发展，正在深刻地重塑企业的运营模式和商业模式。这些技术不仅改变了企业的数据处理方式，还影响了企业的决策机制、风险管理模式以及与客户和供应商的互动方式。为了紧跟这些技术变革的步伐，企业必须及时对内部控制体系进行调整和优化，以确保其能够有效应对新的运营环境并保持高度的适应性。否则，企业可能会面临技术落后、运营效率低下以及无法有效管理新兴风险等问题。

其次，数字化环境带来了新的风险和挑战，如数据泄露、网络攻击等，这些风险对企业的运营和声誉构成了严重威胁。数据已经成为企业的重要资产，一旦泄露或被恶意利用，可能会导致严重的财务损失和声誉损害。因此，企业迫切需要变革内部控制体系，以更好地识别、评估和管理这些新兴风险。这包括加强数据加密、访问控制、网络安全监测等方面的措施，以确保企业数据的安全性和完整性。

再者，数字化促使企业业务模式向更加灵活和客户导向的方向发展。这种转变要求内部控制体系能够适应新的业务模式，为其提供必要的支持和保障。例如，企业需要建立更加灵活的预算和报告系统，以支持快速变化的业务需求；同时，还需要加强与客户和供应商的沟通和协作，以确保业务流程的顺畅进行。只有这样，企业才能在竞争激烈的市场中保持领先地位并实现可持续发展。

最后，随着数字化进程的加速推进，相关法规和合规要求也在不断更新和完善。企业需要确保内部控制体系能够符合最新的法规和合规要求，以避免因违规而带来的法律风险和声誉损失。这要求企业不断对内部控制体系进行审视和调整，以确保其与法规和合规要求保持同步。例如，企业需要关注数据保护法规的变化，并相应地更新其数据处理和存储政策；同时，还需要关注反洗钱、反腐败等法规的要求，并加强相关内部控制措施的实施。

2. 内部控制变革的重要性

首先，内部控制是企业资产安全的重要保障。在数字化环境下，企业资产的形式和价值都发生了显著变化。除了传统的实物资产和金融资产外，数据资产也成为企业的重要财富。通过加强内部控制体系的建设和优化，企业可以更好地保护其数据资产免受损失、盗窃或滥用等风险，这包括加强数据加密、访问控制以及定期备份和恢复等措施的实施。只有这样，企业才能确保其资产的安全和完整，并为实现长期稳健的发展奠定坚实基础。

其次，有效的内部控制体系对于提高企业运营效率和效果具有至关重要的作用。在数字化环境下，企业可以通过自动化和智能化的手段来优化业务流程、减少浪费和错误、提高运营效率和准确性。例如，企业可以利用 ERP 系统来整合各个业务部门的信息流和物流，实现业务流程的自动化和协同化；同时，还可以利用大数据分析来优化库存管理、销售预测等方面的决策过程。这些措施的实施都需要有效的内部控制体系来提供支持和保障。只有这样，企业才能确保业务流程的顺畅进行，实现运营效率和准确性的提升。

再者，内部控制变革有助于企业及时适应法规和行业标准的变化，确保合规性并避免法律和声誉风险。在数字化环境下，法规和行业标准的变化速度加快，对企业的合规性要求也越来越高。如果企业不能及时适应这些变化并更新其内部控制体系，就可能会面临严重的法律和声誉风险。例如，如果企业未能遵守数据保护法规的要求，就可能会面临监管机构的处罚和客户的信任危机。因此，企业需要不断加强内部控制体系的建设和优化，以确保其与最新的法规和行业标准保持一致，并有效降低企业法律和声誉风险。

此外，内部控制变革还可以加强企业对风险的识别和管理能力。在数字化环境下，企业面临的风险更加复杂和多变。除了传统的财务风险和市场风险外，还面临着网络安全风险、数据泄露风险等新兴风险。通过建立更加科学和系统的风险管理机制，企业可以降低潜在损失并更好地应对各种风险挑战。例如，企业可以利用风险管理框架来识别、评估和监控各种风险，并制定相应的应对措施和预案。同时，还需要加强风险管理和内部控制人员的培训和能力建设，以提高其对新兴风险的识别和管理能力。

同时，企业内部控制的有效性和适应性也是企业竞争力的重要组成部分。在激烈的市场竞争中，企业需要不断优化和创新内部控制体系，以更好地应对市场变化和挑战、抓住机遇并增强其竞争优势。例如，企业可以利用内部控制体系来优化成本控制、提高产品质量和服务水平等方面的表现，从而提升客户满意度和市场份额。同时，还需要关注竞争对手的内部控制体系和最佳实践，并借鉴其经验来不断完善自身的内部控制体系。

最后，内部控制不仅关注企业的日常运营，还与企业战略目标的实现密切相关。通过加强内部控制体系的建设和优化，企业可以更好地执行其战略计划并确保各部门和业务流程与战略目标保持一致。例如，企业可以利用内部控制体系来监控战略计划的执行情况，并及时发现和纠正偏差；同时，还可以利用内部控制体系来优化资源配置和业务流程，以支持战略目标的实现。

综上所述，数字化环境下企业内部控制的变革具有迫切性和重要性。企业需要积极适应数字化环境的特点和挑战，加强内部控制体系的建设和优化，以确保企业资产的安全和完整，提升经营效率和竞争力，实现战略发展目标。只有这样，企业才能在激烈的市场竞争中脱颖而出并实现可持续发展。

第三节　数字化环境下内部控制重构的原则与标准

一、重构的基本原则

在数字化环境下，企业内部控制的重构需要遵循一系列基本原则，以确保内部控制的有效性和适应性。这些原则主要包括：

1. 全面性原则

内部控制应当贯穿决策、执行和监督全过程，覆盖企业及其所属的各种业务和事项。在数字化环境下，这要求内部控制不仅要关注传统的业务流程，还要涵盖数字化系统和数据中台等新兴领域。设计内容上，必须突破会计控制的局限，结合治理层面和管理层面去构建内部控制，确保信息使用者能获得相关、可靠的信息。

2. 重要性原则

在全面控制的基础上，应重点关注重要业务事项和高风险领域。数字化环境下，随着数据量的激增和数据处理的自动化，企业需要特别关注数据安全、系统稳定性等高风险领域。有针对性地设计内部控制，将风险降低到企业可以忍受的合理水平。

3. 制衡性原则

内部控制应当在治理结构、机构设置及权责分配、业务流程等方面形成相互制约、相互监督的机制。在数字化环境下，这要求企业通过技术手段实现不同部门、岗位之间的有效制衡，如信息系统权限控制、数据访问审计等。同时，应兼顾营运效率，避免过度制衡导致的流程烦琐和资源浪费。

4. 适应性原则

内部控制应当与企业经营规模、业务范围、竞争状况和风险水平等相适应，并随着情况的变化及时加以调整。在数字化环境下，企业应密切关注市场环境和技术趋势的变化，灵活调整内部控制策略。对涉及的环境因素进行深入分析和了解，确保控制措施、机制和氛围与所处环境相适应。

5. 成本效益原则

内部控制应当权衡实施成本与预期效益，以适当的成本实现有效控制。在数字化环境下，企业应充分利用数字化技术提高内部控制的效率和效果，同时避免不必要的投入。对关键控制点进行严格控制，而对一般控制点则采取适当的监控措施即可。

6. 信息技术相关原则

在数字化环境下，内部控制重构应特别关注信息技术相关控制。加强对信息系统的开发与维护、访问与变更、数据输入与输出、信息储存与保管、网络安全等方面的控制，确保信息系统在授权、运维、存储等方面的合规性和安全性，防止因信息系统漏洞导致的风险。

二、重构的标准

在数字化环境下，内部控制的重构标准需要结合内部控制的基本原则，并充分考虑数字化技术带来的新挑战与机遇。

1. 总体标准

在数字化环境下，内部控制的总体标准起着至关重要的指导作用。这些标准不仅体现了内部控制的核心原则，还为具体标准的制定提供了方向和框架。通过确保内部控制的全面性、制衡性与效率、适应性与前瞻性的兼顾，企业能够更好地应对数字化带来的挑战，并建立起健全、有效的内部控制体系（王蕾等，2021）。

第一，全面性与重要性兼顾。确保内部控制全面覆盖企业的所有业务和事项，同时重点关注重要业务事项和高风险领域，如数据安全、系统稳定性等。在实施过程中，企业应识别所有关键业务流程，并确保每个流程都有相应的控制措施，同时针对高风险领域制定专门的控制策略。

第二，制衡与效率并重。在确保内部控制有效性的基础上，优化流程设计，减少不必要的控制环节，提高内部控制的执行效率。这要求企业在设计内部控制体系时，既要考虑控制措施的相互制衡，又要避免过度控制导致的效率下降。

第三，适应性与前瞻性并存。内部控制体系应能够适应企业经营环境的变化，同时具备前瞻性，提前识别并应对未来可能的风险。这意味着企业需要建立灵活的内部控制机制，以便在外部环境发生变化时能够及时调整，并持续关注新兴风险，提前制定应对策略。

2. 具体标准

为了将总体标准转化为实际可行的内部控制措施，我们进一步制定了以下具体标准。

第一，数据安全标准。企业需要遵循数据安全标准，严格要求数据加密与访问控制、数据备份与恢复、数据隐私保护等。企业对敏感数据进行加密存储和传输，并实施严格的访问控制策略，确保数据不被未经授权的人员访问。同时，定期审查和更新访问控制策略以适应业务发展和人员变动也是必不可少的。企业还应定期备份重要数据，并建立快速恢复机制，以应对数据丢失或损坏的风险。制定明确的隐私政策，加强对个人敏感信息的保护，并确保隐私政策的合规性，也是数据安全标准的重要组成部分。

第二，信息系统控制标准。在数字化环境下，信息系统的稳定性和安全性至关重要。企业需要确保信息系统的开发过程符合相关标准和规范，并定期进行系统维护和升级。实施严格的质量控制措施和对开发人员进行安全培训，以提高系统的安全性。同时，企业应实施严格的系统权限管理制度，明确各岗位的权限范围，防止权限滥用和越权操作。加强网络安全防护，部署防火墙、入侵检测系统等安全设备，并定期进行网络安全漏洞扫描和修复，也是信息系统控制标准的重要内容。

第三，业务流程控制标准。在数字化环境下，企业对传统业务流程进行数字化改造，实现全业务流程的自动化处理，以减少人工干预和错误。在流程数字化过程中，关注流程的优化和重组，以提高业务流程的效率和准确性。同时，确保关键职责分离、避免权力过分集中、降低舞弊和错误的风险，也是业务流程控制标准的关键要求。明确授权与审批的界限和程序，确保所有业务活动都经过适当的授权和审批，也是必不可少的。

第四，风险评估与应对标准。在数字化环境下，企业需要建立完善的风险评估机制，定期对数字化环境下的风险进行评估和识别，并关注新兴风险的发展动态。针对识别出的风险，制定相应的应对措施，包括降低风险、转移风险等策略，并充分考虑成本效益原则。同时，制定应急响应计划，明确在发生突发事件时的应对措施和流程，确保能够及时、有效地应对风险，也是风险评估与应对标准的重要组成部分。

第五，监督与反馈标准。在数字化环境下，企业需要建立完善的内部监督机制，对内部控制的执行情况进行定期检查和评估，并确保内部监督机制的独立性和客观性。建立反馈机制，及时收集和分析内部控制执行过程中的问题和建议，并对内部控制进行持续优化和改进，也是非常重要的。为提高内部控制的透明度，企业还可以考虑采用信息化的内部控制管理系统，并实现对内部控制活动的实时监控和记录。

综上所述，数字化环境下内部控制的重构标准应涵盖数据安全管理、信息系统控制、业务流程控制、风险评估与应对以及监督与反馈等多个方面，并结合内部控制的基本原则进行具体实施和操作。这些标准的制定和实施将有助于企业在数字化环境下建立有效、适应性强的内部控制体系（白华等，2020）。

第四节　数字化环境下内部控制的关键领域深入分析

在数字化环境下，内部控制的关键领域发生了显著变化，这些变化要求企业重新审视并优化其内部控制体系。

一、控制环境的数字化重构

1.组织结构与职责调整

随着数字化转型的深入，企业的组织结构需要更加灵活和扁平化，以适应快速变化的市场环境。在控制环境方面，企业需要明确各部门、各岗位的职责和权限，确保数字化环境下的内部控制得到有效执行。通过引入数字化工具和系统，企业可以实时监控各部门的运作情况，及时发现并纠正潜在的问题。

2.数字化文化的培育

数字化文化的培育是控制环境重构的重要组成部分。企业需要倡导开放、创新、协作的数字化文化，鼓励员工积极拥抱数字化转型，提高内部控制的意识和能力。通过定期培训和交流，企业可以提升员工的数字化素养和内部控制知识，为内部控制的有效实施奠定坚实基础。

3.权限管理与访问控制

在数字化环境下，权限管理和访问控制变得更加重要。企业需要建立完善的权限管理制度，确保只有经过授权的人员才能访问敏感数据和系统。通过引入身份认证、访问审计等技术手段，企业可以实时监控访问行为，及时发现并阻止未经授权的访问活动。

二、风险评估的数字化方法与工具

1.大数据分析技术的应用

大数据分析技术为风险评估提供了强大的支持。企业可以利用大数据技术对海量数据进行实时分析和挖掘，发现潜在的风险点和异常行为。通过构建风险预警模型，企业可以实时监控风险指标的变化情况，及时发出预警信号，为决策层提供科学依据。

2.人工智能辅助风险评估

人工智能技术也在风险评估中发挥着重要作用。通过机器学习算法，企业可以对历史数据进行学习和建模，提高风险评估的准确性和效率。同时，人工智能还可以自动化处理大量数据，减轻人工负担，提高风险评估的及时性。

3.实时风险评估系统的建立

在数字化环境下，企业需要建立实时风险评估系统，实现对风险的动态监控和管理。通过集成各种风险评估工具和方法，企业可以形成全面的风险评估体系，确保对各类风险进行及时、准确的评估和管理。

三、控制活动的自动化与智能化

1. 自动化控制流程

通过引入自动化工具和系统，企业可以实现控制流程的自动化执行。这不仅可以提高控制活动的准确性和效率，还可以减少人为错误和欺诈行为的发生。例如，企业可以利用机器人流程自动化（RPA）技术来自动化处理重复性的控制任务。

2. 智能审核与校验

在数字化环境下，企业可以利用智能审核与校验工具来提高控制活动的智能化水平。这些工具可以通过对数据的自动分析和比对，发现潜在的问题和异常行为，并自动触发相应的控制措施。例如，企业可以利用智能合同审核系统来自动审核合同条款的合规性。

3. 实时监控与反馈机制

为了确保控制活动的有效执行，企业需要建立实时监控与反馈机制。通过集成各种监控工具和手段，企业可以实时监控控制活动的执行情况，并及时反馈问题和异常行为，有助于企业及时调整控制措施，确保内部控制的有效性和适应性。

四、信息与沟通的数字化平台建设

1. 统一的信息共享平台

在数字化环境下，企业需要建立统一的信息共享平台，实现各部门、各岗位之间的信息实时传递和共享。这有助于打破信息孤岛，提高信息的透明度和利用率。通过引入云计算、大数据等技术手段，企业可以构建高效、稳定的信息共享平台，为内部控制提供有力的支持。

2. 实时沟通协作工具

为了提高沟通协作的效率和质量，企业需要引入实时沟通协作工具。这些工具可以实现跨部门、跨地域的实时沟通和协作，确保内部控制相关信息能够及时、准确地传递给相关人员。例如，企业可以利用即时通信工具、视频会议系统等手段来实现远程沟通和协作。

3. 数据可视化与报告生成

为了更直观地展示内部控制的执行情况和效果，企业需要引入数据可视化与报告生成工具。这些工具可以将复杂的数据转化为直观的图表和报告，帮助决策层快速了解内部控制的现状和问题。同时，这些工具还可以自动生成各种内控报告和分析结果，减轻人工负担并提高报告的准确性和及时性。

五、内部监督的数字化转型

1. 数字化审计工具的应用

在数字化环境下，企业可以利用数字化审计工具来提高审计的效率和准确性。这些工具可以自动收集和分析审计数据，发现潜在的问题和异常行为，并自动生成审计报告和建议。通过引入数字化审计工具，企业可以实现审计工作的全面数字化和智能化。

2. 实时监控与预警机制

为了确保内部监督的有效性，企业需要建立实时监控与预警机制。通过集成各种监控工具和手段，企业可以实时监控内部控制的执行情况，及时发现并预警潜在的问题和风险。这有助于企业及时采取措施进行纠正和改进，确保内部控制的有效性和适应性。

3. 强化内部监督的独立性与客观性

在数字化转型过程中，企业需要特别关注内部监督的独立性和客观性。通过建立健全的内部监督机制和管理制度，确保内部监督工作的独立性和客观性不受干扰。同时，企业还需要加强对内部监督人员的培训和管理，提高他们的专业素养和职业道德水平，确保内部监督工作的质量和效果。

第五节　数字化环境下内部控制的新工具与技术

一、人工智能在内部控制中的应用

1. 数据处理与分析

人工智能通过深度学习和自然语言处理等技术，能够自动化处理和分析内部控制所需的大量数据。例如，利用机器人流程自动化（RPA）技术，企业可以自动提取财务、业务数据并进行交叉比对，减少人工错误，提高数据处理的准确性和效率。

2. 风险预警与欺诈检测

人工智能具备强大的模式识别能力，能够基于历史数据构建风险预警模型，实时监控业务流程中的异常交易和风险点，一旦发现潜在风险，系统会立即发出预警，帮助企业及时采取措施，防止损失扩大。在欺诈检测方面，人工智能可以分析交易行为特征，识别出与正常模式不符的异常交易，有效遏制欺诈行为。

3. 自动化审计与内部控制测试

通过人工智能技术，企业可以实现审计流程的自动化，减少人工干预，提高审计效率和准确性。人工智能可以自动执行内部控制测试，验证控制措施的有效性，及时发现控制缺陷并提出改进建议，有助于企业持续优化内部控制体系，提升整体管理水平。

二、大数据与内部控制的融合

1. 数据驱动的决策支持

大数据技术使企业能够收集、存储和分析来自多个渠道的海量数据，为内部控制提供全面的信息支持。通过大数据分析，企业可以深入挖掘业务数据背后的规律和趋势，为决策制定提供科学依据。例如，利用大数据分析供应链数据，企业可以发现潜在的欺诈行为和供应商风险，及时采取措施降低风险。

2. 实时监控与风险应对

大数据技术支持下的内部控制系统可以实现实时监控，及时发现业务流程中的异常情况。企业可以利用大数据分析工具对实时数据进行快速处理和分析，评估潜在风险并制定应对策略。这种实时监控和快速响应的能力有助于企业更好地应对市场变化和业务风险。

3. 内部控制优化与持续改进

通过大数据分析，企业可以评估内部控制措施的有效性和效率，发现控制过程中的冗余和不足之处。基于这些数据分析结果，企业可以优化内部控制流程、改进控制措施，提高内部控制的整体效能。这种持续改进的机制有助于企业不断提升内部控制水平，增强风险防范能力。

三、云计算对内部控制的影响与机遇

1. 降低成本与提高效率

云计算通过提供按需付费的计算和存储资源，帮助企业降低内部控制系统的建设和维护成本。企业无须自行购买和维护昂贵的硬件设备和软件系统，只按需购买云服务即可。同时，云计算还提高了系统的可扩展性和灵活性，使企业能够更快速地适应业务变化和发展需求。

2. 强化数据安全与隐私保护

云计算服务提供商通常具备先进的数据安全技术和隐私保护措施，能够为企业提供更高级别的数据安全保障。企业可以将敏感数据存储在云端，利用云服务商的安全技术和专业团队来保护数据免受外部攻击和内部泄露的风险。此外，云计算还支持多租户隔离和加密传输等安全措施，进一步保障企业数据的安全性和隐私性。

3. 促进内部控制的标准化与规范化

云计算平台通常提供标准化的内部控制解决方案和服务接口，有助于企业实现内部控制的标准化和规范化。企业可以通过购买云服务来快速部署内部控制系统，并按照标准化流程进行操作和管理。这有助于降低内部控制的复杂性和不确定性，提高内部控制的有效性和可靠性。

四、物联网技术在内部控制中的创新应用

1. 实时监控与远程管理

物联网技术通过连接各种智能设备和传感器，实现了对业务流程和资产状态的实时监控和远程管理。企业可以利用物联网技术构建智能监控系统，实时监测生产流程、库存状况和设备运行状态等信息。一旦发现异常情况或潜在风险，系统可以立即发出预警并通知相关人员进行处理。这种实时监控和远程管理的能力有助于企业更好地掌握业务动态和风险状况，及时采取措施应对潜在风险。

2. 自动化控制与优化

物联网技术可以实现业务流程的自动化控制和优化。通过连接智能设备和控制系统，企业可以实现对生产流程、库存管理和能源消耗等方面的自动化控制。例如，利用物联网技术构建智能仓储系统，可以实现对库存的自动化管理和优化调度；利用物联网技术构建智能能源管理系统，可以实现对能源消耗的实时监测和节能优化。这些自动化控制和优化措施有助于企业提高运营效率、降低成本和减少浪费。

3. 数据驱动的决策支持

物联网技术通过收集和分析来自智能设备和传感器的实时数据，为企业提供了丰富的数据源和决策支持信息。企业可以利用这些数据分析工具对实时数据进行处理和分析，评估业务流程的效率和效果，并发现潜在的风险和改进机会。这种数据驱动的决策支持能力有助于企业更好地制定业务策略和内部控制措施，提高整体管理水平和风险防范能力。

第六节　数字化环境下内部控制重构的实施路径与策略

在数字化环境下，企业内部控制体系的重构不仅是一个技术性的挑战，更是一个涉及组织、流程、人员和技术等多方面的综合性变革。以下是对实施路径与策略的进一步深入探讨。

一、实施路径的规划与设计

企业在规划内部控制重构的实施路径时，首先需要明确重构的目标和愿景，这包括提高内部控制的效率、准确性，增强风险防控能力，以及提升企业的整体竞争力。基于这些目标，企业应制定详细的实施计划，明确每个阶段的任务、时间表和资源需求。在实施过程中，分阶段推进是一个重要的策略，企业可以先从易于实施和见效的领域入手，逐步扩展到更复杂的领域，以确保重构工作的顺利进行。

同时，跨部门协作机制的建立也是至关重要的。内部控制涉及企业的各个部门和业务流程，因此需要打破部门壁垒，建立跨部门的工作小组或项目团队，共同推进内部控制重构工作。这种协作机制不仅可以促进信息的共享和沟通，还可以确保各部门在重构过程中的利益和诉求得到充分考虑和平衡。

二、关键成功因素与挑战分析

在内部控制重构过程中，企业需要特别关注几个关键的成功因素。首先是领导层的支持，领导层对内部控制重构的重视程度和投入的资源将直接影响重构的成败。其次是员工的参与和培训，员工是内部控制的执行者，他们的参与程度和技能水平将直接影响内部控制的效果。因此，企业需要加强对员工的培训和教育，提高他们的内部控制意识和技能。最后是技术的选择和集成，数字化环境下，技术的选择和应用将直接影响内部控制的效率和准确性。企业需要选择适合自己的技术平台和工具，并确保这些技术和工具能够有效地集成到现有的业务系统中。

然而，在内部控制重构过程中，企业也会面临一些潜在的挑战。首先是技术难题。数字化技术的应用可能带来一些新的技术问题和挑战，企业需要投入足够的时间和资源来解决这些问题。其次是组织变革的阻力。内部控制重构往往伴随着组织结构和业务流程的调整，这可能会引发一些员工的抵触和不满情绪，因此，企业需要做好充分的沟通和解释工作，确保员工理解和支持内部控制重构的决策。最后是数据安全和隐私保护问题。数字化环境下，数据的安全和隐私保护成为一个重要的问题。企业需要加强数据的安全管理，确保内部控制过程中涉及的数据不会被泄露或滥用。

三、持续改进与优化的策略建议

内部控制是一个持续的过程，需要不断地进行改进和优化。为了确保内部控制体系始终适应数字化环境的发展需求，企业需要建立反馈机制，定期收集和分析内部控制执行过程中的问题和建议。这种反馈机制可以包括定期的内部审计、员工满意度调查、客户反馈等渠道。通过收集和分析这些反馈信息，企业可以及时发现内部控制存在的问题和不足，并及时调整和优化内部控制策略。

同时，企业还应关注新技术的发展和应用。数字化环境是一个快速变化的环境，新的技术和工具不断涌现。企业需要保持对新技术的敏感性和前瞻性，不断引入新的工具和技术来提升内部控制的效率和准确性。例如，企业可以利用人工智能和大数据技术来增强内部控制的风险评估和监测能力，提高内部控制的智能化水平。

综上所述，数字化环境下企业内部控制重构的实施路径与策略需要综合考虑组织、流程、人员和技术等多个方面。通过明确的实施路径规划、关注关键成功因素和应对潜在挑战、持续改进和优化的策略建议，企业可以确保内部控制体系在数字化环境下得到有效的重构和提升。

第四章 企业数字化转型与内部控制相关研究

在数字化转型的浪潮中，企业内部控制体系的变革与重构成为一个重要的研究领域。本章"企业数字化转型与内部控制相关研究"将深入探索企业数字化转型对内部控制的全方位影响，以及在这一背景下内部控制的有效性、审计费用、管理控制适应性和评价体系构建等相关议题。

本章首先分析企业数字化转型对内部控制的影响，包括数字化转型对控制环境、风险评估、控制活动、信息与沟通以及内部监督等内部控制要素的影响，旨在揭示数字化转型如何重塑企业内部控制的各个方面。接着，对企业数字化转型对内部控制有效性的影响进行实证研究，系统探讨数字化转型对内部控制有效性的具体影响，为企业内部控制的优化提供理论依据和实践指导。此外，本章还将研究企业数字化转型对审计费用的影响，特别是内部控制在这一影响中的调节效应，揭示数字化转型如何通过内部控制影响审计费用，并为企业降低审计成本提供有益启示。在管理控制适应性方面，本章将基于组织平台化视角，探讨企业组织结构数字化转型下的管理控制适应性。通过研究组织平台化过程中管理控制面临的难题以及适应组织平台化的管理控制措施改进，为企业组织结构数字化转型下的管理控制提供实践指导和理论支持。最后，本章将构建基于物理－事理－人理（WSR）的企业数字化转型下内部控制评价体系。通过物理－事理－人理的综合考虑，本章将设计一套适用于企业数字化转型下的内部控制评价指标体系，为企业内部控制的评价和改进提供新的思路和方法。

第一节　企业数字化转型对内部控制的影响

一、企业数字化转型对控制环境的影响

企业数字化转型，这一深刻的变革过程，对企业内部控制环境产生了广泛而深远的影响。控制环境，作为内部控制体系的核心组成部分，涵盖了企业的组织结构、管理方式、企业文化、员工素质以及企业内外部的各种关系。在这场数字化转型的大潮中，控制环境的各个方面都经历了前所未有的变革与重塑。

首先，从组织结构的角度来看，数字化转型推动了企业组织结构的深刻变革。传统的层级式组织结构，由于其决策过程烦琐、信息流通不畅等弊端，已经无法满足数字化时代的需求。取而代之的是扁平化、网络化的组织结构，这种结构使得决策更加迅速、信息流通更加顺畅，从而大大提高了企业的响应速度和运营效率。同时，数字化工具的应用打破了传统组织结构的壁垒，使得跨部门、跨地域的协作成为可能。这种协作不仅增强了企业内部的协同能力，还使得企业能够更加灵活地应对市场的变化和挑战。

其次，数字化转型也带来了管理方式的创新。在数字化时代，企业需要更加灵活、高效的管理方式来适应市场的快速变化。因此，传统的层级管理方式逐渐被项目制、扁平化管理方式所取代。这种管理方式更加注重团队的自主性和创新性，鼓励员工积极参与决策过程，从而激发了企业的创新活力。同时，数字化平台为实时监控和动态调整提供了可能，使得管理方式更加科学、高效。企业可以通过数字化平台实时获取运营数据，对业务进行实时监控和调整，从而更加准确地把握市场动态和客户需求。

再者，数字化转型对企业文化的重塑产生了深远的影响。在数字化时

代，企业需要具备快速适应变化、持续创新的文化氛围，这种文化氛围鼓励员工不断学习和探索新技术、新方法，以应对不断变化的市场环境。同时，数字化技术的应用也促进了开放、共享、协作的企业文化的发展，这种文化使得企业更加注重团队合作和知识共享，鼓励员工之间的交流和合作，从而共同推动企业的创新和发展。

此外，数字化转型对员工素质的提升提出了更高的要求。为了适应新的工作环境和工具，员工需要具备更高的数字技能和素养，这要求企业加强对员工的数字化培训，提升员工的整体素质和技能水平。通过培训和学习，员工可以更好地掌握数字化技术，提高工作效率和质量。同时，企业还需要注重培养员工的创新意识和学习能力，使他们能够不断适应数字化时代的新要求。

除了上述几个方面的影响外，数字化转型还对企业内外部关系的重构产生了深远的影响。数字化技术的应用使得企业与供应商、客户、合作伙伴等外部关系更加紧密和高效。通过数字化平台，企业可以与外部利益相关者进行更加便捷、高效的交流和合作，从而共同应对市场的挑战和机遇。这种紧密的合作关系不仅提高了企业的运营效率和市场竞争力，还为企业带来了更多的商业机会和发展空间。

同时，数字化转型也推动了企业与政府部门、社会组织等外部机构的合作与交流。通过数字化平台，企业可以更加便捷地获取政府部门的政策信息和支持，与社会组织进行更加紧密的合作与交流。这种合作与交流不仅为企业的可持续发展创造了更加有利的外部环境，还为企业带来了更多的社会资源和支持。

综上所述，企业数字化转型对控制环境的影响是多方面的、深远的。它不仅要求企业在组织结构、管理方式、企业文化、员工素质以及企业内外部关系等方面进行全面的变革和创新，还为企业的长期发展奠定了坚实的基础。在这场数字化转型的大潮中，企业需要不断适应市场的变化和挑战，积极拥抱新技术、新方法，不断创新和发展，才能在激烈的市场竞争中立于不败之地。

二、企业数字化转型对风险评估的影响

风险评估是内部控制的重要环节，涉及对企业面临的各种风险的识别、分析和评价。在数字化转型的背景下，风险评估的内容、方法和重要性都发生了显著的变化。

首先，从风险评估的内容来看，数字化转型带来了全新的风险类型。传统的风险评估主要关注财务风险、市场风险等，但在数字化时代，企业还面临着数据风险、技术风险、网络安全风险等新型风险。这些新型风险与企业的数字化资产和数字化运营密切相关，一旦发生，可能对企业的运营和声誉造成严重影响。因此，在数字化转型过程中，企业需要更加关注这些新型风险，并将其纳入风险评估的范畴。

其次，数字化转型改变了风险评估的方法。传统的风险评估方法主要依赖历史数据和经验判断，但在数字化时代，企业可以通过大数据分析和人工智能技术来更加准确地识别和分析风险。例如，企业可以利用大数据来监测和分析市场趋势、客户行为等，以便及时发现潜在的市场风险和信用风险。同时，人工智能技术也可以帮助企业识别和预防网络安全风险，如通过机器学习算法来检测和防御网络攻击等。

再者，数字化转型提高了风险评估的重要性。在数字化时代，企业的运营和决策更加依赖数字化系统和数据，一旦数字化系统或数据出现问题，可能导致企业的运营中断、客户流失等严重后果。因此，企业需要更加重视风险评估，确保在数字化转型过程中能够及时识别和应对各种风险。通过加强风险评估，企业可以更好地了解自身面临的风险状况，制定更加有效的风险应对策略，从而保障企业的稳健运营和持续发展。

此外，数字化转型还要求企业建立更加完善的风险评估体系。包括建立专门的风险评估团队、制定详细的风险评估流程和方法、建立风险数据库等。通过这些措施，企业可以更加系统地进行风险评估工作，提高风险评估的准确性和效率。同时，企业还需要定期对风险评估体系进行审查和更新，以适应数字化时代不断变化的风险环境。

最后，需要强调的是，虽然数字化转型带来了风险评估的挑战和变化，但这也为企业提供了更好的风险管理机会。通过数字化技术的应用，企业可以更加实时、准确地监测和分析风险状况，制定更加精准的风险应对策略。同时，数字化转型也推动了企业与外部机构的合作与交流，在风险管理方面共同应对挑战和机遇。

综上所述，企业数字化转型对风险评估产生了深远的影响。它不仅改变了风险评估的内容和方法，还提高了风险评估的重要性。在数字化转型过程中，企业需要积极应对这些变化和挑战，建立更加完善的风险评估体系，提高风险管理能力，以保障企业的稳健运营和持续发展。

三、企业数字化转型对控制活动的影响

控制活动是内部控制体系的重要组成部分，旨在确保企业目标的实现、风险的降低以及业务流程的有效执行。在数字化转型的背景下，控制活动的内容、方式和执行效率都发生了显著的变化。

首先，从控制活动的内容来看，数字化转型带来了新的控制需求。传统的控制活动主要关注财务控制、实物资产控制等，但在数字化时代，企业还需要关注数据控制、系统访问控制、网络安全控制等新型控制活动。这些新型控制活动与企业的数字化资产和数字化运营密切相关，对于保障企业的信息安全和业务连续性具有重要意义。因此，在数字化转型过程中，企业需要扩展控制活动的内容，确保新型控制需求得到满足。

其次，数字化转型改变了控制活动的方式。传统的控制活动主要依赖人工执行和纸质记录，但在数字化时代，企业可以利用自动化技术和数字化工具来执行控制活动。例如，企业可以利用自动化控制系统来监控生产流程、检测异常情况，并利用数字化工具来记录和分析控制活动的结果。通过自动化和数字化技术的应用，企业可以提高控制活动的准确性和效率，减少人为错误和舞弊的可能性。

再者，数字化转型提高了控制活动的执行效率。在数字化时代，企业的

业务流程更加复杂和多变，传统的控制活动往往无法及时响应业务变化，而数字化转型使得企业可以利用实时数据和智能分析来执行控制活动，更加准确地把握业务流程的动态变化。例如，企业可以利用实时数据分析工具来监控销售数据、库存水平等关键业务指标，及时发现异常情况并采取控制措施。通过提高控制活动的执行效率，企业可以更好地应对业务挑战和变化。

此外，数字化转型还要求企业建立更加完善的控制活动体系。包括制定详细的控制活动流程和方法、建立数字化控制系统、培训员工掌握数字化控制技能等。通过这些措施，企业可以更加系统地进行控制活动，提高控制活动的有效性和可靠性。同时，企业还需要定期对控制活动体系进行审查和更新，以适应数字化时代不断变化的业务需求和控制环境。

最后，需要强调的是，虽然数字化转型带来了控制活动的挑战和变化，但这也为企业提供了更好的控制机会。通过数字化技术的应用，企业可以更加实时、准确地执行控制活动，提高业务流程的规范性和效率。同时，数字化转型也推动了企业与外部机构的合作与交流，在控制活动方面共同应对挑战和机遇。

综上所述，企业数字化转型对控制活动产生了深远的影响。它不仅改变了控制活动的内容和方式，还提高了控制活动的执行效率。在数字化转型过程中，企业需要积极应对这些变化和挑战，建立更加完善的控制活动体系，提高内部控制的有效性，以保障企业的稳健运营和持续发展。

四、企业数字化转型对信息与沟通的影响

信息与沟通是内部控制的重要组成部分，它确保企业内部信息的准确传递、及时沟通和有效利用。在数字化转型的背景下，信息与沟通的内容、渠道和效率都发生了显著的变化。

首先，从信息与沟通的内容来看，数字化转型带来了信息量的爆炸式增长。传统的信息与沟通主要关注财务报告、会议纪要等结构化信息，但在

数字化时代，企业还需要关注非结构化数据，如社交媒体上的客户反馈、电子邮件中的市场信息等。这些信息对于企业的决策和运营具有重要意义，因此，企业需要扩展信息与沟通的内容，确保非结构化数据得到充分利用。

其次，数字化转型改变了信息与沟通的渠道。传统的信息与沟通主要依赖纸质文档、面对面会议等方式，但在数字化时代，企业可以利用数字化平台和技术来实现信息的实时传递和沟通。例如，企业可以利用企业社交软件、在线会议工具等来实现员工的远程协作和实时沟通。这些数字化渠道不仅提高了信息与沟通的效率，还降低了沟通成本。

再者，数字化转型提高了信息与沟通的效率。在数字化时代，企业可以利用大数据和人工智能技术来快速处理和分析信息，从而更加准确地把握市场动态和客户需求。同时，数字化技术还可以帮助企业实现信息的自动化传递和智能推送，使得员工能够及时获得所需的信息和支持。通过提高信息与沟通的效率，企业可以更好地应对市场变化和挑战。

此外，数字化转型还要求企业建立更加完善的信息与沟通体系。这包括制定详细的信息管理政策、建立数字化沟通平台、培训员工掌握数字化沟通技能等。通过这些措施，企业可以更加系统地进行信息与沟通工作，提高信息的准确性和沟通的有效性。同时，企业还需要定期对信息与沟通体系进行审查和更新，以适应数字化时代不断变化的信息环境和沟通需求。

最后，需要强调的是，虽然数字化转型带来了信息与沟通的挑战和变化，但这也为企业提供了更好的信息管理和沟通机会。通过数字化技术的应用，企业可以更加实时、准确地传递和利用信息，提高员工的协作效率和创新能力。同时，数字化转型也推动了企业与外部利益相关者的沟通与合作，共同应对市场的挑战和机遇。

综上所述，企业数字化转型对信息与沟通产生了深远的影响。它不仅改变了信息与沟通的内容和渠道，还提高了信息与沟通的效率。在数字化转型过程中，企业需要积极应对这些变化和挑战，建立更加完善的信息与沟通体系，提高信息管理和沟通的有效性，以保障企业的稳健运营和持续发展。

五、企业数字化转型对内部监督的影响

内部监督是确保企业内部控制有效执行、发现并纠正潜在问题的重要环节。在数字化转型的背景下，内部监督的内容、方式和效率都发生了显著的变化。

首先，从内部监督的内容来看，数字化转型带来了全新的监督需求。传统的内部监督主要关注财务报告的准确性、合规性等方面，但在数字化时代，企业还需要监督数据的安全性、系统的稳定性以及数字化流程的有效性。这些新型监督需求与企业的数字化资产和运营密切相关，对于保障企业的整体安全和稳健运营具有重要意义。

其次，数字化转型改变了内部监督的方式。传统的内部监督主要依赖人工审计和抽样检查，但在数字化时代，企业可以利用自动化技术和数据分析工具来实现更加全面、实时的监督。例如，企业可以利用数据分析工具来监测关键业务指标的变化，及时发现异常情况；利用自动化审计工具来检查数字化流程的执行情况，确保流程的有效性和合规性。

再者，数字化转型提高了内部监督的效率。在数字化时代，企业的运营数据和业务流程都以数字化的形式存在，这使得内部监督可以更加便捷、高效地进行。通过数字化技术的应用，企业可以实现内部监督的自动化和智能化，减少人工干预和误差，提高监督的准确性和效率。

此外，数字化转型还要求企业建立更加完善的内部监督体系。包括制定详细的数字化监督政策、建立数字化监督平台、培训监督人员掌握数字化监督技能等。通过这些措施，企业可以更加系统地进行内部监督工作，提高监督的全面性和有效性。同时，企业还需要定期对内部监督体系进行审查和更新，以适应数字化时代不断变化的监督需求和环境。

最后，需要强调的是，虽然数字化转型带来了内部监督的挑战和变化，但这也为企业提供了更好的监督机会。通过数字化技术的应用，企业可以更加实时、准确地了解自身的运营状况和潜在风险，及时发现并纠正问题。同时，数字化转型也推动了企业与外部监管机构的合作与交流，在内部监督方

面共同应对挑战和机遇。

综上所述，企业数字化转型对内部监督产生了深远的影响。它不仅改变了内部监督的内容和方式，还提高了内部监督的效率。在数字化转型过程中，企业需要积极应对这些变化和挑战，建立更加完善的内部监督体系，提高监督的全面性和有效性，以保障企业的稳健运营和持续发展。

第二节　企业数字化转型对内部控制有效性影响研究

随着信息技术的发展，企业数字化转型已成为必然趋势，党中央、国务院对此非常关注。二十大报告提出要加快发展数字经济，推动数字经济与实体经济深度融合。数字经济的兴起和蓬勃发展，为经济和社会发展提供了"新领域，新赛道""新动能，新优势"，已逐步成为推动中国经济及社会发展的一支重要力量。《数字中国发展报告（2022年）》显示，2022年我国数字经济规模达50.2万亿元，总量稳居世界第二，占国内生产总值比重达41.5%；《数字中国发展报告（2023年）》显示，2023年我国数字中国赋能效应更加凸显，数字经济保持稳健增长，数字经济核心产业增加值占GDP比重10%左右。

为了促进经济高质量发展，我国一直重视数字技术和与工业化的结合，早在2014年我国就开展了"两化融合"贯标试点工作，并建立起了一个全覆盖的第三方专业咨询与服务系统，这大大促进了企业数字化转型的规范化。该试点项目通过改变制造业生产的组织方式，重塑制造业的竞争优势，减少资源限制，取得了重大成果。这项工作使得人工智能、大数据、区块链等为代表的数字技术迅速发展，有效加强了传统产业中数字技术的应用。这种变化带来的经营管理模式上的颠覆性创新，势必会给企业内部控制带来巨大冲击，迫使内部控制要素发生变革。那么，数字化转型是会提升内部控制有效性，还是使控制环境恶化、加大风险评估和内部监督难度，从而降低内部控制有效性？

本章节对数字化转型与内部控制有效性的关系进行实证研究，并进一步从内部控制的五大要素展开分析，深入探究数字化转型对内部控制有效性的内在影响机制，同时讨论外部宏观环境和企业微观特质的异质性，这对于企业加强内部控制制度建设、提升内部控制有效性、实现高质量发展具有重要意义。

一、文献综述

近年来，随着数字化技术的发展与应用，企业的经营管理模式也不断创新，内部控制也逐渐受到数字化方向的影响。企业数字化转型推动了企业经营管理模式的创新，但也给企业内部控制带来了巨大冲击。

有学者认为企业数字化转型对内部控制有效性有积极影响。张钦成等（2022）通过实证发现，企业数字化转型可以通过提高运营效率来显著改善内部控制质量。周卫华等（2022）认为公司的数字化可以有效降低信息失真程度和操纵错误的概率，增加信息的透明度，从而提高公司的内部控制质量。黄大禹等（2022）的研究表明企业可以通过提升内部控制水平、降低不确定程度、提升自身业绩来影响自身风险承担水平与财务状况。聂兴凯等（2022）认为数字化转型会增强企业内部控制质量，并提高会计信息可比性。GOLDFARBA 等（2019）发现随着数字技术在现代企业中逐渐普及，企业财务、内部控制等管理过程更加透明，有利于进行内部控制。郜保萍（2023）认为企业数字化转型提高了内部控制有效性，当企业产品市场竞争激烈、企业生命周期处于非成长期时，这种作用更加明显。

还有学者从理论上分析认为数字化转型也可能会对内部控制有效性产生消极影响。张钦成等（2022）认为数字化转型可能使控制环境更加复杂多变，加大了风险评估的难度，增加了控制活动的内容和复杂程度，带来了更多信息安全问题，加大了内部监督的难度，从而会削弱内部控制有效性。骆良彬等（2008）发现层级的扁平化会降低集权性和规范性，这就对企业的整体管理水平提出了更高的要求，从而使企业的管理复杂化，也让内部控制的实施变得更加困难。GRAY 等（2017）的分析表明企业数字化转型背景下，随着数字技术应用程度的提升，业务流程会发生改变，企业需要持续地对业务流程的控制点进行调整才能实现控制目标，否则，控制活动会与业务流程之间产生冲突，所以控制活动的难度加大，对内部控制质量会产生消极影响。刘淑春等（2021）发现随着新兴技术的应用，企业内部工作流程发生变化，而数字化环境下企业内部监督的经验匮乏，所以进行数字化转型的企业会面临更高的风险，因此削弱了内部控制有效性。

上述可见，数字化转型在整体上如何影响企业内部控制有效性尚未有明确的结论，而数字化与企业内部控制二者息息相关，相互影响。因此，本研究基于数字化发展的大背景，研究企业数字化转型是否影响以及如何影响内部控制有效性。

二、理论分析和研究假说

内部控制的有效性取决于其五大要素：控制环境、风险评估、控制活动、信息与沟通、内部监督。企业数字化转型通过全面影响这些要素，进而提升内部控制的有效性。

一是企业数字化转型可以改善内部控制环境。企业数字化转型通过引入先进的信息技术和管理理念，深刻改变了企业的控制环境。首先，数字化转型推动了企业治理结构的现代化和机构设置的扁平化。企业通过建立更加高效、透明的治理结构，明确各层级的职责和权限，确保内部控制措施能够得到有效执行。扁平化的机构设置减少了管理层级，提高了信息传递的速度和准确性，有助于内部控制活动的快速响应。其次，数字化转型要求企业具备一支掌握数字化技能和内部控制知识的专业团队。因此，企业需要对人力资源政策进行调整，加强数字化人才的培养和引进，提高员工的数字化素养和内部控制意识。通过培训和激励措施，激发员工的积极性和创造力，为内部控制的有效实施提供有力的人才保障。数字化转型不仅改变了企业的物质环境，还深刻影响了企业的文化和价值观。企业需要重新审视和塑造自己的企业文化，强调开放、创新、协作和共享的精神。这种文化的重塑有助于提升员工对内部控制的认同感和执行力，形成全员参与内部控制的良好氛围。

二是企业数字化转型可以提高风险评估的效率和效果。数字化转型使企业能够收集、整理和分析大量的业务数据。通过数据仓库、大数据分析工具等，企业能够更快速地获取全面的信息，为风险评估提供坚实的数据基础。相比传统的人工评估方式，数据驱动的风险评估能够减少主观判断带来的误差，提高评估的准确性和效率。数字化转型促进了自动化和智能化技术在风险管理中的应用。例如，利用人工智能（AI）和机器学习（ML）算法，企业可以对风险事件进行自动识别、分类和预测，从而显著提高风险评估的响应速度和准确性。此外，自动化工具还可以帮助企业实现风险评估流程的标准化和规范化，减少人为干预，提高评估效率。数字化转型使企业能够实时监控业务运营过程中的各项数据，从而实现风险评估的全面性和实时性。传统的风险评估往往依赖于定期报告和事后分析，而数字化转型使得企业能够及时发现潜在风险并采取应对措施，有效降低风险事件发生的概率和影响范围。数字化转型推动了风险评估模型和算法的不断优化。利用先进的数学模型和算法，企业可以对复杂的风险因素进行量化分析，更加准确地评估风险事件的概率和影响程度。此外，随着数据的不断积累和算法的不断迭代，风险评估的精度和效率也将不断提升。

三是企业数字化转型可以优化控制活动。数字化转型推动了企业业务流程的自动化和智能化，使得内部控制活动能够借助先进的信息技术实现更高效、更精准的执行。例如，自动化审批系统可以减少人工审批环节，提高审批效率和准确性；智能监控系统可以实时监控业务流程中的关键控制点，及时发现并预警潜在风险。数字化转型还要求企业对业务流程进行梳理和优化，以适应新的技术和市场环境，这一过程中，内部控制活动也相应地进行调整和完善，确保控制流程与业务流程的紧密衔接和有效协同。同时，数字化转型还推动了内部控制活动的标准化建设，通过制定统一的控制标准和操作规范，提高内部控制的一致性和可比性。数字化转型通过推动内部控制活动的自动化、智能化、优化和标准化建设等多方面作用，显著提高了内部控制的有效性和稳健性。

四是企业数字化转型可以提升信息与沟通能力。数字化转型推动了企业信息系统的集成与优化，使得各部门之间的信息传递更加顺畅，减少了信息孤岛现象。集成化的信息系统提高了数据的准确性和一致性，为内部控制提供了更加可靠的信息基础。数字化转型为企业提供了更多元化的沟通渠道，如企业社交网络、即时通信工具等，使得员工之间的沟通更加便捷、高效。这些新的沟通渠道有助于打破部门壁垒，促进跨部门之间的协作与交流。数字化转型通过数据分析和可视化工具，使得企业内部的各类信息更加透明化，员工可以更容易地获取到所需的信息，有助于提高员工对内部控制的认同感和参与度。数字化转型通过提升企业的信息与沟通能力，为内部控制提供了更加坚实的信息基础和支持，有助于提高内部控制的效率、质量和持续改进能力。

五是企业数字化转型可以强化内部监督。数字化转型通过集成企业内部的各类信息系统，实现了数据的集中存储和统一管理，使得企业内部监督部门能够更容易地获取到全面、准确的信息，从而提高了监督的透明度和有效性。信息的集成与共享还有助于消除信息孤岛，减少因信息不对称而导致的监督失效。数字化转型还推动了自动化和智能化技术在内部监督中的应用。例如，利用大数据分析和人工智能算法，企业可以自动识别和分类潜在的风险事件，从而提高监督的效率和准确性。自动化工具还可以帮助内部监督部门实现监督流程的标准化和规范化，减少人为干预和误差。数字化转型使得远程监督和协作成为可能，内部监督部门可以通过远程访问信息系统，对分散在不同地点的业务部门进行实时监督。同时，数字化转型还促进了跨部门之间的协作和信息共享，使得内部监督更加全面和有效。

综上所述，数字化转型通过全面影响内部控制的五大要素、优化业务流程、强化风险管理、提升信息质量以及促进文化转型等多方面路径，显著提高内部控制的有效性。所以提出如下假设：

H_1：企业数字化转型能显著提高内部控制有效性。

三、研究设计

1. 样本选择和数据来源

本研究选取 2012—2021 年间沪深两市 A 股上市公司作为样本，根据研究需要进行了以下处理：（1）剔除了房地产、金融等行业的样本；（2）剔除研究期间被 ST 和 * ST 的样本；（3）剔除财务信息不完整或有遗漏的样本。

经过以上处理，共取得 18338 个样本观测值。数据来自迪博数据库、CSMAR 数据库、WIND 数据库、巨潮资讯网以及企业年报等。

2. 变量设计

（1）被解释变量——内部控制有效性（IC）

考虑到迪博内部控制指数由内部控制基本指数和内部修正指数两部分组成，具有全面性和综合性，因此本研究借鉴逯东等（2014）、曹越等（2020）的研究做法，以该指数来衡量企业内部控制有效性（IC），并将指数除以 100 进行规范化处理。该指标数值越大，企业内部控制效果越好。

（2）解释变量——企业数字化转型水平（Dig）

由于企业数字化的相关信息会作为企业当年的重点出现在企业年报中，因此本书借鉴吴非等（2021）与易露霞等（2021）的研究，用公司年报中涉及企业数字化转型的词频来衡量转型水平（Dig），衡量方式为计算"人工智能技术""区块链技术""云计算技术""大数据技术""数字技术应用"等细分指标在年度报告中出现的次数总和。

（3）控制变量

为了控制其他因素对内部控制有效性的影响，本书借鉴祁怀锦等（2020）、ANDERSON 等（2003）的研究，选取企业规模（Size）、资产负债率（Lev）、总资产净利润率（ROA）、现金流比例（Cashflow）、大股东资金占用（Occupy）、股权集中度（Top1）、两职合一（Dual）、账面市值比（BM）作为控制变量，并将行业（Ind）和年份（Year）作为虚拟变量。相关变量的定义见下表 4-2-1。

表 4-2-1 变量定义

变量类型	变量名称	符号	定义
被解释变量	内部控制有效性	IC	迪博内部控制指数 /100
解释变量	数字化转型水平	Dig	数字化转型相关词频
控制变量	企业规模	Size	企业总资产的自然对数
	资产负债率	Lev	年末总负债 / 年末总资产
	总资产净利润率	ROA	净利润 / 总资产
	现金流比率	Cashflow	经营活动产生的现金流量净额 / 总资产
	大股东资金占用	Occupy	其他应收款 / 总资产
	股权集中度	Top1	第一大股东持股比例
	两职合一	Dual	董事长与总经理是同一个人为 1，否则为 0
	账面市值比	BM	账面价值 / 总市值
	行业	Ind	行业虚拟变量
	年份	Year	年份虚拟变量

3. 模型构建

为了检验企业数字化转型对内部控制有效性的提升效应，构建如下面板回归模型。

$$IC_{it}=\alpha_0+\alpha_1 Dig_{it}+\alpha_2 Size_{it}+\alpha_3 Lev_{it}+\alpha_4 ROA_{it}+\alpha_5 Cashflow_{it}+\alpha_6 Occupy_{it}+\alpha_7 Top1_{it}$$

$$+\alpha_8 Dual_{it}+ +\alpha_9 BM_{it}+\sum ind+\sum year+\varepsilon_{it}$$

其中，i 代表样本企业，t 代表年份；IC_{it} 为被解释变量，即样本企业 i 在 t 年的内部控制有效性，Dig_{it} 为核心解释变量，即样本企业 i 在 t 年的数字化转型水平；同时，将一系列控制变量，包括企业规模、资产负债率、现金流比率等纳入模型中，ind 和 year 分别是行业和时间固定效应，ε 表示随机误差项。

四、实证结果与分析

1. 描述性统计

描述性统计结果如表 4-2-2，IC 的平均值为 6.306，最大值为 9.856，最小值为 0.000，标准差为 1.445，最大值与最小值相差 9.856，中位数为 6.613，均值低于中位数。表明上市公司内部控制有效性存在明显差异，并且整体内部控制质量有待提升，研究上市公司内部控制有效性的影响有重要现实意义。样本中有内部控制完全无效的企业，可能是企业不重视内部控制制度建设，也有可能是企业虽然进行了内部控制，但迪博内部控制指数无法全面衡量。Dig 的平均值为 11.300，标准差为 30.440，最大值为 544.000，最小值为 0.00，中位数为 2.000，说明各公司数字化转型程度存在明显差异，大多数企业进展缓慢，部分企业尚未开始进行数字化转型，整体数字化水平较低，但是有一些企业的数字化水平非常高，具有研究价值。

表 4-2-2　描述性统计结果

变量	样本数	均值	中位数	标准差	最小值	最大值
IC	18338	6.306	6.613	1.445	0.000	9.856
Dig	18338	11.300	2.000	30.440	0.000	544.000
Size	18338	22.420	22.260	1.324	14.940	28.640
Lev	18338	0.439	0.434	0.206	0.008	3.513
ROA	18338	0.028	0.031	0.098	−3.994	0.786
Cashflow	18338	0.048	0.046	0.074	−1.938	0.876
Top1	18338	0.017	0.008	0.033	0.000	0.798
Occupy	18338	33.650	31.160	14.960	0.290	89.990
Dual	18338	0.230	0.000	0.421	0.000	1.000
BM	18338	0.619	0.616	0.256	0.001	1.964

2. 回归结果分析

表4-2-3表明了企业数字化转型对内部控制有效性的影响，第（1）列和第（2）列的OLS回归结果显示，在不加入控制变量的情况下，数字化转型的系数为0.002，通过了1%显著性水平的检验；加入控制变量后，数字化转型的系数为0.001，在1%的水平上显著为正，这说明了企业数字化转型程度越高，其企业内部控制越有效，本文假设II1得到验证。

回归结果如表4-2-3所示，企业内部控制有效性（IC）与企业规模（Size）、总资产净利润率（ROA）、股权集中度（Top1）的系数都是正值，并且都在1%的水平上显著，表明企业内部控制有效性与上市公司规模、总资产净利润率和股权集中度之间存在显著的正相关关系；企业内部控制有效性（IC）与资产负债率（Lev）、大股东资金占用（Occupy）、账面市值比（BM）的系数为负值，并且在1%的水平上显著，这说明企业内部控制有效性与资产负债率（Lev）、大股东资金占用（Occupy）、账面市值比（BM）存在显著负相关关系。此外，企业内部控制有效性与两职合一（Dual）正相关，在5%的水平上显著。

表 4-2-3　基准回归结果

变量	（1）内部控制有效性	（2）内部控制有效性
Dig	0.002^{***}	0.001^{***}
	（4.06）	（2.80）
Size		0.253^{***}
		（17.85）
Lev		-0.785^{***}
		（-8.27）
ROA		4.046^{***}
		（9.62）
Cashflow		0.250

（续表）

变量	（1）内部控制有效性	（2）内部控制有效性
		（0.97）
Occupy		-4.636^{***}
		（-9.06）
Top1		0.003^{***}
		（4.86）
Dual		0.049^{**}
		（2.21）
BM		-0.170^{***}
		（-2.67）
Constant	6.960^{***}	1.384^{***}
	（123.74）	（5.42）
Year	控制	控制
Ind	控制	控制
Observations	18,338	18,338
R-squared	0.026	0.205

注：***、**、* 分别表示在 1%、5%、10% 水平上显著

3. 进一步检验

为了更深入地分析企业数字化转型是如何影响内部控制有效性的，本研究又分别从内部控制五要素入手，分别将数字化转型对五要素展开回归，内部控制五要素指数来源于迪博数据库。

回归结果如表4–2–4所示，对于内控环境，数字化转型变量的系数为0.001，这一结果表明，在企业数字化转型的过程中，企业内部控制环境也会发生相应变化，其在 5% 的水平上显著为正，数字化转型对改善内控环境有积极影响，企业数字化转型可以改善内部控制环境，从而提高内部控制的有效性。

表 4-2-4　内部控制五要素回归结果

变量	（1） 内控环境	（2） 风险评估	（3） 信息与沟通	（4） 控制活动	（5） 内部监督
Dig	0.001**	−0.000	0.002***	0.002**	−0.002***
	（2.28）	（−0.94）	（9.31）	（2.44）	（−2.87）
Size	0.274***	0.129***	0.063***	0.022	0.302***
	（12.22）	（12.24）	（7.64）	（1.09）	（12.71）
Lev	−1.441***	−0.095	0.104**	−1.285***	−0.036
	（−11.82）	（−1.63）	（2.33）	（−10.78）	（−0.25）
ROA	−0.159	0.045	0.183**	−0.099	1.742***
	（−0.58）	（0.45）	（2.35）	（−0.45）	（4.65）
Cashflow	0.915***	0.225	−0.232**	0.664**	0.008
	（3.10）	（1.63）	（−2.20）	（2.32）	（0.02）
Occupy	−2.890***	−0.940***	0.508**	−2.157***	−5.126***
	（−4.29）	（−2.78）	（2.01）	（−3.15）	（−4.68）
Top1	0.007***	−0.000	−0.003***	−0.001	0.005***
	（4.58）	（−0.13）	（−5.25）	（−1.04）	（3.44）
Dual	−0.820***	−0.003	0.163***	0.228***	−0.238***
	（−18.48）	（−0.14）	（9.33）	（4.83）	（−4.65）
BM	−0.399***	0.409***	0.020	−0.031	−0.265**
	（−3.75）	（8.35）	（0.51）	（−0.32）	（−2.24）
Constant	7.857***	−1.145***	0.957***	6.979***	−2.034***
	（17.50）	（−5.34）	（5.72）	（16.90）	（−4.31）
Year	控制	控制	控制	控制	控制
Ind	控制	控制	控制	控制	控制
Observations	18,338	18,338	18,338	18,338	18,338
R-squared	0.412	0.556	0.203	0.117	0.461

注：***、**、* 分别表示在 1%、5%、10% 水平上显著

对于信息与沟通能力，数字化转型变量的系数为 0.002，在 1% 的水平上显著为正，这表明了数字化转型程度越高，企业的信息与沟通能力就越强，也就是说，企业数字化转型可以强化信息与沟通能力，从而提升内部控制有效性。

对于控制活动，数字化转型变量的系数为 0.02，在 5% 的水平上显著正相关，这说明企业的数字化转型程度越高，其控制活动开展得也就越好，也就是说企业在进行数字化转型之后，通过加强内部控制活动来提升内部控制有效性。

但是数字化转型对风险评估的影响不显著。上文理论分析和研究假说中分析了数字化转型对风险评估的效率和效果的积极影响，但是可能另一方面数字化转型也加大了风险评估的难度，使得两者作用相互抵消。主要原因分析如下：一是数字化转型的复杂性应对风险评估的专业性显现出不适应。数字化转型涉及企业的多个层面，包括技术、流程、组织和文化等。而风险评估是一个相对独立且专业的领域，它关注企业面临的各种不确定性及其潜在影响。数字化转型虽然可以提升企业的数据处理和分析能力，但并不一定能够直接提升风险评估的专业水平。因此，数字化转型可能并不直接对风险评估产生显著影响，除非这种转型直接涉及风险评估的流程或工具。二是数字化转型本身的局限性影响风险评估的准确性和有效性。数字化转型过程中，企业可能需要引入新的技术平台和工具来支持风险评估，然而，这些新技术与现有系统的集成可能存在问题，导致风险评估流程不畅或数据不一致。数字化转型依赖于高质量的数据支持，但在实际操作中，企业可能面临数据质量不高、数据孤岛或隐私保护等问题，这些问题都可能影响风险评估的准确性和有效性。三是企业实际情况与个体差异导致数字化转型对风险评估的影响的差异性。不同行业和规模的企业在数字化转型和风险评估方面存在显著差异：一些企业可能更侧重于技术层面的转型，而另一些企业则可能更注重流程和组织的变革。因此，数字化转型对风险评估的影响也会因企业实际情况而异。即使在同一行业内，不同企业在数字化转型的战略和执行上也可能存在差异：一些企业可能将数字化转型作为提升风险评估能力的契机，而另一些企业则可能更注重其他方面的转型成果。

数字化转型对内部监督有显著负向影响。尽管理论分析与研究假说中亦分析了数据化转型对内部监督的积极影响，但不容忽视的是其带来的负面影响可能更为显著。具体原因分析如下：一是"数字化矮化"现象。数字化转型过程中，内部监督工具可能被过分地视为行政体系的附属品，而非作为全面提升治理效能的核心手段。这种现象限制了内部监督的自主性和创新性，削弱了其应有的监督作用。二是信息孤岛现象。数字化转型中，如果各系统之间的数据集成不畅，将导致信息孤岛现象，使得内部监督部门难以获取全面、准确的数据，进而严重影响监督的有效性。三是技术与流程的不匹配。当技术过度超前或滞后于现有内部监督流程时，数字化转型引入的新技术可能与现有内部监督流程不匹配，导致监督效率低下或实施困难。例如，过于复杂的技术系统可能增加监督人员的操作难度，而过于滞后的技术则可能无法满足日益增长的监督需求。此外数字化转型常伴随着流程重塑，若内部监督流程未能及时调整，将产生监督空白或漏洞。四是文化与组织的挑战。数字化转型可能在企业内部引发文化抵触，特别是对于那些习惯于传统监督方式的人员来说，这种抵触情绪将阻碍内部监督工作的有效开展。同时，组织结构的僵化也是一个重要因素，数字化转型要求企业具备更加灵活且响应迅速的组织结构，但僵化的组织结构会限制内部监督部门对变革的适应能力，进而影响监督效果。

当然，虽然对于控制环境、信息与沟通、控制活动三个要素来说，回归显示数字化转型对其均有显著正向作用，数字化转型对他们的影响也是双向的，比如数字化转型使得控制环境更加复杂多变、数字化转型带来了更多的信息安全问题、数字化转型增加了控制活动的内容和复杂程度，但是这些消极影响不足以抵消其正向的积极影响。

4. 异质性检验

前面的研究基于全样本考察了企业数字化转型对内部控制有效性的影响，结果表明企业数字化转型总体会对内部控制有效性产生积极影响。其中数字化转型会通过改善内部控制环境、提高企业信息与沟通能力、加强内部控制活动来提高企业内部控制有效性，通过增加内部控制监督的难度对内部控制有效性产生负面影响，而数字化转型与内部控制风险评估要素关系不显著。鉴于数字化转型对内部控制有效性的影响可能因不同的经济环境和企业属性而有差异，以下将进一步对全样本企业以企业的外部宏观环境和企业自身的微观特征进行分组检验。

（1）基于外部宏观环境：地区数字经济的影响

不同的企业，其所处的地区数字经济环境存在着显著的差异。为了深入探讨企业数字化转型对内部控制有效性的影响是否会因地区数字经济环境的不同而有所差异，本研究参照谭志东等（2022）的研究方法，选取了《中国城市数字经济指数白皮书》中各区域的数字经济指标进行测度。具体而言，我们将数字经济指标排名前30的城市归类为数字经济水平高组，而将其他城市归类为数字经济水平低组。

通过分组检验，我们得到了如表4-2-5所示的结果。在地区数字经济水平高的组中，数字化转型变量的系数为0.189，且在1%的水平上显著为正，这表明在数字经济水平高的地区，企业数字化转型对于提高内部控制有效性的作用更加显著。相比之下，在地区数字经济水平低的组中，数字化转型变量的系数并不显著，说明在这些地区，企业数字化转型对内部控制有效性的提升作用不明显。

这种结果产生的原因可能在于，企业数字化转型的效果受到地区数字经济环境的深刻影响。在数字经济水平高的地区，技术基础设施完善、数字化应用技术广泛普及、数字技能水平高，这些优势从技术上为企业提供了有力的支持。企业能够更有效地收集、处理和分析数据，利用数字化技术优化内部控制流程，减少人为干预和错误，从而显著增强内部控制的效率和准确性。同时，这些地区的企业数字人才储备丰富，员工能够更好地适应和使用数字化工具，与政府、客户、同行业企业等进行更加便捷的沟通。来自外部环境的数字知识和技术可以更容易地渗透到企业中，有助于企业更好地实现数字化转型。

然而，在数字经济水平低的地区，技术基础设施相对薄弱、数字化技术应用有限、数字技能普及率低，这些因素制约了企业内部控制充分利用数字化技术的优势。同时，由于数字人才的缺乏，企业难以有效整合和深入应用数字技术，进而影响内部控制的有效性。因此，地区数字经济环境的差异对企业数字化转型和内部控制有效性的关系具有重要影响。

（2）基于企业微观特征：产权性质的影响

不同的企业，其产权性质可能存在差异，这种差异可能影响企业数字化转型对内部控制有效性的作用。为了深入探讨这一问题，本研究将样本企业分为两类——国有企业和非国有企业，以考察企业数字化转型对内部控制有效性的影响是否会因产权性质的不同而有所区别。

检验结果如表4-2-5所示，在国有企业组中，数字化转型变量（Dig）的系数为0.001，在5%的显著性水平上为正，表明数字化转型对国有企业内部控制有效性的提升有正向影响。而在非国有企业组中，Dig的系数为0.174，在1%的显著性水平上为正，表明数字化转型对非国有企业内部控制有效性的提升作用更为显著。

表4-2-5 基于宏观环境和微观特质的异质性检验结果

	IC（地区数字经济水平高）	IC（地区数字经济水平低）	IC（国有企业）	IC（非国有企业）
Dig	0.189***	0.020	0.001**	0.174***
	（5.28）	（0.16）	（2.33）	（4.25）
Controls	控制	控制	控制	控制
Year	控制	控制	控制	控制
Ind	控制	控制	控制	控制
Constant	634.016***	618.655***	5.047***	659.040***
	（52.01）	（38.90）	（48.79）	（34.79）
Observations	10,465	7,865	7,984	10,347
R-squared	0.207	0.186	0.118	0.228

注：***、**、*分别表示在1%、5%、10%水平上显著

这种差异可能源于国有企业和非国有企业在体制、监管要求以及改革和创新方面的不同。国有企业通常受到更为严格的体制和监管要求，这在一定程度上限制了其数字化转型的灵活性和速度。例如，在决策流程、技术应用等方面，国有企业可能需要经过更多的审批和备案程序，从而影响了内部控制有效性的快速提升。相比之下，非国有企业市场化程度更高，创新能力更强，对新技术和商业模式的采纳更加灵活和迅速。这使得非国有企业能够更快地适应数字化转型的趋势和要求，从而更有效地提升内部控制的有效性。此外，非国有企业还具备较强的创新能力，能够根据自身需求和实际情况灵活调整数字化转型策略和实施路径，这种灵活性使得它们能够更好地应对数字化转型过程中可能出现的各种问题和挑战，从而确保内部控制有效性的持续提升。

5. 稳健性检验

（1）替换解释变量

用内部控制披露指数（ICD）替代解释变量来回归，结果如表 4-2-6 所示，数字化转型和内部控制披露指数仍然在 1% 的水平上显著，说明上述回归结果较为稳健。

表 4-2-6　替换解释变量回归结果

变量	内部控制披露指数
Dig	0.007***
	（3.36）
Size	0.735***
	（15.06）
Lev	−2.551***
	（−9.14）
ROA	4.659***
	（5.44）
Cashflow	0.999

（续表）

变量	内部控制披露指数
	（1.36）
Occupy	−14.136***
	（−6.74）
Top1	0.008**
	（2.55）
Dual	−0.673***
	（−6.91）
BM	0.096
	（0.42）
Year	控制
Ind	控制
Constant	13.406***
	（13.73）
Observations	18,336
R-squared	0.260

注：***、**、* 分别表示在 1%、5%、10% 水平上显著

（2）滞后效应检验

为了排除时间因素的干扰，将数据分别提前一期、提前两期再进行回归分析，结果如表 4-2-7 所示，数字化的系数都为 0.02，回归结果仍处于 1% 的水平上，说明了研究结果的稳健性。

表 4-2-7　提前一期的稳健性检验结果

变量	IC（滞后一期）	IC（滞后两期）
L. Dig	0.002***	
	（3.44）	
L2.Dig		0.002***

（续表）

变量	IC（滞后一期）	IC（滞后两期）
		（3.06）
Size	0.154***	0.175***
	（14.15）	（13.76）
Lev	−0.300***	−0.419***
	（−4.18）	（−4.75）
ROA	7.727***	7.646***
	（25.33）	（23.36）
Cashflow	−0.453**	−0.549**
	（−2.39）	（−2.48）
Occupy	−5.824***	−6.284***
	（−8.74）	（−8.67）
Top1	0.028	0.044*
	（1.28）	（1.76）
Dual	0.003***	0.003***
	（4.46）	（4.21）
BM	0.105**	0.054
	（−3.18）	（0.88）
Constant	2.612***	2.134***
	（11.58）	（8.12）
Observations	16,225	14,379
R−squared	0.225	0.206

注：***、**、*分别表示在 1%、5%、10% 水平上显著

五、研究结论与启示

1. 研究结论

本研究通过理论分析和实证研究发现：（1）企业数字化转型能够显著提高内部控制有效性，企业数字化转型程度越高，其内部控制有效性越高，并且该结论在一系列稳健性检验下保持不变；（2）企业数字化转型主要通过改善内部控制环境、增强企业信息与沟通能力、优化内部控制活动来提高企业内部控制的有效性；（3）企业数字化转型对风险评估因素影响不显著；（4）企业数字化转型对内部监督呈现消极影响；（5）在数字经济环境较好地区的企业和非国有企业中，数字化转型对提高内部控制有效性的作用更加明显；（6）企业规模、资金占用和股东结构等因素也会影响内部控制的有效性。

2. 启示

本研究结果对国内企业的发展和国家有关政策的制定具有一定的启示。

对于企业自身的启示有以下几点：（1）积极推进数字化转型，提升内部控制效能。企业应把握数字化时代的机遇，通过推进数字化转型，不仅提升内部控制的效率，更要注重提升其实效性。这意味着要在组织结构、流程设计和技术应用等多方面进行深度变革，确保数字化转型能够真正赋能内部控制。（2）营造良好环境，优化内部控制活动。在数字化转型的过程中，企业应充分利用数字技术，为企业创造一个既有利于内部发展又适应外部变化的环境。同时，要对内部控制活动进行全面优化，确保它们能够适应数字化转型带来的新要求，从而进一步提升内部控制的有效性。（3）利用数字技术，优化信息与沟通。企业应充分利用数字化技术，优化内部的信息与沟通流程，打破信息孤岛，提高信息的透明度和传递速度。这不仅有助于提升内部控制的响应速度，还能增强各部门之间的协同合作，共同推动企业目标的实现。（4）多措并举，提升数字化转型对风险评估的积极影响。企业应采取一系列策略，充分利用数字化转型带来的机遇，提升风险评估的全面性和有效性。包括在转型初期就明确风险评估领域的目标，确保转型工作与风险评估需求相契合；优化新技术与现有系统的集成，提升数据质量和一致性；积极应对文化和组织变革的挑战；构建更加专业化和智能化的风险评估系统；提升公司员工的数字化素养，特别是管理层，以便他们能更好地利用风险评估体系进行风险评价和识别，并迅速做出应对。（5）减轻负向影响，强化内部监督。为了减轻数字化转型对内部监督可能带来的负向影响，企业需要采取一系列策略。包括完善数字化治理体系，确保内部监督工具与其相融合；优化技术与流程的匹配度，根据监督需求选择合适的技术系统；加强文化与组织变革管理，提升员工对数字化转型的认知和接受度；强化数据隐私与安全管理，建立完善的数据管理制度和风险控制机制，确保内部监督工作在合法合规的前提下高效进行。

对于政府部门来说：（1）政府要加强对企业数字化转型的支持和引导。政府应制定相应的政策，激励企业积极开展数字化转型，推进企业数字化发展进程，为其发展提供便利。（2）政府应当为实施数字化的企业创造一个更好的融资环境，减少企业在数字化过程中的融资成本，让政府与企业一起推动数字化发展进程。（3）政府应加强对数字创新人才的培养，健全培养体系，提高有关人员的数字素质。（4）在制定内部控制政策时，需要充分考虑这些差异性和异质性因素，以实现更加精准和有效的内部控制措施。

第三节　企业数字化转型对审计费用的影响研究
——基于内部控制的调节效应

随着大数据、区块链、物联网、人工智能等技术不断涌现，数字经济正在推动世界范围内的经济发展。习近平在十八届中共中央政治局第三十六次集体学习时强调，要做大做强数字经济，拓展经济发展新空间。在"十四五"规划中，党和国家高度关注数字经济发展以及新兴技术与实体经济深度融合，要求必须加快传统产业升级改造。数字化转型是数字经济得以持续发展的基础，企业可通过相关转型升级来抓住数字经济红利。在此背景下，企业面临如何将数字化转型与公司战略相结合、怎样通过数字化转型提升内部控制能力等问题，并且数字化转型对企业的很多方面都产生了复杂且深远的影响，审计亦不例外。随着企业数字化水平的提升，企业的业务流程、信息系统等均发生了变化，审计需求也随之变化，要求审计人员具备新的技术和知识储备，同时数字化转型增加了审计工作的复杂性和难度，培训成本和学习成本增加，所以数字化转型可能通过增加审计需求、提升审计技术要求等方式推高审计费用。但是从长期来看，数字化水平提升有助于提高审计效率和准确性，降低人力成本和工作时间，这些效率提升和成本节约效应可能有助于降低审计费用。那么，审计费用受企业数字化转型的影响到底是正向还是负向？

内部控制作为企业内部治理的一种重要机制，广泛地渗透到企业经营管理中，高品质的内部控制能够确保企业实现合规运行，保证财务报告的真实性和可靠性。那么在数字经济的高速发展中，企业内部控制在数字化转型和审计费用中的作用又是如何？在数字化转型中，有效的内部控制是否会对审计费用产生积极影响？基于此，本研究选取2007—2021年间A股上市公司为研究样本，尝试考察企业数字化转型如何影响审计费用，以及企业内部控制在二者间的调节效应。

一、文献综述

1. 企业数字化转型对审计费用影响的相关研究

现有文献主要从运营风险、审计定价等角度研究企业数字化转型与审计费用之间的关系。部分学者认为，企业数字化转型与审计费用之间存在正相关关系。邓芳等（2017）实证研究发现，因为审计方法变革，数字化程度深的企业取证形式等难度加大，企业数字化水平与审计费用是显著正相关关系。杨德明（2020）的实证研究表明，上市公司若采用大数据和区块链等信息技术，将会显著增加审计成本。钟越华（2022）的研究也揭示，企业数字化转型程度越高，其审计费用也越多。

另一方面，部分学者认为，企业数字化转型与审计费用之间存在负相关关系。付冬雪等（2014）通过实证研究发现，我国信息技术的投资产出比与审计费用之间存在反比例关系。张永珅等（2021）从降低运营风险、减少审计成本和信息披露质量提高三个角度出发，发现了企业数字化转型程度与审计费用之间存在显著的负相关关系，企业数字化转型程度越高，企业财务报表审计费用越低。

也有学者张日敏等（2024）、杨玉晶等（2024）认为，企业数字化转型与审计费用之间存在倒"U"型相关关系。进一步研究发现，数字化转型中人工智能技术、区块链技术、云计算技术、大数据技术、数字技术运用这五个维度均会使审计费用呈现出"先升后降"的动态特征，倒"U"型关系在非国有企业、非高科技企业中更为显著。

综合现有研究，企业数字化转型对审计费用的影响尚无统一定论，仍待进一步研究。

2. 内部控制在企业数字化转型与审计费用关系中的效用研究

从现有文献来看，关于企业数字化与内部控制的关系、内部控制对审计费用的影响均已有较多研究，但关于内部控制在两者之间的效用的研究相对较少。李敏等（2024）的研究表明，企业数字化转型会导致审计定价上涨，而内部控制在两者之间发挥负向调节作用。张宏霞等（2024）则指出，企业数字化转型能够显著影响审计质量，并能够通过改善内部控制质量来提高审计质量。张日敏等（2024）认为企业数字化转型程度与审计费用之间呈倒"U"型趋势，并在此基础上提出内部控制在二者关系中发挥中介作用。杨玉晶等（2024）则进一步指出，有效的内部控制可以削弱数字化转型对审计费用的非线性影响，使倒"U"型曲线更加平缓，而较高的企业风险承担水平则会加强两者之间的关系，使倒"U"型曲线更加陡峭，两者均会导致拐点左移。刘正军等（2023）则认为，企业数字化转型程度越高，收取的审计费用越低，内部控制会强化企业数字化转型对审计费用的负向作用，且此影响作用在非国有上市企业中更为显著。

综上所述，虽然当前国内外研究对于企业数字化转型、内部控制质量和审计费用等方面的经济后果和影响因素已有一定探讨，但结论各异，且较少有学者将这三个方面进行系统的综合分析。因此，本研究拟丰富和拓宽内部控制视角下数字化转型对审计费用影响的相关研究，以期对企业管理实践、提高审计资源配置效率、强化企业内部控制具有一定的指导意义。

二、理论分析与研究假设

1. 企业数字化转型与审计费用

从企业视角，数字化转型增加了企业业务流程和系统的复杂性、数据量和信息质量要求的提升以及创新和变革带来的不确定性，从而增加了审计费用。首先，企业数字化转型往往涉及业务流程的重新设计和信息系统的升级。这些变化使得企业的运营更加复杂，需要更多的内部控制和风险管理措施。审计师在评估这些新系统和流程时，需要投入更多的时间和精力，以确保它们的有效性和合规性。因此，从企业的角度来看，数字化转型增加了审计工作的难度和范围，从而推高了审计费用。其次，数字化转型使得企业能够收集和处理大量数据，提高信息的质量和可用性。然而，这也对审计师提出了更高的要求，他们需要具备处理和分析大数据的能力，以确保财务报表的准确性和完整性。审计师可能需要采用更先进的审计技术和工具来应对这些挑战，这些技术和工具的成本往往较高，从而导致审计费用的增加。第三，数字化转型常常伴随着企业的创新和变革。这些创新活动可能带来新的业务模式、市场机会和竞争优势，但同时也增加了不确定性和风险。审计师需要评估这些创新活动对企业财务状况的影响，以及它们是否得到了适当的内部控制和风险管理。这种评估工作往往更加复杂和耗时，因此审计费用也会相应增加。

从会计师事务所视角来看，数字化转型意味着审计风险和责任的增加、审计技术和方法的更新以及市场竞争和品牌定位的需要，这些因素共同作用导致审计费用的增加。首先，对于会计师事务所来说，企业数字化转型意味着审计风险和责任的增加。新的信息系统和业务流程可能带来未知的风险和漏洞，审计师需要投入更多的资源来识别和评估这些风险。同时，由于数字化转型往往涉及企业的核心业务和关键数据，审计师在审计过程中需要承担更大的责任。为了应对这些风险和责任，会计师事务所可能会提高审计费用。其次，企业数字化转型要求审计师不断更新审计技术和方法，以适应新的业务环境和信息技术。这可能包括采用更先进的审计软件、数据分析工具和技术专家等。这些新技术和方法的引入往往需要投入大量的资金和时间进行培训和实施，从而导致审计成本的增加。会计师事务所可能会将这些成本转嫁给客户，即提高审计费用。第三，在市场竞争激烈的环境下，会计师事务所可能会通过提高审计质量和服务水平来增强自身的品牌竞争力。对于企业数字化转型程度较高的客户，会计师事务所可能会提供更加全面和深入的审计服务，以满足客户对高质量审计的需求。这种高质量的服务往往需要更多的资源投入，因此审计费用也会相应增加。

由此提出假设 H_2：其他条件不变的情况下，企业数字化转型程度与审计费用显著正相关。

2. 内部控制对数字化水平与审计费用关系发挥调节作用

高质量内部控制能够降低审计风险和提高审计效率。高质量的内部控制能够及时发现和纠正企业运营中的错误和舞弊行为，降低财务报表的重大错报风险。在数字化转型背景下，这种作用尤为重要，因为数字化可能带来新的风险点。高质量的内部控制有助于审计师更加信任企业的财务报告，从而减少实质性测试的范围和深度，降低审计成本。内部控制质量高的企业通常具有更完善的信息系统和更规范的业务流程，这有助于审计师更高效地获取审计证据并进行数据分析。在数字化转型过程中，这种高效的信息传递和沟通机制能够进一步提升审计效率，减少审计时间和资源投入。

低质量内部控制增加了审计风险降低了审计效率。低质量的内部控制无法有效识别和应对企业运营中的风险点，可能导致财务报表存在重大错报。在数字化转型背景下，这种风险可能进一步放大，因为数字化可能加剧信息不对称和舞弊行为。审计师在面对低质量内部控制的企业时，需要增加审计资源投入以降低审计风险，从而导致审计费用的增加。内部控制质量低的企业往往缺乏完善的信息系统和规范的业务流程，这增加了审计师获取审计证据的难度和成本。在数字化转型过程中，如果企业没有同步提升内部控制质量，那么审计师可能需要花费更多时间和精力来了解和评估企业的数字化系统和业务流程，从而降低审计效率并增加审计费用。

所以，高质量的内部控制能够降低审计风险并提高审计效率，从而缓解数字化水平提高带来的审计费用增加；而低质量的内部控制则可能加剧审计风险并降低审计效率，进一步推动审计费用的增加。

由此提出假设 H_3：高质量的内部控制能缓解数字化水平与审计费用正相关关系。

三、研究设计

1. 变量选取及释义

（1）被解释变量

审计费用（lnfee）。本研究选取了上市公司审计费用总额的对数值来衡量，该指标选自国泰安（CSMAR）的财务报告审计意见数据库。

（2）解释变量

数字转型指数（lndigi）。采用吴非等（2021）的研究成果，运用 Python 爬虫技术对人工智能、大数据和云计算等五个维度的相关词频进行统计，构建数字化转型相关词谱。此外，鉴于词频统计属于离散变量，且存在词频统计为零和方差较大的情况，本研究对其进行了自然对数的处理，即以关键词频次加 1 的方式进行。

（3）调节变量

内部控制质量（IC）。参考洪金明等（2021）的研究，采用迪博数据库中的内部控制指数衡量企业内部控制质量，其数值越大表明内部控制质量越高。通过分行业计算行业中位数，以行业中位数为标准，当企业内控指数超过行业中位数时认为是高质量的内部控制，赋值 1，否则为 0。

（4）控制变量

为了减少遗漏变量问题对估计结果的影响，本研究采用参考主流文献的做法，选取以下变量作为控制变量；企业规模（size）、资产负债率（lev）、营业收入增长率（growth）、总资产净利润率（roa）、产权性质（soe）、股权集中度（top1）和审计意见（opinipn）。

变量选取与定义如表 4-3-1 所示：

表 4-3-1　变量设计

变量类型	变量名称	变量符号	变量定义
被解释变量	审计费用	lnfee	审计费用的对数
解释变量	数字化转型指数	lndigi	ln（上市公司年报数字化转型词频统计 +1）
调节变量	内部控制质量	IC	利用迪博数据库的内部控制指数，当公司内控指数超过行业中位数时赋值 1，否则为 0
控制变量	企业规模	size	公司资产总计的对数
	资产负债率	lev	负债总额 / 资产总计
	营业收入增长率	growth	（本年营业收入 – 上年营业收入）/ 上年营业收入
	总资产净利润率	roa	净利润 / 总资产
	产权性质	soe	国有企业赋值为 1，否则为 0
	股权集中度	top1	第一大股东持股比例
	审计意见	opinion	标准无保留的审计意见赋值为 1，否则为 0

2. 模型构建

为验证假设 H_1，构建模型（1）：

$$lnfee_{it} = \alpha_0 + \alpha_1 lndigi_{it} + \alpha_2 X_{it} + \theta_t + \delta_t + \varepsilon_{it} \tag{1}$$

在模型（1）中，$lnfee_{it}$ 代表公司 i 在 t 时期的审计费用的对数值，$lndigi_{it}$ 代表公司 i 在 t 时期的数字化转型程度，为了简便公式将变量 X_{it} 代表影响 $lnfee_{it}$ 的其他因素，包括公司规模（size）、资产负债率（lev）、营业收入增长率（growth）、总资产净利润率（roa）、产权性质（soe）、股权集中度（top1）和审计意见（opinipn）。为了控制不随公司个体和时间年份变化的特征，加入公司个体固定效应和时间年份固定效应，θ_t 代表公司个体固定效应，δ_t 代表时间年份固定效应，ε_{it} 表示随机扰动项。

若参数 α_1 显著为正，表明上市公司数字化转型程度的提高将会增加企业审计费用，假设 H_1 成立。

为验证假设 H_2，添加交叉项 lndigi $\times$ IC 到模型（1）中，考察企业内部控制质量在数字化转型和审计费用关系间所起的调节作用。据此，构建模型（2）：

$$\text{lnfee}_{it}=\alpha_0+\alpha_1\text{lndigi}_{it}+\alpha_2\text{IC}+\alpha_3\text{lndigi}_{it}\times\text{IC}+\alpha_4X_{it}+\theta_t+\delta_t+\varepsilon_{it} \qquad （2）$$

若在模型 2 中，数字化转型项参数 α_1 显著为正，而交叉项参数 α_3 显著为负，那么可以得出结论：高质量内部控制可以缓解数字化转型对审计费用的正向影响，假设 H_2 成立。

3. 数据来源及处理

自 2007 年起，我国开始执行新的企业会计准则。因此，本研究通过国泰安 CSMAR 数据库，选取了 2007—2021 年间中国 A 股上市公司的相关指标变量作为样本。在此过程中，剔除了 ST、ST* 公司，以及按照 2012 年版证监会行业代码分类中，行业代码为 66-69 的金融业公司样本。为了确保结果的准确性不受极端值影响，对样本中的所有连续变量进行了缩尾处理，即在上下 1% 的水平上进行截断。经过清洗和匹配，最终得到了 33836 个有效样本。

在数据清洗和预处理阶段，发现不同变量之间存在观测值的缺失。为了保持数据的一致性和完整性，在 Stata 进行回归分析时，自动剔除了存在缺失观测值的样本。由于不同变量缺失观测值的情况不尽相同，因此在进行剔除后，各变量的有效样本量也呈现出细微的差异。但相对而言，本研究所涉及的各变量均值和标准差均处于合理的区间内，这对后续估计系数的准确性是有利的。

描述性统计结果如表 4-3-2 所示，其中 N 表示样本量，mean 表示均值，sd 表示标准差，min 表示最小值，p50 表示中位数，max 表示最大值。从表格中可以看出主要变量的描述性统计数据。例如，样本企业的审计费用

（lnfee）的平均值为 13.770，最小值为 12.430，最大值为 16.280，显示出显著的差异。同样，数字化程度（lndigi）的均值为 1.242，最大值为 5.056，最小值为 0，这表明样本企业的数字化程度存在较大的差异，值得进一步深入探讨和研究。在样本企业中，内部控制质量（icdummy）的平均值为 0.480，这意味着有 48% 的企业在内部控制质量方面表现相对较好。

表 4-3-2　描述性统计结果

variable	N	mean	sd	min	p50	max
lnfee	33836	13.770	0.719	12.430	13.680	16.280
lndigi	33836	1.242	1.385	0.000	0.693	5.056
icdummy	33801	0.480	0.656	0.000	0.000	1.000
size	33809	22.160	1.311	19.530	21.990	26.180
lev	33835	0.443	0.210	0.056	0.437	0.956
growth	33753	0.402	1.127	−0.710	0.131	8.155
roa	33835	0.0350	0.066	−0.291	0.036	0.205
soe	33836	0.410	0.492	0.000	0.000	1.000
top1	33836	34.450	14.930	8.450	32.17	74.100
opinion	33836	0.964	0.187	0.000	1.000	1.000

四、实证分析

1. 模型检验

在本研究中，鉴于样本量选取范围较为广泛，为了规避模型计算过程中可能出现的误差或准确性难以估计的问题，特别采用了共线性分析方法，对可能存在高相关性的试验结果进行了深入的检验。具体的分析结果如表 4-3-3 所示。通过共线性分析，发现各变量的方差膨胀因子（VIF）均值仅为 1.234，且所有单个变量的 VIF 值均保持在 1.6 以下。这一结果清晰地表明，整体上而言，所选变量之间的共线性关系较弱，各指标之间的相关性选取是恰当的。因此，本研究所选定的各变量适合进行后续的实证分析。

表 4-3-3　共线性分析

	VIF	1/VIF
lev	1.566	0.6390
size	1.441	0.6940
roa	1.283	0.7800
soe	1.224	0.8170
opinion	1.128	0.8860
top1	1.113	0.8980
lndigi	1.1	0.9090
growth	1.014	0.9860
Mean_VIF	1.234	

为了判断固定效应模型（Fe）和随机效应模型（Re）哪一个更适合，进行了豪斯曼检验，结果如表 4-3-4 所示，豪斯曼值为 324.7，p 值为 0，个体效应与解释变量之间存在相关性，这是对随机效应模型原假设的否定，本研究在后续的实证研究中选择面板固定效应模型。

表 4-3-4　豪斯曼检验

VARIABLES	（1）RE	（2）FE
lndigi	0.0174***	0.0155***
	（9.3837）	（7.7379）
size	0.3495***	0.3338***
	（128.1477）	（107.3340）
lev	0.0475***	0.0494***

（续表）

VARIABLES	（1） RE	（2） FE
	（3.6784）	（3.6569）
growth	−0.0038***	−0.0026*
	（−2.6750）	（−1.7671）
roa	−0.2889***	−0.2635***
	（−10.7670）	（−9.7173）
soe	0.0086	0.0168*
	（1.1022）	（1.7795）
top1	−0.0001	−0.0003
	（−0.5337）	（−1.4875）
opinion	−0.1116***	−0.1048***
	（−12.7759）	（−11.9370）
Constant	5.7664***	6.0902***
	（104.5317）	（95.1792）
Observations	33,727	33,727
R−squared		0.6969
Year FE	YES	YES
Hausman		324.7
p−value		0

注：***、**、* 分别表示在 1%、5%、10% 水平上显著

2. 基准回归

为了处理不同变异性和异质性的来源，从而提供更全面和准确的分析结果，本研究选择混合效应模型、个体固定效应模型和个体时间固定效应模型分别检验。

根据回归结果（表4-3-5），假设不考虑个体和时间固定效应，列（1）是混合效应的ols回归结果，解释变量lndigi的系数为0.0625，且在1%的水平下显著，所以在个体时间效应不存在的前提下说明企业数字化转型显著提升了审计费用。但根据实际经验可知，由于各省级地区间社会、经济、区位等诸多要素的存在差异性，不同数字化企业也存在区域差别，从而使得个体固定效应存在可能性。考虑到存在个体与时间固定效应，加入了个体固定效应和个体时间固定效应分别回归，结果在列（2）（3）。从回归结果可以看出，在所有三个模型中，数字化水平对审计费用均呈显著正相关，均在1%水平上显著。系数大小依次为0.0625、0.0645、0.0155，表明数字化水平的提升会增加审计费用，但在个体时间固定效应模型中影响较小。原因可能是因为数字化程度较高的企业所收取的审计费用中含着科技风险溢价，倾向于通过增加审计费用以获取不可预见的审计程序增加，从而扩大审计范围，假设H_1得以验证。

表4-3-5　数字化水平对审计费用的影响

变量	（1） 混合效应 lnfee	（2） 个体固定 lnfee	（3） 个体时间固定 lnfee
lndigi	0.0625***	0.0645***	0.0155***
	（33.9159）	（16.4860）	（4.0455）
size	0.4371***	0.4708***	0.3338***
	（163.8722）	（61.4388）	（35.8566）
lev	−0.1373***	−0.1484***	0.0494
	（−8.8862）	（−4.2466）	（1.5563）
growth	−0.0201***	−0.0022	−0.0026
	（−8.6330）	（−0.9794）	（−1.2603）
roa	−0.7745***	−0.5497***	−0.2635***
	（−17.6008）	（−11.7755）	（−6.2355）

（续表）

变量	（1） 混合效应 lnfee	（2） 个体固定 lnfee	（3） 个体时间固定 lnfee
soe	−0.1038***	−0.0248	0.0168
	（−19.2107）	（−0.9603）	（0.7609）
top1	−0.0005**	−0.0029***	−0.0003
	（−2.5601）	（−4.9793）	（−0.5491）
opinion	−0.2140***	−0.1331***	−0.1048***
	（−13.8929）	（−7.1699）	（−6.4998）
Constant	4.3648***	3.5776***	6.0902***
	（79.4109）	（20.9282）	（30.9643）
Observations	33,727	33,727	33,727
R−squared	0.6080	0.6370	0.6969
Id FE	NO	YES	YES
Year FE	NO	NO	YES

注：***、**、* 分别表示在 1%、5%、10% 水平上显著

3. 稳健性检验

（1）滞后回归

考虑到数字化转型对企业审计费用的影响可能存在一定的时间滞后效应，本研究采用滞后一期的面板双固定效应模型对解释变量进行回归，以在一定程度上缓解时间反向因果所带来的内生性干扰。回归结果如表 4-3-6 第（1）列所示，结果显示，滞后一期的数字化水平在 1% 的水平上显著正相关，说明企业当年的数字化转型程度提高会对明年的审计费用产生显著的正向影响。此外，回归结果还显示，企业规模、资产负债率、产权性质在 1% 水平上显著正相关，这表明在其他条件不变的情况下，企业当年的这些控制变量

会对次年的审计费用产生显著的正向影响。相反，营业收入增长、总资产净利润率、股权集中度、审计意见则与次年的审计费用呈显著负相关关系，这可能与企业在数字化转型过程中经济状况、管理结构的调整以及审计单位在当年的审计意见有关。

（2）替换解释变量

为了验证基准回归结果的稳健性，本研究还参考了王墨林等（2022）的研究进行了词频统计，构造了新的解释变量，以避免可能存在的词频统计问题对研究结果的影响。通过 STATA17.0 数据分析软件对基准模型进行替换解释变量的回归，结果如表 4-3-6 第（2）列所示。可以发现，新的解释变量 lndigi2 的回归结果系数为正，且在 1% 水平上显著，这进一步支持了企业数字化转型程度与审计费用之间的正相关关系。

（3）倾向得分匹配

为了控制样本自选择的影响，采用倾向得分匹配（PSM）方法进行进一步的分析。对于企业数字化转型程度的评估，采用中位数方法，将样本分为两组：数字化转型程度高于中位数的取值为 1，否则取值为 0。然后，使用 1：1 近邻匹配技术以满足平衡性假设的要求。配对后的回归结果如表 4-3-6 第（3）列所示，结果显示，企业数字化转型（lndigi3）与审计费用（lnfee）之间存在显著的正相关关系，在 1% 的统计水平上得到了验证。这表明研究结论具有高度的可靠性，即企业数字化转型程度的提高确实会导致审计费用的增加。

表 4-3-6　稳健性检验

VARIABLES	（1）lnfee	（2）lnfee	（3）lnfee
lndigi	0.0129***		
	（3.3459）		
lndigi2		0.0136***	
		（3.2342）	
lndigi3			0.162***
			（0.00467）

（续表）

VARIABLES	（1）	（2）	（3）
	lnfee	lnfee	lnfee
size	0.3357***	0.3338***	0.457***
	（33.0977）	（35.8033）	（0.00216）
lev	0.0636*	0.0510	−0.228***
	（1.9066）	（1.6042）	（0.0141）
growth	−0.0035	−0.0025	−0.0213***
	（−1.6064）	（−1.2283）	（0.00211）
roa	−0.2493***	−0.2660***	−0.959***
	（−5.6244）	（−6.2806）	（0.0403）
soe	0.0187	0.0175	−0.0873***
	（0.8208）	（0.7913）	（0.00543）
top1	−0.0005	−0.0004	−0.000415**
	（−0.8019）	（−0.6688）	（0.000165）
opinion	−0.1042***	−0.1058***	−0.201***
	（−6.5724）	（−6.5671）	（0.0147）
Constant	6.5727***	6.0718***	3.925***
	（28.8153）	（30.8298）	（0.0457）
Observations	29,608	33,727	39,362
Number of code	3,459	3,846	3833
R−squared	0.6785	0.6967	0.6090
Id FE	YES	YES	YES
Year FE	YES	YES	YES

注：***、**、* 分别表示在 1%、5%、10% 水平上显著

五、进一步分析

1.影响机制检验

根据研究假设 H_2，探究了内部控制质量对企业数字化转型水平与审计费用之间关系的影响，具体结果见表4-3-7。迪博数据库提供的内部控制指数是基于公司内控指数是否超过行业中位数进行赋值的，超过则赋值为1，否则为0。依据这一标准，对各企业进行了分组，并利用迪博数据库中的内部控制指数，以行业为单位计算了行业均值。

以此分类作为因变量，构建了多元回归模型，以分析企业内部控制质量与企业数字化转型之间的关系。具体而言，将企业内部控制指数高于行业平均水平的企业分为一组，将低于行业平均水平的企业分为另一组，生成了一个虚拟变量（icdummy），并将其与解释变量进行了交互，然后放入回归方程中。

根据模型二的回归结果，质量较低（IC=0）样本系数为0.0223，且在1%的水平上显著，质量较高（IC=1）样本系数较小，为0.0095，且在5%的水平上显著。得出了以下结论：在内部控制质量较低的样本中，企业数字化水平的（lndigi）表现出了更高的回归系数和显著性。同时，还发现回归系数交乘项在5%的水平上显著性为负，具体而言，交互项的系数 lndigi×icdummy 呈现明显的负相关关系，这表明内部控制质量较高的企业，其审计费用相对较低。

这一验证结果支持了假设 H_2，即高质量的内部控制能够减轻企业数字化水平与审计费用之间的正相关关系，起到正向调节作用。这意味着，企业在推进数字化的过程中，应重视内部控制的建设和完善，以降低由此带来的审计费用增加。同时，审计机构在审计数字化水平较高的企业时，也应关注企业的内部控制状况，以更准确地评估审计风险和费用。

表 4-3-7　内部控制对企业数字化水平与审计费用关系的影响

变量	（1）全样本 lnfee	（2）IC=0 lnfee	（3）IC=1 lnfee
lndigi	0.0187***	0.0223***	0.0095**
	（4.5636）	（4.3582）	（2.1467）
icdummy	−0.0147***		
	（−4.1775）		
lndigi × icdummy	−0.0068**		
	（−2.5767）		
size	0.3347***	0.3082***	0.3845***
	（35.9285）	（28.1753）	（28.7579）
lev	0.0499	0.1082***	−0.0563
	（1.5747）	（2.7360）	（−1.3900）
growth	−0.0025	−0.0006	−0.0060**
	（−1.2402）	（−0.1989）	（−2.0127）
roa	−0.2350***	−0.1827***	−0.0474
	（−5.4762）	（−4.0874）	（−0.4807）
soe	0.0167	0.0170	0.0063
	（0.7607）	（0.7035）	（0.1775）
top1	−0.0003	0.0000	−0.0004
	（−0.5000）	（0.0466）	（−0.5210）
opinion	−0.1032***	−0.0711***	−0.1104*
	（−6.4354）	（−4.8708）	（−1.7589）
Constant	6.0717***	6.5416***	5.0703***
	（30.8663）	（28.6970）	（17.4074）
Observations	33,727	16,855	16,872

（续表）

变量	（1）全样本	（2）IC=0	（3）IC=1
	lnfee	lnfee	lnfee
R-squared	0.6972	0.6681	0.7129
Number of code	3,846	3,464	3,458
Id FE	YES	YES	YES
Year FE	YES	YES	YES

注：***、**、* 分别表示在 1%、5%、10% 水平上显著

3. 异质性分析

前文研究结论表明，企业数字化转型可以通过提高内部控制质量，进而降低审计费用。为了更好地探讨影响数字化转型对审计费用影响的情景性因素，从企业产权性质和事务所两个方面展开分析。

（1）企业产权性质的异质性分析

企业数字化转型对内部控制有效性的影响因产权性质不同而存在差异，本研究将样本企业分为国有企业和非国有企业两类。检验结果如表 4-3-8（1）、（2）列所示，可以看出数字化转型（lndigi）的系数在非国有企业组中为正（0.0124），且在 1% 的显著性水平上显著；而在国有企业组中虽然也为正（0.0113），但在 10% 水平上显著，显著性较低。这表明数字化转型对非国有企业审计费用的正向影响更为显著。

这种情况产生的原因可能是：一方面，非国有企业市场竞争压力大，积极推进数字化转型进程不仅会消耗大量资源，还会消耗大量资金。非国有企业由于可能缺乏大型国企那样的规模效应和成熟的内部管理体系，其数字化转型后的业务复杂性相对更高，从而给企业带来潜在的财务风险。审计师需要投入更多的时间和精力成本来理解企业的业务模式、数据处理流程等，进而影响审计费用增加。另一方面，数字化转型后，审计师需要利用信息技术手段进行数据分析、风险评估等工作。非国有企业由于技术投入相对较少，

其信息技术应用水平可能不如国有企业，这进一步增加了审计师的工作难度和审计费用。审计机构在面对非国有企业时，可能会考虑到其市场竞争环境和审计难度等因素，从而采取相对较高的定价策略。此外，非国有企业与国有企业之间，其内部控制制度存在着较大差异性。国有企业内部控制制度较为健全完善，内部审计资源和能力相对非国有企业较强，而非国有企业由于可能缺乏内部审计资源和能力，更依赖于外部审计服务，这也为审计机构提供了提高定价的空间。

（2）审计师事务所性质的异质性分析

企业数字化转型对审计费用的影响因审计师事务所不同而存在差异。审计是财务报告真实性的核查过程，而全球知名四大会计师事务所（简称四大）的审计师因其专业技能和声誉而备受信任，为保证其出具无保留意见的可靠性，四大的审计师往往采用更严格的审计标准和更谨慎的审计方式（董小红等，2021）。下面通过分组检验并探讨出自四大与非四大会计师事务所审计师在处理审计业务时存在的差异。回归结果显示，数字化转型（lndigi）的系数在非四大组中为正（0.0159）且在 1% 的水平上显著，而在四大组中为负且不显著（−0.0134），这表明数字化转型对非四大审计机构的审计费用有显著的正向影响，而对四大审计机构的影响不明显。

这种情况产生的原因可能是：一方面非四大审计机构相对于国际四大审计机构来说，可能在技术投入、数据分析能力、专业人才储备以及审计方法与工具的使用等方面存在差距。因此，在面对企业数字化转型带来的复杂业务和大量数据时，非四大审计机构可能需要投入更多的资源来应对，从而导致审计费用的增加。另一方面，非四大审计机构在市场定位上可能更加注重价格竞争，因此在面对数字化转型带来的审计难度增加时，它们可能更倾向于通过提高审计费用来覆盖成本。而四大审计机构由于品牌效应和客户基础较为稳固，通常拥有强大的技术实力和专业能力，还具备丰富的数字化转型项目审计经验，能够迅速适应数字化转型带来的变化，能够更有效地评估数字化转型对企业财务状况和业务运营的影响。此外，四大审计机构具有全球化布局，能够在全球范围内共享资源和经验。这意味着它们在面对不同国家和地区的数字化转型项目时，能够更快地适应并制定相应的审计策略，从而降低审计成本。数字化转型对非四大审计机构的审计费用有显著的正向影响，而对四大审计机构的影响不明显。

表 4-3-8 异质性检验

变量	（1） 非国有企业组 lnfee	（2） 国有企业组 lnfee	（3） 非四大组 lnfee	（4） 四大组 lnfee
lndigi	0.0124***	0.0113*	0.0159***	−0.0134
	（2.6285）	（1.8802）	（4.1076）	（−0.8727）
size	0.3187***	0.3290***	0.3321***	0.2955***
	（24.9056）	（21.4107）	（35.3935）	（6.4059）
lev	0.0507	−0.0226	0.0481	0.1927
	（1.3447）	（−0.4103）	（1.5029）	（1.0224）
growth	−0.0007	−0.0037	−0.0022	0.0059
	（−0.2258）	（−1.2593）	（−1.0920）	（0.4954）
roa	−0.2737***	−0.1802**	−0.2697***	0.0455
	（−5.4779）	（−2.3586）	（−6.2771）	（0.3134）
top1	−0.0003	0.0008	−0.0003	−0.0001
	（−0.3542）	（0.8574）	（−0.5216）	（−0.0316）
opinion	−0.1023***	−0.0937***	−0.1010***	−0.1319
	（−6.2645）	（−3.2065）	（−6.2533）	（−1.3985）
Constant	6.3866***	6.2056***	6.0895***	7.8050***
	（24.1967）	（18.5269）	（30.7741）	（7.5247）
Observations	19,887	13,840	32,659	1,068
R-squared	0.7140	0.6709	0.7062	0.3753
Number of code	2,864	1,285	3,718	128
Id FE	YES	YES	YES	YES
Year FE	YES	YES	YES	YES

注：***、**、* 分别表示在 1%、5%、10% 水平上显著

六、研究结论与启示

1. 研究结论

基于数字化转型与审计费用的理论框架，本研究选取了 2007—2021 年间中国 A 股上市公司的面板数据作为实证样本，深入探究了数字化转型水平对审计费用的具体影响，并分析了内部控制在这一影响机制中的调节作用。研究得出的主要结论如下：（1）企业推进数字化转型的进程会显著影响审计费用，二者之间呈现出明显的正相关关系。这表明，随着企业数字化水平的提升，审计工作的复杂性和所需资源相应增加，从而推高了审计费用。（2）健全的内部控制体系能够有效减弱数字化转型对审计费用的正向影响。这意味着，当企业内部控制机制更加完善时，能够部分抵消因数字化转型带来的审计成本上升，体现了内部控制在优化审计效率和成本控制方面的积极作用。（3）进一步的研究揭示了数字化转型对审计费用影响的差异性。具体而言，相较于国有企业，非国有企业在数字化转型过程中对审计费用的正向影响更为显著。同时，数字化转型对非四大审计机构的审计费用有显著的正向影响，而对四大审计机构的影响则相对不明显。这一发现揭示了不同企业性质和审计机构类型在应对数字化转型时的差异化反应和成本效应。

2. 启示

（1）对企业的建议

首先，企业在推进数字化转型时，应充分考虑到其对审计费用的潜在影响，并提前做好预算规划。其次，企业要加强内部控制体系的建设和完善，以降低数字化转型带来的审计成本上升风险。第三，非国有企业尤其需要关注数字化转型对审计费用的影响，并寻求有效的成本控制策略。

（2）对审计机构的建议

首先，审计机构应提升自身技术实力和专业能力，以更好地应对企业数字化转型带来的挑战，并降低审计成本。其次，非四大审计机构可以通过加强技术投入和人才培养，提高在数字化转型背景下的审计效率和竞争力。第三，四大审计机构虽然受数字化转型影响较小，但也应持续关注技术变革，以保持其市场领先地位。

（3）对政策制定者和监管机构的建议

首先，政策制定者和监管机构可以鼓励企业加强内部控制建设，以降低数字化转型对审计市场的潜在负面影响。其次，针对非国有企业和中小审计机构，可以出台相关扶持政策，帮助其更好地应对数字化转型带来的挑战。第三，加强对审计市场的监管，确保审计机构在数字化转型背景下仍能保持高质量的审计服务。

第四节　企业组织结构数字化转型下的管理控制适应性研究——基于组织平台化视角

一、问题的提出

数字经济时代，信息技术的飞速发展和广泛应用，包括云计算、大数据、人工智能、物联网等，正深刻改变着企业的运营方式、组织结构和管理模式。为了保持竞争力和适应快速变化的市场环境，企业必须进行组织结构的数字化转型。这一转型的核心在于通过转型，利用数字技术优化业务流程、提高运营效率、增强决策能力、创造新的价值。组织平台化作为企业组织结构数字化转型的重要方向，旨在构建更加灵活、开放和共享的平台模式，以更有效地整合资源、促进跨部门协作、提高创新能力，更好地满足客户需求。通过数字化转型，企业能够实现业务流程的自动化和智能化，进而推动组织结构的变革，形成更加灵活和高效的平台化组织。这种组织形态具有高度的灵活性和适应性，能够快速响应市场变化，促进信息共享和协作，提高创新能力和运营效率，同时还能够更好地整合外部资源，拓展企业的业务边界。

平台是一种结构和惯例的形式情境，是一种元组织，它在不同情况下可以产生不同的组织形式（CIBORRA，1996）；平台能够创造价值，因为平台具有极大的经济重要性，是具备范式特征的价值创造资产（STABELL & FJELDSTAD，1998）。平台模式由来已久，但互联网时代之前的平台，无论在规模还是在范围上，都无法与今天的互联网平台相较（BCG & 阿里研究院，2016）。当互联网技术突飞猛进的发展能够为其他领域的革新提供基础和保障时、当消费者需求更强调个性化和便捷性时、当企业为适应市场变化而改变经营方式时、当新一代企业员工更追求自我价值实现和崇尚自由精神时，很多企业开始实践一种新的组织模式——平台型组织，以使组织模式适应经营模式的变化。阿里巴巴、腾讯本身就是平台型企业，他们在组织模式上实现了平台型模式的转型；海尔是家电制造行业的代表，本身不属于平台型企业，却也在用平台思维调整现有的组织结构，从庞大的事业部模式转变为小微平台模式；韩都衣舍实施了"小前端＋大平台"组织模式，以较低成本最大程度满足用户对服装快速多变的需求。平台思维不再是互联网行业的专用名词，它可以被运用到组织架构的设计中，平台转型能够帮助企业升级竞争优势。平台型组织犹如吉姆·怀特赫斯特所说的开放式组织，马化腾所说的生物型组织，或是凯文·凯利所说的蜂群式自组织，都是移动互联网时代背景下最新管理的结晶，是数字经济时代企业组织结构数字化转型的产物。

波士顿咨询公司（BCG）和阿里研究院共同合作的未来平台化组织研究报告将平台型组织特征概括为四个方面：大量自主小前端、大规模支撑平台、多元的生态体系、自下而上的创业精神。平台型组织打破了传统纵向价值链的线性关系，客户和供应商不再是线性价值链的两端，原有各部门的层级设计被打破，以目标和创新为导向的团队式组织逐步形成。但是，从旧有模式向新模式转变时急需化解多种矛盾：控制与活力、制度与创新、秩序与自由、守成与创造。近100年来由管理大师和企业实践建立起来的标准化、专业化、等级制、目标认同、规划控制、奖励等管理的基本规则在面对平台组织时会出现诸多不适应，甚至成为企业组织转型的障碍。本研究正是基于这样的背景展开，从内部控制的视角对组织平台化转型过程中，就职权分工模糊化、全面预算弹性化、内部资源分配市场化、绩效考核以非财务指标为核心等进行深入研究，以提出贴合实际的解决方案。

二、国内外相关研究回顾

已有研究分别从平台组织转型、企业管理的未来趋势、内部控制制度演变及机制重建、管理会计工具运用效应等方面作了较为丰富的论述，且研究日趋深入。

关于平台组织转型问题，BCG 和阿里研究院在共同合作的《未来平台化组织研究报告》中系统阐述了平台型组织的四个基本特征、三种类型平台型组织主要特点及管理的启示，同时也提出了诸多需要深入研究的课题，包括平台型组织财务管理的转型问题。陈威如、王诗一（2016）在《平台转型》一书中指出，平台思维不再是互联网行业的专用词，它可以用来解构价值链，可以被运用到组织架构的设计中。宋锴业（2020）研究发现相较于科层组织，平台通过"可重构的模块结构""调适性的分工形式"与"频密的质量反馈"，成功实现了在复杂社会制度环境下政府与社会之间稳定而又灵活的互动。王凤彬等（2019）以海尔集团为案例研究对象，通过企业在创业不同阶段与所嵌入各阶平台及其他关联平台互动过程的归纳分析，探究平台组织的构成、界面规则和在创业需求个异化条件下结构功能关系的实现机制。

关于企业管理的趋势问题，加里·哈默（2012）认为所有的管理理念已经与现代商业环境严重脱节，传统管理正在终结，现代企业需要管理创新。吉姆·怀特赫斯特（2016）以自己的亲身实践描述了如何构建一个开放性、透明度、参与度和合作性高的开放式组织和管理模式。徐宪平等（2019）系统分析了互联网时代的危机特征、演变趋势与危机治理演进，有针对性地提出了危机生命周期，危机管理周期的双周期，分阶段、分目标的危机管理模型，总结提炼了若干普适性、操作性的基本规则。

关于内部控制制度演变及机制重建问题，李莹（2015）分析了 COSO 框架变革的方向，指出 COSO 框架的设计考虑了环境影响的内容。李小燕等（2015）针对美国萨班斯法案的变革，提出了建立中国企业内部控制制度自强化机制的构想。王蕾等（2021）在剖析中国企业内部控制规范实施所面临的困境及其成因的基础上，进一步指出了企业内部控制体系建设再发展的两条路径：纠偏重构与转型升级。白华等（2020）认为有必要从管控融合视角，统筹协调内部控制、风险管理、公司治理、财务管理和管理会计规范，建立适应国家信息化发展战略需要的新时代内部控制规范体系，实现内部控制规范体系的整体创新。宋建波等（2018）在比较中西方内控实践本质特征的基础上，从基本国情、经济环境变化、内控制度执行力和世界经济新格局四方面论证了中国特色内部控制规范体系改革的必要性，提出以企业需要为价值导向，坚持符合中国特色的基本原则，以重建和调整相结合的方式建设企业内部控制规范新体系的基本思路。

关于管理会计工具运用效应研究方面，戴璐等（2015）研究了国有企业引进西方的管理会计方法后可能面临的"排斥效应"，以及这些企业如何通过后续变革加以应对的案例。支晓强等（2012）提出了系统化的战略联盟绩效评价，研究了平衡计分卡的改进以及企业内、外部业绩评价的一体化。SULAIMAN 等（2005）认为，在有效的管理会计变革中，新的管理会计方法需要与组织现有管理实践进行磨合。王满等（2018）从管理控制系统理论的视角对管理会计的演进进行理论述评，将管理会计的演进趋势概括为四个阶段：以财务控制为导向、行为控制和支持决策为导向、战略为导向和价值创造为导向的管理会计。

以上研究都是从大管理学的角度来研究快速变化的外部环境对企业组织模式的冲击及应对措施。就内部控制和管理会计研究来看，结合环境变革研究内部控制方法和管理会计工具运用适用性的成果并不多，更鲜有现实的案例研究。本研究将以外部环境快速变化为背景，将平台化组织模式转型与提升内部控制方法和管理会计工具运用的适用性结合起来，以研究在平台化组织中如何更好地使用内部控制方法和管理会计工具以提升企业组织的效能。

三、组织平台化过程中管理控制面临的几大难题

从管理会计和内部控制的视角来看，组织平台化转型过程中至少面临如下几大难题：

1. 内部控制强调的规范和职权清晰与不断适应外界变化的自适应组织系统内职权模糊和柔性形成对立

传统的价值链构成是基于传统行业的上下游结构形成的线性连接，从采购、研发、生产、销售、市场、物流到售后多个环节，价值链较长，各节点的信息沟通只局限于上下环节之间，无法快速抱团形成合力应对外部竞争市场。企业原有的内部控制制度是依据财政部《内部控制基本规范》和《内部控制应用指引》，结合企业原有线性价值链流程设计制定的。财政部的内部控制规范体系强调自下而上的审批、强调明确的授权分工、强调不相容职务的相互牵制、强调制度流程的标准化。但在组织平台化的转型当中，需要将线性价值链流程打破形成小团队式的业务突击队。小团队的几名成员可能需要完成销售、采购等不相容业务，成员职责分工模糊，每个成员对团队其他成员负责，没有清晰的上下层级，权责分工的刚性被柔性替代，外部环境快速而不规律的变化使得团队形成自适应系统，而这个系统是在不断变化当中，那么流程的标准化就很难建立，内部控制强调的规范和职权清晰就无法实现。

2. 平台组织中的小团队在满足市场客户个性化需求时，很难满足全面预算管理追求的可预测性和可控制的目标

全面预算管理是企业管理者实施规划和控制的重要手段，其目标就是通过预测需求、预算资源、安排任务进度、记录预算实施过程并矫正与计划的差异，实现上层管理者对其下级部门和人员的控制。但是平台型组织中的小团队，面对着越来越不可预测的快速变化的外部环境，收入形成、成本费用消耗、资源需求难以预测，全面预算要求的以一个年度为预测期无法实现。不可预测性也就会导致项目实施中无法做到矫正差异，管理者无过程控制的抓手。弹性预算虽是基于应对未来可能的业务水平变化而采用的一种预算编制方法，但还是基于对未来业务水平一定的可预测性为基础来编制的，因而

弹性预算方法在应对创新团队快速迭代的各类资源需求下还是无法适用。

3. 传统企业中由战略决策者利用权力调配企业资源的模式很难向利用市场机制灵活配置资源模式转变

传统企业中，科层制的管理模式固化了管理者的官僚作风。管理者利用手中的权力，以战略决策者的姿态来调配企业的资源，这会导致有资源需求的创新团队将如何满足领导者的意图作为获得资源的中心工作，而如何追求创新、如何追求高附加值的外部市场回报、如何与其他创新团队公平竞争资源不再作为创新团队重点关心的问题。企业的战略决策者如果不能建立企业内部的市场化资源配置竞争机制，创新团队的主动性、创造性和热情就可能被消磨殆尽。

4. 以利润为核心的绩效考核模型可能会挫伤追求自我价值实现和崇尚自由精神的员工积极性

组织架构的变革意味着权力的放弃和重组，但并不表示不需要管理。在企业进化过程中，内部创新能力的激发，还是需要作为企业发展推动力的绩效考核这一基础性管理工具。只是面对更看重自我价值实现和崇尚自由精神的新一代员工，单纯以利润作为考核指标的关键绩效指标（KPI）会打击创新团队的积极性。循规蹈矩的员工通常会在公司框定的各项制度中寻求贡献值最大化，从而在绩效评价考核中获得高额回报。而对于追求自我价值实现和崇尚自由精神的员工来说，犯错和贡献并行，而且创新项目初期的利润贡献率较低，甚至为负，单纯以利润为核心的绩效考核模型不能激发具有自由和创新精神员工的潜在动力。

四、适应组织平台化的管理控制措施改进

1. 基于平台型组织的特征，实施与不同商业模式和组织结构相适应的内部控制措施

（1）内部控制规范体系中应体现与变化的商业模式和组织结构相适应的内容

COSO 在 2013 年正式公布了新的《内部控制——整体框架》，COSO 框

架变革之一是考虑了环境的影响。COSO框架分别在信息技术、商业模式和组织结构、治理职能这三个方面讨论内部控制使用的准确性和适用性，分析了不同的商业模式和组织结构下内部控制的有效性问题。而我国财政部等五部委于2008年联合发布的《企业内部控制基本规范》与2010年联合发布的《企业内部控制配套指引》对不同商业模式和组织结构下的内部控制适用性和有效性方面未有考虑。基本规范提出的不相容职务分离控制、授权审批控制、会计系统控制、财产保护控制、预算控制、运营分析控制和绩效考评控制等七个控制措施应该要加入对创新项目控制的特定考虑。

2010年的《企业内部控制配套指引》包括内部环境类指引、控制活动类指引、控制手段类指引，其中控制活动类包括资金活动、采购业务、资产管理、销售业务、研究与开发、工程项目、担保业务、业务外包、财务报告等九项指引。这是基于企业可能发生的业务模块进行的设计。但是在平台化的组织结构中，大量的前端小突击队实际是按照项目分类的建制团队，企业是将项目团队作为一个控制对象，因而就不能用以业务流程为主导的《企业内部控制配套指引》来引导平台化组织的内部控制。虽然指引中有一项独立的工程项目控制活动指引，但这是基于固定资产建设工程业务进行的设计，所以，在控制活动类指引中应该考虑增加一项独立的控制活动类指引——项目业务指引。指引中应该至少包括：项目业务控制的目标、项目业务控制的内容、项目业务控制的原则、项目业务控制可能涉及的风险、项目业务控制涉及的组织机构及权限设置、项目业务控制的具体控制措施等内容。

（2）平台型组织中的小团队应该建立起权力自由流动的机制

在科层制组织结构中，权力只能由上层领导赋予或撤销，被赋予权力的成员在团队中通常会牢牢利用手中的权力对下层实施控制。但是在创新团队的组织结构中，团队成员大多是极富个性、有创造力和崇尚自由精神的人，他们不会屈从于权力的威胁，没有吸引力和影响力的上层授权的领导人只会让团队成员用脚投票。创新团队的形成如果是由自下而上自发形成的组织，就不能进行科层式的官阶设置，不能用权力指派团队领袖，而是由团队成员依据各自工作分工，在合作中自发产生权力分配，在团队中具有极强吸引力和影响力的成员自然会成为团队的领袖。当然这种权力自由流动机制绝不是在无序状态下实施，需要由高层领导者对创新团队的自组织管理实施有序引导。在团队成员无法形成核心领导人的情形下需要由高层领导者行使职权，以避免无序管理带来的内耗导致创新效益低下。另外，高层领导者还应该注意一个问题，在创新团队人员配置较少、一人多职较普遍情形下，要给予团队成员适当授权以激发创新能力和应对快速变化环境的灵活性，同时又要避免滥用职权和与责任不匹配的现象出现。

（3）同一企业内部平台化小组织与传统的大组织之间要建立差异化的控制措施

像海尔这样一些大型传统企业也在试水组织平台化的转型，但他们通常在核心竞争力较强的业务版块保留传统的组织模式，而在一些创新业务方面成立前端小团队，这样的小团队通常是由高层决策者基于战略发展的考虑作出选择性的人、财、物资源供给。这种在传统组织模式为主背景下衍生出的平台化小团队实际还是具有科层式管理的痕迹，如果转型中的企业还是实施与传统组织一样的控制措施，一定会扼杀平台化组织成员自带的创造力。所以在传统组织模式和平台组织模式混合的企业里，原有业务模块还是遵循传统的内部控制要求进行责权利匹配，但新的创新团队需要重新设置一套控制流程，可以按照独立项目业务管理模式设置控制制度，给小团队更多的放权。但是同样要防止滥用职权和与责任不匹配的现象出现，还要防止新老两种责权利分配模式的差异性会伤害传统业务团队成员积极性的现象出现。

2. 基于平台型组织的特征，建立基于市场机制的内部资源配置控制机制

（1）建立一套以市场竞争手段实现资源流动的内部资源配置活动控制措施

WILLIAMSON（1975）在研究联合大企业的管理效率时提出了内部资本市场概念，他认为内部资本市场就是指集团企业内部各部门围绕资金展开竞争的运用平台。我国的众多学者在后续的研究中也证明了我国企业集团内部存在资本市场，内部成员企业之间大量的内部投资、借贷、担保、产品和资产交易、代垫款项以及人员流动等资源配置活动就是在内部资本市场中完成的。而如今快速变革的环境使得企业在实施组织平台化转型过程中产生比传统组织更频繁的内部资源配置活动，创新团队成立所需要的一切资源都应该是基于市场环境下通过交易而获得，如何让这些内部交易活动成为一个有序有效的行为，则需要企业建立一套既不僵化又具有约束力的控制措施。所以处于组织平台化转型过程中的企业比传统企业更迫切需要制定一套对内部资源配置活动实施控制的措施。如何设计一套行之有效的控制措施是一个难点，活动的多样性决定了其活动的复杂性，需要从复杂多变的内部资源配置活动中找出共性的一系列连续有规律的行动，即共性流程，并建立起行之有效的制度来约束。滕晓梅（2011）提出在《企业内部控制配套指引》控制项目中增加一项独立的控制活动类指引——内部资本配置活动指引，并且给出了内部资本配置活动控制措施设置的关键要素，这一研究成果可以成为企业设置内部资本配置活动控制措施的指引。

（2）建立市场竞争环境下的内部资源配置活动的交易定价机制

创新团队成立所需要的一切资源都应该是基于市场环境下通过交易而获得，虽然有些企业会基于战略考虑无偿配置资源给创新团队，但在对团队进行绩效考核时一定会考虑资源配置的成本。所以企业创新团队获得人才和资金，必然涉及资产价格、收益价格的确定活动，内部交易价格可能包括创新团队使用资金的利率、租赁资产价值和租金的确定、接受或提供服务的定价、销售或购买资产的定价等。内部资源配置活动中的交易价格也可能存在显失公允的风险，要激发创新团队的积极性，防止创新团队寻租或掠夺优质创新团队的财务资源，平台化转型企业的内部资源配置活动更需要比传统企业集团具有市场经济属性，更需要建立起透明、公允的内部资源交易定价机制。中国企业在采用稻盛和夫的阿米巴经营模式时遭遇的一大难题就是确定内部成员企业都能接受的交易价格，很多学者提出了交易价格确定的方法，包括市场定价法、协商定价法和成本加成定价法。在公开市场环境中，相同资产和服务只要存在外部活跃市场，以外部市场交易价格作为参照的市场定价法更为符合市场竞争环境下的内部资源配置需求。因此，企业应该详细梳理内部资源配置活动的主要类型，制定一份基于市场价的交易价格目录，形成具有可操作性的内部资源配置操作手册，并作为内部资本配置活动控制措施的一个组成部分。

（3）建立一个引导内部资源配置活动的组织机构

一个正在向平台化组织转型的大型企业中，内部资源配置活动一定比小型企业更为频繁和大额。要实现内部资源在市场机制下流动，并有公允的定价机制，就需要有独立性、公正性和专业性强的组织机构给予支持。所以企业内部应该建立起资源配置管理的组织部门，以保障其拥有恰当的权责、独立性、专业性和评估标准。韩都衣舍就建立起类似风险投资的委员会，其主要职能就是引导初始资金投入创新团队、在过程中评估创新团队的组织效能、引导效能不佳的创新团队并入其他创新团队以减少资源浪费。当然对于一个小型企业来说，基于成本的考虑可能不会设立单独的部门，但是管理者应该拥有风险投资的管理思路去引领内部资源配置活动。

3. 基于平台型组织的特征，选择更有适应性的预算管理和绩效评价工具

（1）对平台化小组织采用基于战略计划和全面预算相结合的预算管理工具

平台化小组织在面对不断变化的外部环境时，比传统的业务组织更具有高度不确定性，因而实施预算管理的难度更大。如果一个组织是依据预算作出业绩评价，组织成员就可能有提供有偏差的预算信息以达到业绩目标的动机。但是，预算的负效应不能否定预算的作用，预算能够使计划过程形象化，可以对变化作出系统的而不是杂乱无章的应对。所以，对创新部门和具有高度不确定性的创新项目还是需要实施预算管理，并给予适当的预算松弛以适应外部的不确定性。

企业中使用的预算有不同的类型：一种是基于组织整体性目标和目的的计划，即战略计划。战略计划涵盖的时间可以为5—10年，可以是一个创新型组织可能存续的整个期间。基于某战略目标成立的平台化小组织，更应该在成立初期制定一份战略计划书，并编制出未来可能的存续期的预计财务报表，同时再与该组织的资本预算相协调，将资本对设施、产品、技术、人才方面的投入预算纳入战略计划中，使战略决策层能够看到一个较清晰的财务目标。另一种是基于功能或者作业的全面预算，是对战略计划实施每个年度的更详细的量化预算，其年度周期可以是固定的也可以是滚动的，其量化预算指标可以是固定的也可以是弹性的。在预算实施过程中容易出现只看短期预算而忽视长期预算或者是只重长期而忽视短期的现象，所以，有效的预算应该是可以平衡长期计划和短期预算之间的关系。

（2）对平台化小组织采用围绕战略实施业绩测量的绩效考评体系

平台化小组织通常是基于某个战略创新目标而设立的，在战略目标实施的前期通常不会产生太多的财务收益，甚至和预算目标产生很大的偏差。传统的业绩评价以作业层面的财务指标为主，更关注收入、成本费用的情况，如果仅用基于作业层面的财务指标来考评创新团队，可能会产生一种只花钱不赚钱的错觉，这样势必会打击创新者的积极性。所以，针对平台化小组织采用的绩效考评不应该只基于作业层面以财务指标为主的考评，而应该是基于战略实施效果及效率进行测量，建立非财务指标评价体系，采用能够平衡财务和非财务指标的平衡计分卡这一评价工具。平衡计分卡强调了业绩指标和财务、非财务目标的联系，但在使用平衡计分卡时不能成为束缚创新团队的工具，而应该是作为灵活的激励准则。另外，很多平台化小组织可能是不同组织为某个战略实施而成立的跨组织联盟体，其绩效的考评可能就不仅是平台化小组织自身的业绩考量，还应该考虑战略联盟下的合作团队之间的绩效评价关联性问题，使小组织内业绩评价与战略联盟体上的其他组织间业绩评价实现一体化。

五、研究结论

本研究从组织平台化视角来研究内部控制制度和管理会计工具的适应性。通过文献回顾发现，已有的研究虽已提出内部控制设计和管理会计工具运用要考虑商业模式和组织结构变化，但还没有基于组织平台化的内部控制和管理会计工具改进的研究。

本研究以定性研究为基础，提出了适应组织平台化的管理控制措施改进思路。一方面从内部控制的视角，提出要修订《内部控制应用指引》，增加适应商业模式和组织结构变化的内容、设计内部资本市场配置和项目业务两项控制活动独立指引，并进而引导企业内部建立起内部资本市场配置机制和内部交易定价机制；另一方面，从管理会计视角，提出对平台化小组织采用基于战略计划和全面预算相结合的预算管理工具、建立围绕战略实施业绩测量的绩效考评体系。当然本研究还处于理论层面，没有具体的案例支撑，改进思路较粗浅，需要未来更深入的研究。

第五节　基于 WSR 的企业数字化转型下内部控制评价体系构建

数字化转型正深刻改变着企业的运营方式、组织结构和管理模式。数字化转型要求企业全面重构其业务模式、运营流程和组织架构，以适应快速变化的市场环境和客户需求。然而，在这一过程中，企业面临着技术选型、数据安全、组织变革等多方面的挑战。为了保障数字化转型的顺利进行，企业需要构建一个科学、合理的内部控制评价体系，以确保其内部控制制度的有效实施，并能够及时识别和应对潜在的风险和问题。

内部控制建设能够合理保证财务报告的可靠、经营的效率效果以及对法律法规的遵循。第十四届全国人大常委会第十次会议表决通过《关于修改〈中华人民共和国会计法〉的决定》，首次将内部控制写入会计法，明确提出"各单位应当建立、健全本单位内部会计监督制度，并纳入本单位内部控制制度"，为各单位开展内部控制评价工作提供了坚实的法律保障。数字化转型下的内部控制建设能够帮助企业自动整合业务流程，实现企业资源共享，为决策者、雇员和商业伙伴提供实时信息。但是实施过程中，由于受制度系统本身及企业环境局限等影响，内部控制和数字化转型的价值和效用值得商榷。比如，数字化转型和内部控制均受制于成本受益原则，所以有观点"SOX 法案成本是天价"，也有观点"数字化时代，转型是找死，不转型是等死"；作为公司内部治理机制的内部控制和作为管理变革的数字化转型，最终目的都是企业股东价值的最大化，有学者经过研究得出"数字化转型可以提高内部控制有效性"，但是有学者研究得出相反结论"数字化转型降低了内部控制质量"，那么两者的实施到底是否能够达到初衷？为了达到企业股东价值最大化目标，两者的实施有无催化剂？这是本书研究的主要目的。

传统的内部控制评价体系主要关注企业的财务、运营和合规等方面，而在数字化转型的背景下，这些传统的评价体系可能无法全面覆盖新的风险点和控制点。因此，引入新的理论和方法来完善和优化数字化转型下的内部控制评价体系成为必要。物理 – 事理 – 人理（WSR）方法论作为一种系统思考的方法，为企业数字化转型下的内部控制评价提供了新的视角和工具。

一、物理 – 事理 – 人理系统方法论

1978 年，科学家钱学森、许国志、王寿云在《文汇报》上的文章《组织管理的技术——系统工程》中提到物理与事理。1980 年，许国志先生专门写了《论事理》的文章，同期还有系统工程专家宋健的文章《事理系统工程和数据库技术》，许先生对事理的进一步阐述与国际运筹学界曾把运筹学分成三大部分（运筹理论、运筹数学和运筹实践）中的运筹理论是相呼应的。1979 年，钱学森写信给美国麻省理工学院工程学教授李耀滋先生，李先生回信很同意物理和事理的提出，并建议再加"人理"（motivation）。自此以后，系统工程专家顾基发结合自己在系统工程中的实践，逐渐形成了自己对物理、事理、人理的系统理解。1994 年秋，顾基发受邀赴英国霍尔大学系统研究中心访问交流，期间与在学的博士研究生朱志昌反复切磋，形成物理 – 事理 – 人理系统方法论（WSR system approach，简称 WSR）的雏形，并于 1995年 5 月在首届中—英—日系统方法论研讨会上正式提出 WSR 系统方法论，至今已约 30 年（顾基发等，2007）。国内外不少学者就物理 – 事理 – 人理系统方法论做出自己的学术理论和实践应用探索，发表了一大批学术专著、期刊和国际会议文章。通过对几百篇 WSR 相关文献的初步调查，发现 WSR 已

在国内外得到广泛认同。WSR系统方法论已成为具有国际影响力的东方系统方法论的典型代表之一。

在WSR系统方法论中，"物理"指涉及物质运动的机理，它既包括物理，还包括化学、生物、地理、天文等。通常要用自然科学回答"万物运行规律"，如描述自由落体运动的万有引力定律、生物的遗传密码由DNA中的双螺旋体携带、核电站的原理是将核反应产生巨大能量转化为电能。物理研究的是真实性客观存在，理学院和工学院传授的知识主要用于解决各种"物理"方面的问题。"事理"指做事的道理，主要解决如何去安排所有的设备、材料、人员，通常用到运筹学与管理科学回答"怎样去做"。典型的例子是美国阿波罗计划、核电站的建设和供应链的设计与管理等。工学院中的系统工程、工业工程，管理学院的管理科学及工程与理科中运筹学和控制理论等都是传授用于回答"事理"方面问题的。目前已有一些有关事理学的专门研究，针对运筹学今后的发展，有一种看法就是从运筹学到事理学。"人理"指做人的道理，通常要用人文与社会科学的知识去回答"应当怎样做"和"最好怎么做"的问题。实际生活中处理任何"事"和"物"都离不开"人"去做，而判断这些"事"和"物"是否应用得当也由"人"来完成，所以系统实践必须充分考虑"人"的因素。人理的作用可以反映在文化、信仰、宗教和情感等方面，特别表现在人们处理一些"事"和"物"中的利益观和价值观上。在认识世界方面可表现为如何更好地去认识事物、学习知识，如何激励人的创造力、唤起人的热情、开发人的智慧。"人理"也表现在对"物理"与"事理"的影响，例如，尽管对于资源与土地匮乏的日本来讲，核电可能更经济一些，但一些地方由于人们害怕可能会遭到核事故和核辐射的影响，在建设核电站的时候就会受到有些人的反对、抗议乃至否决，这就是"人理"的作用（顾基发等，2007）。

具体而言：（1）"物理"是基础。"物理"指的是系统中的各种客观存在，体现为资源间的相互关系和资源的优化配置，以及寻求客观世界的规律和准则。（2）"事理"是手段。"事理"是在"物理"的基础上，结合系统管理目标，探索提高系统运行效率的最佳方案。（3）"人理"是主导。"人理"重视发挥人的主观能动性，强调以人为本（即人本因素），最大限度利用"物"把"事"做好（顾基发等，1998）。物理 – 事理 – 人理系统方法论的内容具体如下表4-5-1。

表 4-5-1　物理 – 事理 – 人理系统方法论的内容

	物理	事理	人理
对象与内容	客观物质世界法则、规则	组织、系统管理和做事的道理	人、群体、关系、为人处事的道理
焦点	是什么？ 功能分析	怎么做？ 逻辑分析	最好怎么做？可能是？ 人文分析
原则	诚实：追求真理	协调：追求效率	讲人性：追求成效
所需知识	自然科学	管理科学、系统科学	人文知识、行为科学、心理学

二、内部控制评价

为了更好地维护市场经济持续和股东权益，推动企业建立健全内部控制制度，2008 年，财政部等五部委在借鉴美国 coso 报告的五要素框架形式以及《企业风险管理整合框架》八要素内容的基础上，联合颁布了《企业内部控制基本规范》，该规范的推出结束了我国没有内部控制框架的局面。2010年 4 月，财政部、证监会等五部委又联合出台了《企业内部控制配套指引》，其中《企业内部控制评价指引》（以下简称《评价指引》）和《企业内部控制审计指引》明确规定了内部控制有效性的评价主体、评价依据、范围以及注册会计师内部控制审计范围、相关责任等方面。该指引的颁布，使我国内部控制评价工作走入规范化和法制化。2023 年 12 月，财政部发布《关于强化上市公司及拟上市企业内部控制建设推进内部控制评价和审计的通知》，推动上市公司及拟上市企业加强内部控制建设，开展内部控制评价，聘请会计师事务所实施财务报告内部控制审计。不仅要求各上市公司应严格按照《企业内部控制基本规范》及《企业内部控制配套指引》的有关要求，持续优化内部控制制度，完善风险评估机制，加强内部控制评价和审计，科学认定内部控制缺陷，强化内部控制缺陷整改，促进公司内部控制的持续改进，不断提升内部控制的有效性。目前尚未全面实施企业内部控制规范体系的上市公司，应根据企业内部控制规范体系的要求开展内部控制评价，聘请会计师事务所对财务报告内部控制进行审计，还要求各上市公司应严格执行企业内部控制规范体系和《公开发行证券的公司信息披露编报规则第 21 号——年度内部控制评价报告的一般规定》（中国证监会财政部公告〔2014〕1 号）有关要求，真实、准确、完整披露公司内部控制相关信息，每年在披露公司年度报告（以下简称年报）的同时，披露经董事会批准的《公司内部控制评价报告》以及会计师事务所出具的《财务报告内部控制审计报告》。目前尚未按照企业内部控制规范体系要求实施内部控制审计的创业板和北京证券交易所上市公司，应自披露公司 2024 年年报开始，披露经董事会批准的《公司内部控制评价报告》以及会计师事务所出具的《财务报告内部控制审计报告》。

《评价指引》共五章二十七条，这五章分别为总则、内部控制评价的内容、内部控制评价的程序、内部控制缺陷的认定和内部控制评价报告。

内部控制评价是通过评价、反馈、再评价，报告企业在内部控制建立与实施中存在的问题，并持续地进行自我完善的过程。通过内部控制评价查找、分析内部控制缺陷并有针对性地督促落实整改，可以及时堵塞管理漏洞，防范偏离目标的各种风险，并举一反三，从设计和执行等全方位健全优化管控制度，从而促进企业内控体系的不断完善。

内部控制评价是对内部控制有效性发表意见。所谓内部控制有效性，是指企业建立与实施内部控制对实现控制目标提供合理保证的程度，包括内部控制设计的有效性和内部控制运行的有效性。其中，内部控制设计的有效性，是指为实现控制目标所必需的内部控制要素都存在并且设计恰当；内部控制运行的有效性，是指现有内部控制按照规定程序得到了正确执行。评价内部控制运行的有效性，应当着重考虑以下几个方面：（1）相关控制在评价期内是如何运行的；（2）相关控制是否得到了持续一致的运行；（3）实施控制的人员是否具备必要的权限和能力。

内部控制评价的原则是开展评价工作应该注意的原则，与内部控制的原则不完全相同。根据《评价指引》第三条规定，企业对内部控制评价至少遵循以下原则：全面性原则、重要性原则和客观性原则。

1. 全面性原则

全面性原则强调的是内部控制评价的涵盖范围应当全面，具体来说，是指内部控制评价工作应当包括内部控制的设计与运行，涵盖企业及其所属单位的各种业务和事项。

2. 重要性原则

重要性原则强调内部控制评价应当在全面性的基础之上，着眼于风险，突出重点。具体来说，主要体现在制订和实施评价工作方案、分配评价资源的过程之中，它的核心要求主要包括两个方面：一是要坚持风险导向的思路，着重关注那些影响内部控制目标实现的高风险领域和风险点；二是要坚持重点突出的思路，着重关注那些重要的业务事项和关键的控制环节，以及重要业务单位。

3. 客观性原则

客观性原则强调内部控制评价工作应当准确地揭示经营管理的风险状况，如实反映内部控制设计和运行的有效性。只有在内部控制评价工作方案制定、实施的全过程中始终坚持客观性，才能保证评价结果的客观性。

《评价指引》规定，企业应当根据本评价指引，结合内部控制设计与运行的实际情况，制定具体的内部控制评价办法，规定评价的原则、内容、程序、方法和报告形式等，明确相关机构或岗位的职责权限，落实责任制，按照规定的办法、程序和要求，有序开展内部控制评价工作。

虽然我国内部控制理论和实务得到了发展，但与现有的会计准则相比，《企业内部控制基本规范》和《企业内部控制配套指引》存在理念、要素、框架较难实施的问题，没有具体实施流程，从而使得企业对自身的内部控制实施评价存在较大的难度，不利于企业的内部控制实施以及内部控制质量评价。所以基于WSR的企业数字化转型下内部控制评价体系构建，是在数字经济迅猛发展的背景下，在现有的《企业内部控制基本规范》和《企业内部控制配套指引》的基础上，结合国内外学者对内部控制评价的研究结论，对评价目标、评价方法、评价标准的具体补充。

三、基于 WSR 的企业数字化转型与内部控制

由顾基发提出的具有东方特色的物理－事理－人理（WSR）系统方法论，认为处理复杂问题时既要考虑对象的物理方面（物理），又要考虑这些物是如何更好地运用事的方面（事理），最后，认识问题、处理问题和实施管理与决策都离不开人的方面（人理）。

1. 数字化转型与"物理"

在 WSR 方法论中，物理维度通常指的是系统的物质层面或实体层面，有关物理的方法主要用自然科学中各种科学方法。在企业数字化转型的语境下，物理维度可以理解为企业的实体运营环境、业务流程、资源以及与之相关的物理世界中的一切活动。

数字化转型将企业的实体业务流程转化为数字形式，通过信息系统进行管理和优化。这种映射使得物理世界中的流程能够在数字世界中得到模拟、监控和优化。企业的物理资源（如设备、库存、物流等）在数字化转型过程中被赋予数字身份，并通过信息系统进行追踪和管理，这提高了资源利用的透明度和效率。数字化转型不仅涉及将物理世界转化为数字世界，还包括数字系统对物理环境的反馈和控制。例如，智能制造系统可以根据实时数据调整生产线上的物理设备。数字化转型还可以改善客户或员工与物理世界的交互体验。例如，通过数字孪生技术，可以为客户提供虚拟的产品体验，或为员工提供远程监控和操作物理设备的能力。

以制造业为例，数字化转型通过引入智能制造系统、物联网技术等手段，实现了生产过程的自动化和智能化，这不仅提高了生产效率和产品质量，还降低了能源消耗和人力成本。例如，一些汽车制造商利用数字化技术优化生产流程，实现了个性化定制和快速响应市场需求的目标，同时，通过

智能工厂的建设和管理，实现了对生产过程的实时监控和精细化管理。

综上所述，数字化转型与物理世界之间存在着紧密的联系和相互作用。数字化转型通过数据采集与感知、数据处理与分析、决策优化与自动化等手段将物理世界转化为数字世界，并通过数字世界的成果来优化和提升物理世界的运营效率和市场竞争力。这一过程不仅推动了企业自身的发展和创新能力的提升，还促进了整个行业的进步和可持续发展目标的实现。

2. 内部控制与"事理"

在 WSR 系统方法论中，事理主要使用各种运筹学、系统工程、管理科学、控制论和一些数学方法，"事理"强调事务的机理，即世界是怎样被建模和管理的。它关注的是一个特定系统如何被有效地定义、建模和管理，以实现系统的整体功能和优化。事理的研究目的是得到事物客观、合理的机理模型，解决系统内部各部分之间的相互关系，确保系统能够高效、有序地运行。

内部控制可以被视为企业系统内部的一种事理体现。它通过对企业业务流程、风险点、控制措施等进行建模和管理，确保企业系统能够按照既定的目标和规则运行，这种建模和管理过程正是事理方法论所强调的。内部控制通过制定和执行一系列控制措施，优化企业内部的资源配置。例如，通过预算控制、授权审批控制等手段，确保企业资源得到合理、高效的利用。这种资源配置的优化过程也是事理方法论所关注的。内部控制的核心目标之一是风险管理，它通过对企业面临的各种风险进行识别、评估、应对和监控，确保企业能够在风险可控的范围内稳健运营。这一过程体现了事理方法论中对于系统内部不确定性和风险的关注和管理。内部控制不是静态的，而是需要随着企业内外部环境的变化而不断调整和完善，这种持续改进和提升的过程正是事理方法论所倡导的螺旋上升、不断优化的思想体现。

数字化转型使得企业能够收集和分析大量数据，为内部控制的优化提供有力支持。通过数据分析，企业可以更准确地识别风险点、评估控制措施的有效性，并据此进行改进和优化。这种数据驱动的优化过程使得内部控制的事理维度更加精准和高效。数字化转型还推动内部控制的自动化和智能化发展。通过引入自动化控制系统、智能预警系统等先进技术，企业可以实现对内部控制流程的实时监控和智能调整，进一步提高内部控制的效率和效果。这种自动化和智能化的发展也体现了事理方法论中对于系统高效运行和持续改进的追求。另外，数字化转型打破了部门壁垒，促进了跨部门协作和信息共享，使得内部控制不再局限于某个部门或环节，而是能够覆盖企业全业务流程和各个环节。这种跨部门协作和信息共享的机制有助于形成更加全面、系统的内部控制体系，进一步提升企业的整体管理水平和竞争力。

3. "人理"体现在哪里？

在数字化转型的背景下，"人理"在内部控制中的作用显得尤为突出。顾基发强调，在处理复杂问题时，除了考虑物理和事理方面，还必须重视"人理"，即人的因素。在 WSR 系统方法论中，"人理"强调的是处理人与人之间、人与组织之间、人与社会之间关系的道理，解决"应当怎样做"和"最好怎么做"的问题。美国计算机科学家、心理学家赫伯特·西蒙的决策理论也指出，企业组织机构的建立及分权与集权的设计，不能脱离决策过程而孤立存在，必须与决策过程紧密联系。在数字化转型的过程中，信息的处理、决策的制定以及信息的过滤，都离不开人的参与。

数字化转型对内部控制的作用之所以既有提高也有降低，很大程度上是因为"人理"因素的影响。数字化转型为内部控制带来了新的机遇和挑战，它改变了内部控制的环境、方式和手段，也对执行内部控制的人员提出了新的要求。内部控制评价在这一过程中更倾向于"人理"层面，它不仅关注内部控制制度的健全性和有效性，还深入考察执行这些制度的人员是否具备适应数字化转型的能力和素质，以及他们是否充分理解和遵守这些制度。

一个优秀的内部控制评价体系能够增强员工对数字化转型的理解和认同，减少转型过程中的阻力和不确定性。通过客观、公正的评价，员工能够看到数字化转型带来的实际效益，从而更加积极地参与到转型过程中。①数字化转型往往伴随着业务流程的重构和信息系统的升级，这要求内部控制体系也要相应地进行调整和优化。优秀的评价体系能够及时发现内部控制中的薄弱环节，并提出针对性的改进建议，确保数字化转型过程中的内部控制始终保持有效。②数字化转型不仅仅是技术的升级，更是管理模式的变革。优秀的评价体系能够引导企业将数字化技术与内部控制管理深度融合，实现业务流程的自动化、智能化和高效化。通过评价体系的持续优化，企业能够不断适应外部环境的变化，提升整体竞争力。③数字化转型带来的新技术和新应用往往伴随着新的风险。优秀的内部控制评价体系能够全面评估这些风险，并提出有效的防控措施。通过加强事前预防、事中控制和事后监督，企业能够确保数字化转型过程中的风险可控、可管、可防。而一个优秀的评价体系需要"人理"设计、执行及不断改进和优化。

员工的职业道德、专业技能和责任心等"人理"因素，在数字化转型的背景下，对内部控制的执行效果产生了更直接的影响。在内部控制评价过程中，对人的因素进行评估成为必不可少的一环，包括员工的数字技能、内部控制意识以及对数字化转型的适应能力等。同时，评价人员的心理状态和行为方式也直接影响评价结果的准确性和可靠性，他们在数字化转型中需要保持敏锐的洞察力和客观的判断力。

此外，企业内部的价值取向和人际关系环境也会间接影响内部控制评价的效果。在数字化转型的过程中，企业需要营造一种积极、开放和创新的文化氛围，鼓励员工积极参与内部控制活动，提高他们的归属感和责任感。

通过内部控制评价，企业可以发现并纠正员工在数字化转型过程中内部控制执行的不当行为，提高员工的职业道德和内部控制意识。同时，内部控制评价还有助于优化企业的组织架构和人力资源配置，使员工的能力和潜力在数字化转型中得到充分发挥。这充分体现了内部控制评价对人理中"人尽其才"理念的促进作用。

因此，在数字化转型的背景下，重视"人理"因素，加强内部控制评价，对于提高企业内部控制的有效性具有重要意义。企业需要关注员工的数字技能提升、内部控制意识的增强以及他们在数字化转型中的适应能力和执行力，以确保内部控制能够在数字化转型中发挥更大的作用。

四、基于 WSR 系统方法论综合考虑下的评价指标体系设计

基于以上分析，虽然将数字化转型、内部控制和内部控制评价分别对应到物理、事理和人理三个维度具有一定的合理性，但在实际操作中，这三个维度并不是完全独立的，而是相互交织、相互影响的。数字化转型为内部控制提供了新的技术手段和平台，内部控制的设计和执行需要充分利用这些技术手段，而内部控制评价则需要关注数字化转型和内部控制实施对人的影响。因此，在构建基于 WSR 方法论的企业数字化转型下的内部控制评价体系时，应综合考虑这三个维度的相互作用和相互影响，确保评价体系的全面性和系统性。同时，还需要关注评价体系的动态性和时效性，以便随着数字化转型和内部控制实践的不断发展而及时调整和优化。

1. 明确评价目标和原则

（1）评价目标

构建一个能够全面反映企业数字化转型下内部控制状况的评价体系，帮助企业识别内部控制中的薄弱环节，提升内部控制的有效性。

（2）评价原则

基于 WSR 系统方法论的企业数字化转型下的内部控制评价体系设计原则包括综合性原则、可操作性原则和动态性原则。

综合性原则指评价体系应涵盖物理、事理、人理三个维度，确保评价的全面性。

可操作性原则指评价指标应具体、可量化，便于实际操作和评估。

动态性原则指考虑数字化转型的动态性，评价体系应能够随着企业内外部环境的变化进行调整和优化。

2. 评价维度

物理 – 事理 – 人理三个方面不仅体现在数字化转型、内部控制和内部控制评价三个方面的相互交织相互影响，还体现在内部控制评价的维度。

（1）物理维度

物理维度主要关注企业内部控制的物质基础和技术支持情况。在数字化

转型背景下，可以包括以下几个方面：

第一是信息系统建设。评价企业信息系统的完善程度、集成性和安全性，如 ERP、CRM 等系统的应用情况。

第二是数据管理与分析。评估企业数据采集、存储、处理和分析的能力，以及数据质量的保障措施。

第三是技术基础设施。考察企业网络、服务器、存储设备等硬件设施的先进性和稳定性。

（2）事理维度

事理维度关注企业内部控制的流程、制度和执行效果。在数字化转型过程中，可以包括以下几个方面：

第一是内部控制流程。评价内部控制流程的合理性、完整性和执行效率，如采购、销售、财务等关键业务流程的内部控制情况。

第二是制度完善性。考察企业内部控制制度的健全性、更新频率和执行力度。

第三是风险管理。评估企业对数字化转型过程中可能面临的风险的识别、评估、应对和监控能力。

（3）人理维度

人理维度强调人的因素在企业内部控制中的作用。在数字化转型背景下，可以重点关注以下几个方面：

第一是员工素质与能力。评价员工对数字化转型的认知、数字技能掌握情况以及内部控制制度的遵守情况。

第二是组织结构与文化。考察企业组织结构的合理性、沟通机制的畅通性以及企业文化对内部控制的支持程度。

第三是培训与发展。评估企业对员工在数字化转型和内部控制方面的培训投入和效果，以及员工的职业发展规划和激励机制。

3. 确定评价方法

在数字化转型背景下，企业内部控制评价需要采用科学、全面的评价方法，包括定量评价方法、定性评价方法以及综合评价方法。对于物理和事理维度，可以通过收集数据、建立模型进行量化分析；对于人理维度，则更多依赖于问卷调查、访谈等定性分析方法。下面将分别解释这些评价方法，并具体介绍其在企业内部控制评价中的应用。

（1）定量评价方法

定量评价方法是一种基于客观数据的系统分析方法，它通过数量化的手段来评价研究对象。在企业内部控制评价中，定量评价方法主要包括关键绩效指标（KPI）评价法、风险量化评估法和数据分析法等。

关键绩效指标（KPI）评价法指通过设定一系列与数字化转型相关的关键绩效指标，如信息系统稳定性、数据质量、业务流程自动化程度等，来衡量内部控制的有效性。根据历史数据和行业标准，设定合理的 KPI 目标值，并定期对实际值与目标值进行比较分析，以评估内部控制的达成情况。

风险量化评估法指利用统计学和风险管理理论，对数字化转型过程中可能面临的风险进行量化评估，包括风险发生的概率、影响程度等。通过风险量化评估，确定内部控制的重点领域和关键环节，并制定相应的风险控制措施。

数据分析法指运用大数据、人工智能等先进技术，对企业运营数据进行深度挖掘和分析，以揭示内部控制中的潜在问题和改进空间。通过数据分析，发现异常交易、违规操作等行为，及时采取纠正措施，并优化内部控制流程。

（2）定性评价方法

定性评价方法是一种基于主观感受和价值判断的评价方法。它侧重于对评价对象进行"质"的分析，而不仅仅是"量"的描述。在企业内部控制评价中，定性评价方法主要包括流程评价法、文件评价法、独立性评价法等。

流程评价法指对企业的业务流程进行全面梳理和评估，分析流程中的风险点和控制点，评估内部控制的完整性和有效性。在数字化转型背景下，特别关注业务流程与信息系统的集成情况，以及流程自动化对内部控制的影响。

文件评价法指对企业的内部控制文件进行评估，包括制度、规范、流程图、操作手册等，以评估文件的完整性、准确性和及时性。结合数字化转型的要求，审查内部控制文件是否涵盖了新技术、新系统的应用和管理要求。

独立性评价法对内部控制的独立性进行评估，包括内部控制设计是否独立于业务运作、内部控制人员是否独立于被控制对象。在数字化转型过程中，特别关注信息技术部门与业务部门之间的独立性，以及内部审计部门的独立性和客观性。

（3）综合评价方法

综合评价方法是将定量评价方法和定性评价方法相结合的一种评价方法，旨在克服单一评价方法的局限性，提高评价的全面性和准确性。在企业内部控制评价中，综合评价方法主要包括计分卡法、模糊综合评价法等。

平衡计分卡（BSC）法指将企业的战略目标分解为财务、客户、内部流程、学习与成长四个维度，并设定相应的绩效指标进行综合评价。在数字化转型背景下，将内部控制的有效性纳入平衡计分卡的评价体系中，从多个维度全面评估企业的内部控制状况。

模糊综合评价法指运用模糊数学理论对内部控制的多因素、多层次进行综合评价，以解决评价过程中的模糊性和不确定性问题。在数字化转型过程中，由于信息技术的复杂性和不确定性增加，模糊综合评价法可以更加客观地反映内部控制的实际状况。

在具体应用时，企业应根据数字化转型的背景和内部控制的特定需求，选择适合的评价方法或结合多种方法进行综合评价。通过科学、全面的评价，企业可以更好地了解内部控制的现状和存在的问题，为制定有效的内部控制策略提供有力支持。

（4）数字化转型背景下内部控制评价的一些其他特别考虑

在数字化转型背景下，进行内部控制评价时还需特别考虑以下几个方面：

首先是技术安全性评价。在数字化转型下需要特别关注信息系统和数据的安全性，包括网络安全、数据加密、访问控制等。可采用渗透测试、安全审计等技术手段对信息系统的安全性进行评估，以确保信息系统的稳健性和数据的安全性。

其次是数据治理评价。在数字化转型下需要评估企业数据管理的规范性和有效性，包括数据质量、数据共享、数据隐私保护等。通过建立数据治理框架和机制，确保数据的合规使用和有效管理，以支持企业的数字化转型和业务发展。

另外还有持续监控与反馈机制。在数字化转型下需要评估企业数据管理的规范性和有效性，包括数据质量、数据共享、数据隐私保护等。通过建立数据治理框架和机制，确保数据的合规使用和有效管理，以支持企业的数字化转型和业务发展。

综上所述，数字化转型背景下的企业内部控制评价方法需要综合考虑定量评价和定性评价相结合的方法，并特别关注技术安全性、数据治理以及持续监控与反馈机制等方面的评价。这些方法的应用将有助于企业更好地适应数字化转型的挑战，提升内部控制的有效性和合规性，为企业的可持续发展奠定坚实基础。

4. 评价标准

企业内部控制应该根据行业最佳实践、相关法律法规和企业自身情况，制定具体的评价标准。评价标准应明确、具体，便于实际操作和评估。鉴于WSR 系统方法论，企业数字化转型下的内部控制评价标准还需要有一些特别的考虑，具体如下：

（1）物理层评价标准

物理层评价标准包括信息系统安全性、数据质量和业务流程自动化程度等。

评价信息系统安全性指评估企业信息系统的安全防护能力，包括网络安全、数据加密、访问控制等，检查信息系统是否遵循行业安全标准和法规要求。

评价数据质量指评估企业数据的准确性、完整性、及时性和可用性，检查数据收集、处理、存储和传输过程中的质量控制措施。

评价业务流程自动化程度指评估企业业务流程中自动化技术的应用程度

及其效果，分析自动化流程对内部控制效率和准确性的影响。

（2）事理层评价标准

事理层评价标准包括内部控制制度的健全性、风险评估与应对和内部控制执行的有效性等。

评价内部控制制度的健全性需要检查企业是否建立了完善的内部控制制度体系，是否覆盖数字化转型涉及的各个方面，评估制度设计是否合理、有效，是否能够适应数字化转型的变化。

评价风险评估与应对需要评估企业是否对数字化转型过程中可能面临的风险进行了全面、系统的识别和分析，检查企业是否制定了相应的风险应对策略和措施并确保其得到有效执行。

评价内部控制执行的有效性需要通过抽样检查、访谈等方式，评估企业内部控制制度的执行情况，分析执行过程中存在的问题和不足，并提出改进建议。

（3）人理层评价标准

人理层评价标准包括管理层重视与参与度、员工素质与培训和沟通与协作等。

评价管理层重视与参与度需要评估企业管理层对数字化转型和内部控制的重视程度和参与程度，检查管理层是否制定了明确的数字化转型战略和内部控制目标并推动其落实。

评价员工素质与培训需要评估企业员工的专业素质和技能水平，特别是与数字化转型和内部控制相关的能力，检查企业是否为员工提供了必要的培训和支持以提升其适应数字化转型的能力。

评价沟通与协作需要评估企业内部各部门之间的沟通与协作情况，特别是在数字化转型过程中的信息共享和协同作业能力，检查企业是否建立了有效的沟通机制和协作平台以促进内部控制的有效实施。

（4）综合评价标准

为了全面评估企业在数字化转型背景下的内部控制水平，另设计对物理层、事理层和人理层三个维度评价标准综合考量的综合评价标准。综合评价标准包括对数字化转型成效和持续改进与创新能力的评价。

综合评估数字化转型成效指评估对企业运营效率、创新能力、市场竞争力等方面的影响，分析数字化转型成果与内部控制有效性的关联度，确保数字化转型与内部控制相互促进、协调发展。

综合评估持续改进与创新能力指评估企业是否建立了持续改进和创新的机制以应对数字化转型带来的挑战机遇，检查企业是否鼓励员工提出改进建议和创新方案并积极推动其实施和落地。

当然，以上评价标准仅作为一般性参考，具体评价标准应根据企业的实际情况和数字化转型的具体需求进行制定和调整。同时，随着数字化转型的不断深入和发展，内部控制评价标准也需要不断更新和完善，以适应新的变化和挑战。

5. 内部控制评价主体和客体的确定

（1）内部控制评价主体

从广义角度来看，内部控制评价的根本目标是处理好委托—代理引起的问题，这些问题中包含了经营者和所有者的矛盾、政府机关和其他利益相关者的矛盾。展开内部控制评价往往出于不一样的评价目的，所以应该由不一样的评价主体去执行。出于审计目标的内部控制评价需要由会计师事务所、注册会计师执行，出于经营管理目标的内部控制评价需要由经理层、内部审计部门执行。从狭义角度来看，内部控制评价主体是由监事会、审计委员会以及内部审计机构组成的内部控制评价委员会。

由于本研究是探讨数字化转型下如何构造内部控制评价指标体系的问题，所以，评价主体应有一些特别考虑。首先，是多元化与专业性。在数字化转型下，内部控制评价不再局限于传统的内部审计部门或审计委员会，而是需要更多元化的评价主体参与，包括 IT 部门、业务部门、风险管理部门等，以确保从多个角度全面评估内部控制的有效性。数字化转型引入了信息技术、大数据、云计算等先进技术，这要求评价主体具备相应的专业知识和技能。因此，评价团队中应包含具有信息技术背景的专业人员，以便对信息系统安全、数据质量等方面进行深入评价。第二，是高层管理参与。在数字化转型过程中，高层管理的重视和支持至关重要。因此，评价主体应确保高层管理的参与，以便从战略高度审视内部控制的有效性，并推动必要的改进措施。第三，是外部审计的引入。数字化转型可能增加企业面临的风险，包括网络安全风险、数据泄露风险等。因此，引入外部审计机构进行独立评价，可以提供更为客观和专业的意见，帮助企业识别潜在的风险和改进点。

（2）内部控制评价客体

内部控制评价客体是内部控制评价的对象。内部控制评价的客体应涵盖企业内部控制的各个方面，包括内部控制的有效性和内部控制五要素等。内部控制评价的核心是对内部控制的有效性进行评价，包括内部控制设计的有效性和内部控制运行的有效性两个方面，前者关注内部控制程序是否存在且设计恰当，后者关注内部控制程序是否得到正确执行。根据《企业内部控制基本规范》及其配套指引，内部控制评价应围绕内部环境、风险评估、控制活动、信息与沟通、内部监督五要素进行。

由于本研究是探讨数字化转型下如何构造内部控制评价指标体系的问题，所以，评价客体也应有一些特别考虑。在数字化转型背景下，内部控制评价应特别关注与数字化转型相关的要素。首先，是数字化转型相关风险。评价客体应特别关注与数字化转型相关的风险，包括信息系统安全风险、数据质量风险、技术实施风险等。企业需要评估这些风险对内部控制的影响，并采取相应的控制措施。其次，是内部控制与业务流程的融合。数字化转型推动了企业业务流程的变革和优化，因此，评价客体应关注内部控制与业务流程的融合程度，确保内部控制能够嵌入到业务流程中，实现实时、动态的监控和管理。第三，是新技术和新系统的应用。数字化转型引入了新技术和新系统，如 ERP 系统、CRM 系统、大数据平台等，这些新技术和新系统的应用对内部控制提出了新的要求。评价客体应关注这些系统的安全性、稳定性和合规性，确保它们能够满足内部控制的需要。第四是员工行为与数字化素养。数字化转型改变了员工的工作方式和行为习惯，因此，评价客体还应关注员工的行为规范和数字化素养，确保员工能够遵守内部控制要求，并具备使用新技术和新系统的能力。

6. 评价指标的设计

以《企业内部控制基本规范》里五个基本要素为根据，分别设计五要素指标体系。

（1）控制环境指标设计

控制环境是企业数字化转型下内部控制评价体系的核心组成部分，它涵盖了物理层、事理层、人理层以及综合层四个维度。物理层主要关注企业的数字化基础设施、技术平台的集成度以及物理安全措施，这些构成了企业数字化转型的硬件和物质基础。事理层则考察企业的数字化转型战略规划、内部控制制度的健全性以及业务流程的自动化程度，这些反映了企业在数字化转型过程中的战略导向、制度保障和流程优化能力。人理层关注管理层的数字化转型意识、员工的数字化技能与培训以及企业文化与数字化转型的融合度，这些体现了企业在数字化转型过程中的人才储备、文化支撑和创新能力。最后，综合层评估物理层、事理层和人理层之间的相互作用和整体效果，包括协同度、持续改进与创新能力以及风险管理与合规性表现，这些综合指标能够全面反映企业数字化转型下内部控制体系的整体状况。内部环境评价指标体系的设计如表4-5-2所示。

表 4-5-2　控制环境评价指标表

维度	指标名称	评估内容	评估标准或方法
物理层	数字化基础设施	数据中心、网络架构、硬件设备的配备与先进性	检查设备清单、技术规格及更新记录，评估是否满足数字化转型需求
	技术平台集成度	企业内部各技术平台的集成与协同工作情况	分析技术平台接口数量、数据交换效率等指标
	物理安全措施	信息安全政策、防火墙、加密技术等物理安全措施的完善程度	审查信息安全政策文档，检查防火墙配置及加密技术应用情况

（续表）

维度	指标名称	评估内容	评估标准或方法
事理层	数字化转型战略规划	企业数字化转型的战略规划及执行情况	分析企业战略规划文档，访谈关键管理人员
	内部控制制度健全性	企业内部控制制度的完善程度及执行情况	审查内部控制制度文档，进行内部控制审计
	业务流程自动化程度	企业业务流程的自动化程度及优化效果	分析业务流程图，评估自动化流程占比及效率提升情况
人理层	管理层数字化转型意识	管理层对数字化转型的认知、重视程度及推动力度	通过访谈、问卷调查等方式评估管理层的数字化转型意识
	员工数字化技能与培训	员工的数字化技能水平及企业提供的培训支持	分析员工技能水平数据，审查企业培训计划及执行情况
	企业文化与数字化转型融合度	企业文化与数字化转型的契合程度及对企业发展的推动作用	评估企业文化与数字化转型的融合度
综合层	协同度	物理层、事理层、人理层之间的相互作用与配合程度	通过跨部门协作情况、项目执行效率等指标进行评估
	持续改进与创新能力	企业在数字化转型过程中的持续改进能力和创新能力	分析企业历史改进记录、创新项目数量及成果等指标
	风险管理与合规性	企业在数字化转型过程中的风险管理与合规性表现	审查企业风险管理政策、合规性认证及违规记录等指标

（2）风险评估

风险评估是企业数字化转型下内部控制评价体系的重要组成部分，旨在识别、分析和评价企业在数字化转型过程中可能面临的各种风险。这些风险可能来自物理层的技术故障、数据泄露等，事理层的战略规划失误、流程不畅等，以及人理层的人才流失、文化冲突等。通过构建风险评估指标体系，企业可以系统地评估数字化转型过程中的潜在风险，为制定风险应对策略提供依据。该指标体系同样涵盖物理层、事理层、人理层以及综合层四个维度，每个维度下都包含具体的风险评估指标，以确保评估的全面性和准确性。风险评估评价指标体系的设计如表4-5-3所示。

表 4-5-3 风险评估评价指标表

维度	指标名称	评估内容	评估标准或方法
物理层	技术风险	数字化转型过程中技术故障、数据泄露等风险	分析技术故障记录、数据泄露事件及原因，评估技术安全水平
	设备风险	硬件设备老化、损坏或过时导致的风险	检查设备维护记录、更新计划，评估设备状况及替换需求
	网络安全风险	网络攻击、病毒入侵等网络安全风险	审查网络安全政策、防火墙日志，进行网络安全漏洞扫描
事理层	战略风险	数字化转型战略规划不合理或执行不当导致的风险	分析企业战略规划文档，评估战略与市场、技术的契合度
	流程风险	业务流程不畅或自动化程度不足导致的风险	分析业务流程图，评估流程效率及自动化水平
	制度风险	内部控制制度不完善或执行不力导致的风险	审查内部控制制度文档，进行内部控制审计，分析制度缺陷
人理层	人才风险	关键人才流失或技能不足导致的风险	分析员工流失率、技能水平数据，评估人才储备及培训需求
	文化风险	企业文化与数字化转型不融合导致的风险	通过问卷调查、访谈等方式评估企业文化与数字化转型的契合度
	变革风险	管理层或员工对数字化转型的抵制导致的风险	评估管理层及员工对数字化转型的态度及行为表现
综合层	整体风险水平	物理层、事理层、人理层风险的综合影响	通过风险矩阵、风险评估报告等工具评估整体风险水平
	风险应对能力	企业应对数字化转型过程中风险的能力	分析企业历史风险应对记录、风险管理策略及执行情况
	持续改进与风险管理	企业在数字化转型过程中持续改进风险管理的能力	评估企业风险管理机制的完善程度及持续改进情况

（3）控制活动

控制活动是企业数字化转型下内部控制评价体系的核心组成部分，涵盖了企业在数字化转型过程中为确保内部控制目标实现而采取的各种措施和行动。这些控制活动可以从物理层、事理层和人理层三个维度进行划分和解析。物理层主要关注与数字化转型相关的硬件、软件和网络等基础设施的控制活动，事理层则涉及企业业务流程、信息系统和数据管理等方面的控制活动，人理层则着重考虑企业文化、员工行为和人力资源管理等方面的控制活动。通过构建控制活动指标体系，企业可以全面评估自身在数字化转型过程中的内部控制活动实施情况，为优化内部控制策略提供有力支持。控制活动评价指标体系的设计如表4-5-4所示。

表4-5-4　控制活动评价指标表

维度	指标名称	评估内容	评估标准或方法
物理层	数字化基础设施控制	评估企业对数字化基础设施（如硬件、软件、网络）的控制措施和执行情况	检查基础设施的定期维护记录、安全审计报告等
	数据访问与权限管理	评估企业对数据访问和权限管理的控制措施，确保数据安全	分析数据访问权限设置、访问日志等
事理层	业务流程控制	评估企业对业务流程的控制措施，确保业务流程的合规性和效率	审查业务流程文档、进行流程审计等
	信息系统控制	评估企业对信息系统的控制措施，确保信息系统的稳定性和安全性	检查信息系统的备份恢复计划、安全策略等
	数据管理控制	评估企业对数据管理的控制措施，确保数据的准确性和完整性	分析数据质量管理流程、数据备份策略等
人理层	企业文化与内部控制融合	评估企业文化与内部控制的融合程度，确保员工对内部控制的认同和执行	通过问卷调查、访谈等方式评估企业文化的渗透力
	员工行为与规范控制	评估企业对员工行为和规范的控制措施，确保员工遵守内部控制要求	分析员工行为规范培训记录、违规行为处理情况等
	人力资源管理控制	评估企业对人力资源管理的控制措施，确保人力资源配置与内部控制目标相匹配	审查人力资源政策、员工绩效考核制度等

（4）信息与沟通

信息与沟通在企业数字化转型下的内部控制评价体系中扮演着至关重要的角色，涉及企业如何收集、处理、传递和利用信息，以及如何实现有效的内外部沟通。从物理层来看，信息与沟通关注数字化平台、信息系统和数据流的管理与控制；从事理层来看，它关注信息流程、沟通机制和决策支持系统的建立与优化；从人理层来看，则着重于员工的信息素养、沟通能力和团队协作的培养与提升。构建一个全面的信息与沟通指标体系，有助于企业评估自身在数字化转型过程中信息与沟通方面的内部控制效果，进而为优化内部控制策略提供有力依据。信息与沟通评价指标体系的设计如表4-5-5所示。

表4-5-5 信息与沟通评价指标表

维度	指标名称	评估内容	评估标准或方法
物理层	数字化基础设施控制	评估企业对数字化基础设施（如硬件、软件、网络）的控制措施和执行情况	检查基础设施的定期维护记录、安全审计报告等
	数据访问与权限管理	评估企业对数据访问和权限管理的控制措施，确保数据安全	分析数据访问权限设置、访问日志等
事理层	业务流程控制	评估企业对业务流程的控制措施，确保业务流程的合规性和效率	审查业务流程文档、进行流程审计等
	信息系统控制	评估企业对信息系统的控制措施，确保信息系统的稳定性和安全性	检查信息系统的备份恢复计划、安全策略等
	数据管理控制	评估企业对数据管理的控制措施，确保数据的准确性和完整性	分析数据质量管理流程、数据备份策略等
人理层	企业文化与内部控制融合	评估企业文化与内部控制的融合程度，确保员工对内部控制的认同和执行	通过问卷调查、访谈等方式评估企业文化的渗透力
	员工行为与规范控制	评估企业对员工行为和规范的控制措施，确保员工遵守内部控制要求	分析员工行为规范培训记录、违规行为处理情况等
	人力资源管理控制	评估企业对人力资源管理的控制措施，确保人力资源配置与内部控制目标相匹配	审查人力资源政策、员工绩效考核制度等

（5）内部监督

在企业数字化转型的背景下，内部监督作为内部控制的重要组成部分，对于确保企业运营合规、风险可控具有至关重要的作用。从物理层来看，内部监督关注数字化环境下的监控技术、审计工具和数据分析平台的应用；从事理层来看，它关注监督流程、审计程序和风险预警机制的建立与执行；从人理层来看，则着重于培养员工的监督意识、责任意识和职业道德，以及提升监督团队的专业能力。构建一个全面的内部监督指标体系，有助于企业评估自身在数字化转型过程中内部监督方面的内部控制效果，进而为优化内部控制策略、提升企业治理水平提供有力依据。监督评价指标体系的设计如表4-5-6所示。

表 4-5-6　监督评价指标表

维度	指标名称	评估内容	评估标准或方法
物理层	数字化监控技术应用	评估企业在数字化转型中对监控技术的应用情况	检查监控系统的覆盖范围、实时性、准确性等
	审计工具先进性	评估企业使用的审计工具的先进性和适用性	分析审计工具的功能、易用性、与业务系统的集成程度等
物理层	数据分析平台有效性	评估企业数据分析平台在内部监督中的作用和效果	分析数据分析平台的处理能力、数据可视化程度、分析报告的实用性等
	监督流程完善度	评估企业内部监督流程的完善程度和执行情况	分析监督流程的标准化程度、执行效率、问题发现与处理能力等
	审计程序规范性	评估企业审计程序的规范性和合规性	审查审计程序的合规性、审计证据的充分性、审计结论的客观性等
事理层	风险预警机制有效性	评估企业风险预警机制的建立和完善情况	分析风险预警机制的及时性、准确性、应对措施的有效性等
	员工监督意识与责任感	评估企业员工对内部监督的认识和责任感	通过问卷调查、访谈等方式评估员工的监督意识和责任感
	监督团队专业能力	评估企业内部监督团队的专业能力和培训情况	分析监督团队的资质、经验、培训记录等
人理层	职业道德与诚信文化	评估企业在内部监督方面的职业道德和诚信文化建设情况	分析企业的价值观、行为准则、诚信案例等

7. 指标权重的确定

在确定内部控制五要素指标体系的权重时，可以采用多种方法，以确保权重的科学性和合理性。以下是一些常用的方法及其简要说明：

（1）层次分析法（AHP）

层次分析法是一种定性与定量相结合地分析复杂因素的方法。它将决策因素分解成不同的组成因素，并根据因素间的相互关联影响以及隶属关系将因素按不同的层次聚集组合，形成一个多层次的分析结构模型。

层次分析法的具体步骤一般如下：

一是建立层次结构模型。将内部控制五要素及其下的具体指标进行层次化分解。

二是构造判断矩阵。对同一层次的元素进行两两比较，定量描述其重要性。

三是计算权向量并做一致性检验。通过数学方法计算反映元素重要性的次序权值，并进行一致性检验以确保逻辑上的合理性。

四是计算组合权向量并做组合一致性检验。计算所有元素相对于总目标的相对重要性次序的权向量，并进行组合一致性检验。

（2）德尔菲法（Delphi Method）

德尔菲法是一种专家调查法，通过多轮次调查专家对问卷所提问题的看法，经过反复征询、归纳、修改，最后汇总成专家基本一致的看法，作为预测的结果。

德尔菲法的具体步骤一般如下：

一是设计调查问卷，向专家组成员发放。

二是专家组成员匿名填写问卷，并返回给组织者。

三是组织者汇总专家意见，形成新的问卷，并再次发放给专家组成员。

四是重复上述步骤，直至专家意见趋于一致，确定各指标的权重。

（3）模糊综合评价法

模糊综合评价法是一种基于模糊数学的综合评价方法。该方法根据模糊数学的隶属度理论把定性评价转化为定量评价，即用模糊数学对受到多种因素制约的事物或对象做出一个总体的评价。

虽然模糊综合评价法不直接用于确定权重，但它可以与层次分析法等方法结合使用，对内部控制效果进行综合评价。在确定权重后，利用模糊综合评价法对各指标进行量化评分和综合评价。

确定权重有如下注意事项：一是科学性与合理性。权重的确定应基于科学的分析方法和合理的专家判断，确保权重的准确性和可靠性。二是客观性与主观性相结合。在权重确定过程中，既要考虑客观数据和信息，也要充分考虑专家的主观经验和判断。三是动态调整。随着企业数字化转型的深入和内部控制环境的变化，应及时对权重进行动态调整和优化。

（4）实施建议

为了确保内部控制五要素指标体系权重的科学性和有效性，提出以下实施建议：

首先是组建跨领域专业团队。组建一支由内部控制专家、数字化转型专家、数据分析师等多领域专家组成的团队。该团队将负责权重确定工作的具体实施，确保决策过程的专业性和全面性。

其次要深入调研与广泛沟通。在权重确定之前，团队应深入调研企业内部控制的现状及外部环境，充分了解企业运营的实际需求和面临的挑战。同时，与相关部门和人员进行广泛沟通，确保权重确定工作既具有针对性又具备实用性，能够真实反映企业的内部控制状况。

再次是采用科学方法确定权重。综合运用层次分析法、德尔菲法、综合模糊评价法等科学方法，结合企业实际情况，科学、客观地确定各指标的权重。这些方法的应用将确保权重分配既合理又具说服力。

最后还要注意持续优化与动态调整。权重确定并非一成不变，而应是一个持续优化和动态调整的过程。因此，企业应定期对内部控制评价体系进行评估，根据外部环境的变化和企业内部的发展需求，及时调整指标权重，确保评价体系的科学性和有效性。

综上所述，确定内部控制五要素指标体系的权重是一个复杂而重要的任务。通过组建专业团队、深入调研与广泛沟通、采用科学方法以及持续优化与动态调整，可以确保这一过程的科学性和有效性，进而为企业的内部控制评价提供有力支持。

8. 实施评价与反馈

实施评价指按照构建的评价体系，对企业数字化转型下的内部控制状况进行全面评价。评价过程中应确保数据的真实性和准确性，避免主观臆断和偏见。

反馈与改进指根据评价结果，及时向企业高层和相关部门反馈内部控制中存在的问题和不足，并提出具体的改进建议。同时，企业应建立持续改进机制，不断优化内部控制体系，以适应数字化转型的需要。

基于 WSR 系统方法论的企业数字化转型下内部控制评价体系构造步骤，主要包括明确评价目标与范围，识别 WSR 三个层面（物理层、事理层、人理层）的关键要素，并据此设计涵盖多个方面的内部控制评价指标体系。随后，确定各指标的权重，建立明确的评价标准与评分方法。最后，实施评价并反馈结果，同时根据企业数字化转型和内部控制实践的不断发展，持续优化和完善评价体系。通过以上步骤，可以构建一个基于 WSR 系统方法论的企业数字化转型下内部控制评价体系，为企业提升内部控制有效性提供有力支持。

第五章　企业数字化转型背景下的
内部控制重构

数字化转型并非一蹴而就的过程，它要求企业在战略定位、组织架构、业务流程等多个层面进行深度变革。特别是在内部控制体系上，企业需要构建与数字化转型相匹配的新型内控机制，以确保转型过程的稳健性与成效。本章将深入探讨企业在数字化转型过程中，如何对内部控制进行全面重塑与深度整合，以适应新的业务环境和市场需求。

本章首先关注企业数字化转型的战略定位与规划，明确数字化转型的战略目标与定位，以及制定详细的数字化转型规划与路线图，为企业内部控制的重构提供战略导向。接着，本章将围绕内部控制五要素分别分析数字化转型下企业内部控制环境的重构与优化、企业内部控制风险评估的重构与应对、企业内部控制活动的全面重塑与深度整合、企业控制信息系统的创新与应用以及企业控制监督系统的重建与突破。通过评估现有内部控制各要素的不足，提出重构与优化的方案与建议，为企业建设一个更加适应数字化转型的内部控制体系。

第一节 企业数字化转型战略定位与规划

一、明确数字化转型的战略目标与定位

企业数字化转型不是简单的技术升级或业务流程优化，而是一个涉及企业战略、组织、流程、技术、人才等多个层面的系统性变革。因此，明确数字化转型的战略目标与定位是企业数字化转型的首要任务，也是确保转型成功的基础。

第一，企业需要从自身业务实际出发，深入剖析当前市场环境、行业趋势以及客户需求的变化。在数字化时代，市场环境变化迅速，新兴技术不断涌现，客户需求也日益多样化、个性化。企业需要密切关注这些变化，把握市场机遇，以满足客户需求为核心，制定具有前瞻性和可行性的数字化战略。这要求企业具备敏锐的市场洞察力和判断力，能够准确识别市场趋势和客户需求，及时调整和优化自身业务模式和产品服务。

第二，战略目标应当具体、明确，并涵盖多个维度，包括提升运营效率、优化客户体验、创新业务模式等。提升运营效率是数字化转型的重要目标之一，通过数字化手段，企业可以优化业务流程，减少人工操作，提高生产效率和管理效率。优化客户体验也是数字化转型的重要方向，企业可以利用数字技术了解客户需求，提供个性化、定制化的产品和服务，增强客户满意度和忠诚度。此外，创新业务模式也是数字化转型的重要目标，企业可以借助数字技术开拓新的市场领域，创造新的收入来源，实现业务增长和转型升级。这些目标需要与企业的长期发展战略紧密相连，确保数字化转型能够为企业带来持续的竞争优势和增长动力。

第三，在明确战略目标的基础上，企业还需进一步确定数字化转型的定位。包括识别数字化转型在整体发展战略中的位置与作用，确定转型的关

键领域和优先级，以及明确转型所需的核心能力和资源投入。企业需要明确数字化转型在整体战略中的地位和作用，确保数字化转型能够与企业的其他战略举措形成协同效应。同时，企业还需要根据自身实际情况，识别数字化转型的关键领域和优先级，确保有限的资源和精力能够投入最重要的领域和环节中。最后，企业需要在制定数字化战略时，充分考虑自身能力和资源状况，包括技术、人才、资金等方面，确保数字化转型的可行性和可持续性。

二、制定数字化转型的详细规划与路线图

有了明确的战略目标与定位后，企业需要制定详细的数字化转型规划与路线图。这一规划应当全面、具体，涵盖技术选型、组织架构调整、流程优化、人才培养等多个方面，以确保数字化转型的顺利实施和有效推进。

第一，在技术选型方面，企业需要评估不同技术的成熟度、适用性和成本效益。数字化转型涉及的技术种类繁多，包括云计算、大数据、人工智能、物联网等。企业需要根据自身业务需求和发展战略，选择最适合自身业务发展的技术方案。同时，企业还需要考虑技术的成熟度和稳定性，以确保数字化转型的可靠性和可持续性。在选择技术时，企业需要注重技术的先进性和实用性，避免盲目跟风或过度追求技术前沿而忽略实际应用效果。

第二，在组织架构调整方面，企业需要优化现有组织架构，打破部门壁垒，形成更加灵活、高效的协作机制。数字化转型需要企业具备跨部门的协作能力，因此企业需要调整组织架构，建立跨部门、跨职能的协作团队。同时，企业还需要优化决策机制，提高决策效率和响应速度，以适应数字化时代的市场变化和客户需求。在组织架构调整过程中，企业需要注重员工的参与和沟通，确保员工对转型的理解和支持。

第三，在流程优化方面，企业需要梳理现有业务流程，识别痛点和瓶颈，通过数字化手段实现流程的自动化和智能化。数字化转型的核心是优化业务流程，提高业务效率和质量。这将有助于企业提高生产效率、降低成本、提高客户满意度等。在流程优化过程中，企业需要注重员工的培训和技

能提升，确保员工能够适应新的业务流程和工作方式。

　　第四，在人才培养方面，企业需要加强员工数字化技能的培训和发展，培养一支具备数字化思维和能力的专业团队。因此，企业需要加强员工数字化技能的培训和发展，提高员工的数字化素养和技能水平。同时，企业还需要引进具备数字化思维和能力的专业人才，为企业数字化转型提供有力的人才保障。在人才培养方面，企业需要注重员工的职业发展和激励机制，激发员工的创新精神和工作热情。

　　最后，企业需要制定详细的数字化转型路线图。路线图应当明确转型的各个阶段与里程碑，以及每个阶段的关键任务与预期成果。通过制定详细的路线图和时间表，企业可以更好地把握数字化转型的节奏和进度，确保转型目标的顺利实现。同时，企业还需要建立有效的监控和评估机制，定期对数字化转型的进展进行回顾和调整，这将有助于企业及时发现数字化转型过程中的问题和风险，并采取相应的措施进行应对和解决。在制定数字化转型路线图时，企业需要注重与员工的沟通和协作，确保员工对转型的理解和支持，并共同推动数字化转型的顺利实施。

　　总之，制定详细的数字化转型规划与路线图是企业数字化转型的重要一环。企业需要全面、具体地考虑技术选型、组织架构调整、流程优化、人才培养等多个方面，并制定详细的路线图和时间表。通过有效的规划和实施，企业能够更好地应对数字化时代的挑战和机遇，实现业务增长和转型升级。同时，企业还需要不断关注市场变化和客户需求的变化，及时调整和优化数字化转型战略和规划，以确保数字化转型的持续性和有效性。

第二节　数字化转型下企业内部控制环境的重构与优化

　　数字化转型要求企业在战略、组织、流程等多个层面进行深度变革，因此，在重构内部控制环境时，我们必须充分考虑数字化转型的背景，确保内部控制体系与战略目标相匹配，为企业带来实际价值。

控制环境是指对建立、加强或削弱特定政策、程序及其效率产生影响的各种因素，包括治理职能和管理职能，以及治理层和管理层对内部控制及其重要性的态度、认识和所采取的措施。控制环境设定了被审计单位的内部控制基调，影响员工对内部控制的认识和态度。良好的控制环境是实施有效内部控制的基础。控制环境一般包括对诚信和道德价值观念的沟通与落实、对胜任能力的重视、治理层的参与程度、管理层的理念和经营风格、组织结构、责任授权和划分的方法、人力资源政策与实务等要素。

随着数字化转型的加速推进，企业内部控制环境面临着前所未有的挑战与机遇。为了应对这些变化，确保企业持续稳健发展，重构与优化内部控制环境显得尤为重要。本节将深入分析现有控制环境的不足，并提出针对性的重构与优化策略。

一、现有控制环境的不足之处

1. 诚信和道德价值观念沟通落实不足

在数字化转型的浪潮中，企业往往过于追求技术创新和效率提升，而忽视了诚信和道德价值观念这一企业文化核心要素的持续沟通与落实。诚信和道德是企业长期发展的基石，但在数字化转型的过程中，一些企业可能过于追求短期利益，忽视了诚信和道德的重要性。这种忽视可能导致员工在利用数字化工具时，出现数据篡改、隐私泄露等不道德行为，进而严重损害企业的声誉和利益。更为严重的是，缺乏诚信和道德的企业文化可能导致员工之间的信任度降低，团队协作受阻，最终影响企业的整体绩效。

为了弥补这一不足，企业需要加强诚信和道德价值观念的沟通与落实：制定明确的道德准则和行为规范，引导员工在数字化转型过程中坚守诚信和道德底线；通过培训、宣传等方式不断加深员工对诚信和道德价值观念的理解和认同，形成全员共同遵守的良好氛围；企业领导层更应以身作则，践行诚信和道德价值观念，成为员工的榜样和引领者。

2.员工数字化胜任能力培养被忽视

数字化转型要求员工具备新的技能和知识，如数据分析、云计算、人工智能等。然而，许多企业在数字化转型的过程中，未能及时培训和提升员工的数字化胜任能力，导致员工在面对新技术时无所适从，无法有效地利用数字化工具进行工作。这种胜任能力的不足不仅影响了数字化转型的进程，也可能导致企业在市场竞争中处于劣势地位。更为长远来看，缺乏数字化技能的员工可能无法适应未来职场的需求，面临职业发展的困境。

为了培养员工的胜任能力，企业应制定针对性的培训计划和提供必要的学习资源，帮助员工掌握数字化技能和知识。培训内容可以涵盖数据分析、云计算、人工智能等新兴技术，以及数字化转型所需的软技能如创新思维、团队协作等。同时，鼓励员工积极参与外部培训和认证考试，提升其专业素养和竞争力。企业还可以建立内部知识分享平台，鼓励员工之间互相学习和交流经验。

3.治理层数字化转型参与度低

治理层在数字化转型中应发挥关键作用，但现实中可能存在治理层对数字化转型缺乏深入了解、参与程度不足的问题。治理层作为企业的决策机构，其对数字化转型的认知和态度直接影响着企业数字化转型的方向和效果。然而，一些治理层成员可能对数字化转型缺乏足够的了解，无法为数字化转型提供有效的指导和监督，这种不足可能导致企业在数字化转型过程中面临决策失误、资源配置不当等风险。

为了提高治理层对数字化转型的参与程度，治理层应深入了解数字化转型的战略意义和实施过程，积极参与相关决策和资源配置。为此，企业可以定期组织数字化转型研讨会或论坛，邀请治理层成员参与并发表意见；同时，建立治理层与数字化转型团队的沟通机制，确保治理层能够及时了解数字化转型的进展和挑战，并提供有效的指导和支持。

4.管理层理念和经营风格不适应数字化转型

管理层作为企业的领航者，其理念和经营风格对企业的发展具有深远的影响。然而，在数字化转型过程中，一些管理层的理念和经营风格可能过于保守或激进，无法与数字化转型的需求相契合，这种不契合可能导致企业在数字化转型过程中面临战略失误、组织僵化等风险。例如，过于保守的管理层可能抵制新技术和新模式，导致企业错失市场机遇；而过于激进的管理层则可能盲目追求技术创新，忽视企业的实际情况和市场需求。

为了适应数字化转型的需求，管理层需要积极拥抱新技术和新模式，并将其与企业实际情况相结合，制定适应数字化转型的战略和计划。为此，企业可以组织管理层参加数字化转型的培训和研讨会，提升其数字化意识和能力；同时，加强跨部门之间的协作和沟通，打破部门壁垒，形成合力推动数字化转型的顺利进行。

5. 传统组织结构不适应数字化转型需求

传统的组织结构往往以部门为单位进行划分和管理，这种结构在数字化转型过程中可能面临信息共享不畅、资源整合困难等问题。部门之间的壁垒可能导致信息孤岛的形成，使得企业无法充分利用数据资源进行优化和决策。同时，传统的层级制组织结构可能导致决策过程烦琐、响应速度慢等问题，无法适应数字化转型的快速变化需求。

为了优化组织结构以适应数字化转型的需求，企业应打破传统的部门划分和管理模式，建立跨部门的协作机制和信息共享平台。优化组织结构的灵活性和响应速度，使其能够迅速适应市场和技术变化，为此，可以引入项目制或敏捷团队等新型组织形态和管理模式来支持数字化转型的进行。这些新的组织形态和管理模式能够更好地适应数字化转型的需求，提高组织的效率和创新能力。

6. 责任授权和划分的方法在数字化转型中不清晰

在数字化转型过程中，传统的责任授权和划分方法可能无法清晰界定各部门、岗位在数字化转型中的职责和权限，导致工作重叠、推诿扯皮等现象的发生。这种职责不清和权限不明的情况不仅影响工作效率，还可能引发内部矛盾和冲突。同时，一些企业可能存在责任授权过于集中或分散的问题，导致决策效率低下或执行不力。

为了适应数字化转型的需求，企业需要对其责任授权和划分的方法进行相应的调整和优化。明确各部门、岗位在数字化转型过程中的职责和权限是确保工作顺利进行的关键，为此，企业应建立清晰的职责界定和权限划分机制，避免工作重叠和冲突。同时，加强对数字化转型过程的监督和评估，确保各部门、岗位能够按照既定的职责和权限进行工作，并对违规行为进行严肃处理。

7. 人力资源政策与实务不适应数字化转型的发展

人力资源是企业发展的核心要素之一，而人力资源政策与实务则直接影响着员工的积极性和创造力。然而，在数字化转型过程中，一些企业的人力资源政策与实务可能无法适应数字化转型的需求，导致人才短缺、员工积极性不高等问题。例如，传统的招聘和培训体系可能无法吸引和培养具备数字化技能的人才，而激励机制也可能未充分考虑数字化转型对员工能力和贡献的新要求。

为了优化人力资源政策与实务以适应数字化转型的需求，企业需要调整其招聘、培训、激励等方面的政策和实务，加大对具备数字化技能人才的吸引和培养力度，完善激励机制，充分考虑数字化转型对员工能力和贡献的新要求。例如，可以设立数字化转型专项奖励或股权激励计划等激励措施，来激发员工的积极性和创造力。同时，企业还应注重培养员工的创新意识和持续学习能力，以适应不断变化的数字化环境。

二、重构与优化控制环境的方案与建议

针对上述现有控制环境在数字化转型背景下的不足之处，企业需要采取一系列措施来重构与优化控制环境，以适应数字化转型的需求并实现可持续发展。以下对重构与优化控制环境的方案与建议进行详细阐述。

1. 加强诚信和道德价值观念的沟通与落实

（1）制定明确的道德准则和行为规范

企业应制定一套明确的道德准则和行为规范，涵盖数字化转型过程中的各个方面，如数据隐私、信息安全、公平竞争等，这些准则和规范应成为企

业所有员工必须遵守的基本准则。

（2）加强培训和宣传

企业应定期组织诚信和道德方面的培训，提高员工对诚信和道德价值观念的认识和理解。同时，通过内部宣传、案例分享等方式，将诚信和道德价值观念融入企业的日常运营和文化中。

（3）建立道德监督机构

企业可以设立道德监督机构或委员会，负责监督企业在数字化转型过程中的道德行为，并对违规行为进行调查和处理，这有助于确保企业在数字化转型过程中始终坚守诚信和道德底线。

2. 重视员工的胜任能力培养

（1）制定具有针对性的培训计划

企业应根据数字化转型的需求，制定具有针对性的培训计划，包括数字化技能、新兴技术、软技能等方面的培训。这些培训计划应针对不同岗位和层级的员工，确保每位员工都能获得必要的数字化胜任能力。

（2）提供必要的学习资源

企业应为员工提供必要的学习资源，如在线课程、教材、实践机会等，帮助员工掌握数字化技能和知识。同时，鼓励员工积极参与外部培训和认证考试，提升其专业素养和竞争力。

（3）建立内部知识分享平台

企业可以建立内部知识分享平台，鼓励员工之间互相学习和交流经验，这有助于促进员工之间的合作和共享精神，提高整体团队的数字化胜任能力。

3. 提高治理层对数字化转型的参与程度

（1）组织定期的数字化转型研讨会或论坛

企业应定期组织数字化转型研讨会或论坛，邀请治理层成员参与并发表意见，这有助于增强治理层对数字化转型的认知和理解，并为其提供参与和指导的机会。

（2）建立治理层与数字化转型团队的沟通机制

企业应建立治理层与数字化转型团队之间的有效沟通机制，确保治理层能够及时了解数字化转型的进展和挑战，并提供有效的指导和支持，这有助于确保治理层在数字化转型过程中发挥关键作用。

（3）加强治理层对数字化转型的监督和评估

治理层应加强对数字化转型过程的监督和评估，确保其合规性和风险控制得到有效保障。为此，可以设立专门的数字化转型监督委员会或审计部门，负责监督数字化转型的合规性和风险控制情况。

4.调整管理层的理念和经营风格以适应数字化转型的需求

（1）组织管理层参加数字化转型的培训和研讨会

企业应组织管理层参加数字化转型的培训和研讨会，提升其数字化意识和能力，这有助于帮助管理层理解数字化转型的战略意义和实施过程，并为其制定适应数字化转型的战略和计划提供支持。

（2）加强跨部门之间的协作和沟通

企业应加强跨部门之间的协作和沟通，打破部门壁垒，形成合力推动数字化转型的顺利进行。为此，可以建立跨部门协作机制和信息共享平台，促进不同部门之间的合作和信息共享。

（3）鼓励管理层积极拥抱新技术和新模式

企业应鼓励管理层积极拥抱新技术和新模式，并将其与企业实际情况相结合，这有助于推动管理层在数字化转型过程中发挥领导作用，并为企业带来更多的创新和发展机会。

5.优化组织结构以适应数字化转型的需求

（1）打破传统的部门划分和管理模式

企业应打破传统的部门划分和管理模式，建立跨部门的协作机制和信息共享平台，有助于促进不同部门之间的合作和信息共享，提高组织的灵活性和响应速度，从而更好地适应数字化转型的需求。通过跨部门协作，企业可以更快地整合资源、共享知识，并协同解决问题，从而提高整体运营效率和市场竞争力。

（2）引入新型组织形态和管理模式

为了更好地适应数字化转型，企业可以考虑引入项目制、敏捷团队、扁平化管理等新型组织形态和管理模式,这些新型的组织形态和管理模式能够更快地响应市场变化,提高组织的灵活性和创新能力。

(3)强化数字化部门的功能

企业应设立专门的数字化部门或团队,负责推动和实施数字化转型。这个部门或团队应具备足够的权力和资源,以便协调各个部门,推动数字化转型的顺利进行。

6.调整责任授权和划分的方法

(1)明确数字化转型中的职责和权限

企业应明确各个部门、岗位在数字化转型过程中的职责和权限,避免工作重叠和冲突,这可以通过制定详细的数字化转型计划和责任分配表来实现。

(2)建立数字化转型的考核和激励机制

为了激励各个部门、岗位积极参与数字化转型,企业应建立相应的考核和激励机制,这可以将数字化转型的成果与员工的绩效挂钩,提高员工参与数字化转型的积极性和创造力。

7.优化人力资源政策与实务以适应数字化转型的需求

(1)招聘和培养具备数字化技能的人才

企业应加大对应具备数字化技能人才的招聘和培养力度,可以通过与高校合作、开展内部培训、设立数字化转型奖学金等方式实现。

(2)完善激励机制以考虑数字化转型对员工能力和贡献的新要求

企业应完善激励机制,充分考虑数字化转型对员工能力和贡献的新要求。例如,可以设立数字化转型专项奖励、股权激励计划等,激发员工的积极性和创造力。

(3)培养员工的创新意识和持续学习能力

企业应注重培养员工的创新意识和持续学习能力,这可以通过组织创新大赛、设立学习基金、鼓励员工参加外部培训等方式实现。同时,企业还应建立一种鼓励创新、容忍失败的文化氛围,让员工敢于尝试、敢于创新。

综上所述,企业在数字化转型过程中需要重构与优化其内部控制环境,包括加强诚信和道德价值观念的沟通与落实、重视员工的胜任能力培养、提高治理层对数字化转型的参与程度、调整管理层的理念和经营风格以适应数字化转型的需求、优化组织结构以适应数字化转型的需求、调整责任授权和划分的方法以及优化人力资源政策与实务以适应数字化转型的需求。通过这些措施的实施，企业可以更好地适应数字化转型的挑战和机遇，实现可持续发展。

第三节　企业内部控制风险评估的重构与应对

风险评估是企业确认和分析与其目标实现相关的风险的过程，它形成了如何管理风险的基础。风险评估要对与按照会计准则编制的财务报表有关的风险进行确认、分析和管理，要考虑可能发生的外部和内部事件，及对管理层在财务报表中的认定有影响的记录、处理、汇总、报告的因素。导致风险发生和变化的因素一般包括招收新的员工、高速增长、新技术、新产品或新作业、信息系统的变化和公司重组。企业必须设立可辨认、分析和管理相关风险的机制，以了解自身所面临的风险，并适时加以处理。

在数字化转型的浪潮中，企业内部控制风险评估的重要性不言而喻。随着技术的飞速发展和市场环境的不断变化，企业面临的风险日益复杂多变。为了有效应对这些挑战，企业必须对内部控制风险评估体系进行全面重构与优化，以确保在数字化转型过程中保持稳健的运营态势和持续的竞争力。

一、识别数字化转型过程中的风险点

数字化转型涉及企业运营的方方面面，从技术选型、业务流程再造到组织文化变革，每一个环节都可能潜藏着未知的风险。因此，全面、准确地识别这些风险点，是构建有效风险评估体系的第一步。

1. 技术风险

（1）技术选型风险

技术选型是数字化转型初期的重要决策之一。然而，面对琳琅满目的新兴技术，企业往往难以抉择。不同技术路线的优缺点各异，选择不当可能导致项目延期、成本超支，甚至失败。为了降低技术选型风险，企业需要进行深入的市场调研和技术评估，明确自身需求和目标，选择最适合的技术方案。

技术选型风险涉及信息不对称理论。在信息不对称的市场环境中，企业难以全面了解各种技术的优缺点和适用性，因此，建立科学的评估机制和决策流程至关重要。通过引入专家咨询、第三方评估等方式，企业可以获取更全面的信息，降低技术选型风险。

如某零售企业在推进数字化转型过程中，选择了一家新兴的云计算服务提供商作为其基础设施供应商。然而，由于该服务提供商的技术尚不成熟，频繁出现服务中断和数据丢失问题，导致企业业务受到严重影响。这一案例表明，技术选型不仅要考虑技术的先进性，还要综合考虑其稳定性、可靠性和售后服务等因素。

（2）系统集成风险

数字化转型过程中，企业往往需要引入多个系统或平台来支持业务运营。这些系统之间的集成问题成为一大风险点，如果系统集成不畅，可能导致数据孤岛、流程断裂等问题，严重影响企业整体运营效率。

在系统集成过程中，企业应制定详细的集成计划和测试方案，明确集成目标和时间表。同时，加强跨部门协作和沟通，确保各部门之间的数据和信息能够顺畅流通。此外，引入专业的系统集成服务商也是降低集成风险的有效途径之一。

2. 业务流程风险

（1）流程再造风险

数字化转型往往伴随着业务流程的再造和优化。然而，流程再造过程中可能出现流程设计不合理、执行不畅等问题，影响企业运营效率。为了降低流程再造风险，企业需要深入调研现有业务流程，识别痛点和瓶颈，并设计合理的再造方案。

流程再造理论强调以客户需求为中心，对业务流程进行根本性的再思考和彻底性的再设计。在数字化转型背景下，企业可以借鉴流程再造理论的思想和方法，对传统业务流程进行优化和创新，以适应市场变化和技术发展的需求。

例如某制造企业在推进智能制造过程中，对生产流程进行了全面再造。通过引入自动化生产线、智能物流系统等先进设备和技术手段，企业实现了生产效率和产品质量的显著提升。然而，在再造过程中也遇到了一些挑战，如员工对新流程的不适应、设备故障频发等问题。通过加强员工培训、优化设备维护等措施，企业最终成功克服了这些困难，实现了业务流程的平稳过渡。

（2）自动化与人工干预风险

数字化转型推动了企业运营的自动化进程，但自动化并非万能，在某些情况下，人工干预仍然是必要的。然而，过度依赖人工干预可能导致效率低下、错误频发等问题，而过度追求自动化则可能忽视实际业务需求和员工感受，因此，企业需要在自动化与人工干预之间找到平衡点。

企业可以通过引入智能决策支持系统、建立自动化监控与预警机制等方式来提高自动化水平并降低人工干预风险。同时加强员工培训和技能提升工作，确保员工具备足够的数字化技能和知识以适应自动化流程的需求。

3. 组织与文化风险

（1）组织变革阻力风险

数字化转型不仅是技术的变革更是组织的变革。然而组织变革往往面临来自员工的阻力和抵触情绪，这些阻力可能源于对未知的恐惧、对变化的不适应以及对现有利益的维护等。为了克服组织变革阻力风险，企业需要加强沟通与引导工作，帮助员工理解变革的必要性和意义，并建立激励机制和容错机制，鼓励员工积极参与变革过程。

例如，某银行在推进数字化转型过程中遇到了来自员工的强烈抵触情绪，一些员工认为数字化转型会威胁到他们的职业地位和工作稳定性，因此不愿意接受新技术和新流程。为了克服这一阻力，银行高层领导下基层，与员工进行面对面交流，解释数字化转型的重要性和意义，并承诺保障员工的职业发展和福利待遇。同时银行还建立了员工培训和技能提升计划，帮助员工适应新技术和新流程的要求。通过这些措施，银行成功克服了组织变革阻力，推动了数字化转型的顺利进行。

（2）文化冲突风险

数字化转型过程中新旧文化之间的冲突可能成为一大风险点。传统文化可能过于保守僵化，难以适应数字化转型的需求；而新文化则可能过于激进不稳定，导致企业运营出现混乱。为了降低文化冲突风险，企业需要在新旧文化之间找到平衡点，既要保留传统文化的精髓和优势，又要积极引入新文化的元素和理念。

组织文化理论强调文化对企业行为和价值观的影响作用。在数字化转型背景下，企业需要构建适应数字化时代要求的新型组织文化，包括创新文化、协作文化、客户导向文化等。通过引入这些新型文化元素，企业可以激发员工的创新精神和协作意识，提高组织整体的适应性和竞争力。

4. 人才与培训风险

（1）人才短缺风险

数字化转型要求企业拥有一批具备数字化技能和知识的人才队伍，然而现实中往往存在人才短缺的问题。为了弥补这一不足，企业需要加大人才引进和培养力度，建立完善的人才招聘和培养机制。同时企业还可以通过与高校、研究机构等合作，共同培养符合数字化转型需求的专业人才。

企业可以制定详细的人才招聘计划，明确招聘标准和流程，确保能够吸引到具备数字化技能和知识的优秀人才。同时，建立完善的培训体系为员工提供必要的学习资源和支持，帮助他们快速适应新技术和新流程的要求。此外，企业还可以建立内部知识分享平台和学习社群，鼓励员工之间互相学习和交流经验，促进知识的传播和共享。

（2）培训不足风险

即使企业拥有一定数量的数字化人才，但如果培训不足，也可能导致人才难以充分发挥作用。为了降低培训不足风险，企业需要制定详细的培训计划和学习路径图，为员工提供必要的学习资源和支持；同时加强培训效果的评估和反馈机制，确保培训工作的针对性和有效性。

例如，某互联网企业在推进数字化转型过程中，发现其技术团队在人工智能领域存在知识短板。为了弥补这一不足，企业制定了详细的人工智能培训计划，并邀请了行业专家进行授课和指导。通过系统的培训和实践演练，技术团队的人工智能技能得到了显著提升，为企业后续的技术创新和产品升级提供了有力支持。

二、评估风险的大小与发生概率

在识别出数字化转型过程中的风险点后，企业需要对这些风险进行定量和定性的评估，以确定其大小与发生概率。这一过程，不仅有助于企业了解风险的实际情况和潜在影响，还能为其制定应对策略提供有力支持。

1.风险评估方法的选择

企业在进行风险评估时，应根据自身特点和需求，选择合适的风险评估方法。常用的风险评估方法包括风险矩阵法、专家打分法、情景分析法等。这些方法各有优缺点和适用范围，企业可以根据实际情况进行选择和组合使用。

（1）风险矩阵法

通过将风险按照影响程度和发生概率划分为不同等级，形成风险矩阵，帮助企业直观地了解各项风险的重要性和紧迫性。但是该方法依赖于主观判断，可能存在一定误差。

（2）专家打分法

邀请行业专家对各项风险进行打分评估，综合各方意见形成最终评估结果。该方法具有较高的权威性和专业性，但也可能受到专家个人偏见和经验的影响。

（3）情景分析法

通过构建不同的未来情景，模拟风险发生的情况和后果，以评估风险的大小与发生概率。该方法具有较强的前瞻性和预见性，但也可能受到假设条件限制和不确定性因素的影响。

2. 数据收集与分析

为了准确评估风险的大小与发生概率，企业需要收集大量的相关数据并进行深入分析。这些数据可能来源于企业内部运营数据、市场调研报告、专家意见等多个渠道。在收集数据的过程中，企业需要确保数据的准确性和全面性；在分析数据的过程中，则需要运用科学的统计方法和分析工具来挖掘数据背后的规律和趋势。

例如，某金融企业在评估其数字化转型过程中的数据安全风险时，收集了来自内部安全审计报告、外部安全威胁情报以及行业安全标准等多个方面的数据。通过运用大数据分析和机器学习技术，企业成功识别出了潜在的数据泄露风险点，并制定了相应的防范措施。

3. 风险等级划分与优先级排序

通过对收集到的数据进行分析和处理，企业可以将识别出的风险点按照其大小与发生概率，划分为不同的等级并确定其优先级排序。在划分风险等级和排序优先级时，企业需要充分考虑企业自身特点和需求，以及外部环境的变化情况。这一过程有助于企业明确风险管理的重点和方向，为制定应对策略提供有力支持。

三、制定风险应对策略与措施

针对评估出的风险点及其大小与发生概率，企业需要制定相应的风险应对策略与措施，以降低风险发生的可能性和影响程度。这些策略与措施应具有针对性和可操作性，以确保其能够在实际工作中得到有效执行。

1. 技术风险应对策略

（1）技术选型策略

建立科学的技术评估机制和决策流程，引入专家咨询和第三方评估等方式降低技术选型风险。同时关注技术发展趋势和市场动态，及时调整和优化技术选型方案。

（2）系统集成策略

制定详细的集成计划和测试方案，加强跨部门协作和沟通，确保系统集成工作的顺利进行。同时引入专业的系统集成服务商，提高集成效率和质量，降低集成风险。

（3）数据安全与隐私保护策略

建立健全的数据安全管理制度，采用加密技术、防火墙等安全措施，确保数据传输和存储的安全性。同时加强员工数据安全培训，提高员工的安全意识和防范能力。

2. 业务流程风险应对策略

（1）流程再造优化策略

为了降低流程再造风险，企业需要采取一系列优化策略。首先，企业应深入调研现有业务流程，识别痛点和瓶颈，明确流程再造的目标和需求。其次，设计合理的再造方案，确保新流程能够满足业务需求并提高运营效率。同时，引入先进的业务流程管理工具和技术手段，如业务流程管理（BPM）软件、机器人流程自动化（RPA）等，以辅助流程再造工作的实施。此外，加强流程执行过程中的监控和反馈机制，及时发现并解决问题，确保流程再造工作的顺利进行。

在流程再造过程中，企业需要关注员工的适应性和培训问题。通过组织培训、提供学习资源和支持，帮助员工快速适应新流程，并提升他们的数字化技能和知识。同时，建立有效的激励机制，鼓励员工积极参与流程再造工作，提出改进建议和创新思路。

例如某制造企业在推进数字化转型过程中，对其供应链管理流程进行了全面再造。通过引入先进的供应链管理系统和物流自动化技术，企业实现了供应链的高效协同和快速响应。然而，在再造初期，员工对新系统的不适应和操作流程的不熟悉，导致了一些问题。为此，企业组织了多次培训，提供了详细的操作手册和视频教程，帮助员工快速掌握新系统的使用方法；同时，建立了反馈机制，鼓励员工提出问题和建议，不断优化流程再造方案。

经过一段时间的努力，员工逐渐适应了新流程，供应链管理的效率和准确性得到了显著提升。

（2）自动化与人工干预平衡策略

在自动化与人工干预之间找到平衡点，是企业应对业务流程风险的关键。企业应根据业务需求和实际情况，合理规划和部署自动化任务，避免过度依赖人工干预或盲目追求自动化。同时，加强自动化系统的监控和维护工作，确保其稳定运行并满足业务需求。

对于仍需人工干预的环节，企业应明确干预的标准和流程，确保人工干预的准确性和及时性。同时，加强员工培训和技能提升工作，提高员工在人工干预环节的专业素养和应对能力。此外，建立应急响应机制，以应对突发事件和异常情况的发生。

3. 组织与文化风险应对策略

（1）组织变革引导策略

为了克服组织变革阻力风险，企业需要加强沟通与引导工作。首先，高层领导应亲自参与变革过程，与员工进行面对面交流，解释变革的必要性和意义，增强员工的认同感和归属感。其次，建立变革管理团队或项目小组，负责变革计划的制定和实施工作，确保变革过程的顺利进行。同时，加强内部沟通和宣传工作，通过内部网站、公告栏、会议等方式，向员工传递变革信息和进展情况。

在变革过程中，企业还应关注员工的心理变化和需求变化，及时提供心理支持和帮助。通过组织团队建设活动、开展心理辅导等方式，缓解员工的压力和焦虑情绪，提高员工的变革适应能力和心理韧性。

例如，某零售企业在推进数字化转型过程中遇到了组织变革阻力问题。一些员工对新系统和新流程不适应，导致工作效率下降和士气低落。为此，企业高层领导下基层与员工进行交流沟通，解释数字化转型的重要性和意义，并承诺保障员工的职业发展和福利待遇。同时，企业成立了变革管理团队负责变革计划的制定和实施工作，并组织了多次培训和团队建设活动帮助员工适应新系统和新流程。经过一段时间的努力，企业成功克服了组织变革阻力，推动了数字化转型的顺利进行。

（2）文化融合策略

为了降低文化冲突风险，企业需要在新旧文化之间找到平衡点，既要保留传统文化的精髓和优势，又要积极引入新文化的元素和理念。首先，企业应明确自身的核心价值观和发展战略，确保新文化与核心价值观和发展战略相契合。其次，通过组织文化活动、制定文化手册等方式，向员工宣传新文化的内涵和要求，帮助员工理解和接受新文化。同时，加强员工对新文化的认同感和归属感，通过激励机制和文化建设活动等方式，激发员工的积极性和创造力。

在文化融合过程中，企业还应关注员工的思想动态和行为变化，及时发现并纠正与新文化不符的行为和思想。通过加强内部沟通和反馈机制，确保员工能够积极参与文化融合过程，并提出建设性意见和建议。

4. 人才与培训风险应对策略

（1）人才引进与培养策略

为了弥补人才短缺问题，企业需要加大人才引进和培养力度。首先，制定详细的人才招聘计划，明确招聘标准和流程，吸引具备数字化技能和知识的优秀人才加入企业。其次，建立完善的人才培训体系，为员工提供必要的学习资源和支持，帮助他们快速适应新技术和新流程的要求。同时，加强与高校、研究机构等合作，共同培养符合数字化转型需求的专业人才。

在人才引进与培养过程中，企业还应关注员工的职业发展和成长路径，为员工提供晋升机会和职业规划支持。通过制定个性化的职业发展规划和提供多样化的培训资源，帮助员工实现个人价值和企业目标的双赢。

例如，某互联网企业在推进数字化转型过程中，发现其技术团队在人工智能领域存在人才短缺问题。为此，企业加大了对人工智能领域优秀人才的引进力度。通过参加行业招聘会、发布招聘信息等方式，吸引了大量优秀人才加入企业。同时，企业还建立了完善的技术培训体系，为技术人员提供了丰富的学习资源和实践机会，帮助他们快速掌握人工智能技术和应用方法。经过一段时间的努力，企业成功构建了一支具备强大人工智能能力的技术团队，为企业的数字化转型提供了有力支持。

（2）培训提升策略

为了降低培训不足风险，企业需要制定详细的培训计划和学习路径图，为员工提供必要的学习资源和支持。首先，明确培训目标和内容，确保培训内容与业务需求和技术发展相契合。其次，采用多种培训方式和方法，如线上培训、线下培训、实操演练等，提高培训的针对性和实效性。同时，加强培训效果的评估和反馈机制，及时发现并改进培训中的问题和不足。

在培训提升过程中，企业还应关注员工的学习意愿和动力，通过激励机制和文化建设活动等方式，激发员工的学习积极性和创造力。通过建立学习社群、组织知识分享会等方式，促进员工之间的交流和合作，提高整体团队的学习能力和创新能力。

第四节　企业内部控制活动的全面重塑与深度整合

控制活动是指为了保证管理指令得到实施而制定并执行的控制政策和程序。企业必须制定控制的政策和程序，并予以执行，以帮助管理层保证其控制目标的实现。控制活动存在于整个公司内，并出现于各管理层及功能组织中。控制活动包括与授权、业绩评价、信息处理、实物控制和职责分享等相关的活动。

在数字化转型的浪潮中，企业内部控制活动作为企业运营管理的核心环节，其重要性不言而喻。然而，传统的内部控制活动往往局限于特定的业务流程和职能领域，缺乏跨部门的协同与整合，难以适应快速变化的市场环境和业务需求。因此，企业需要对内部控制活动进行全面重塑与深度整合，以构建更加高效、灵活、智能的内部控制体系，为数字化转型提供有力支撑。

一、现有控制活动评估与问题分析

在重塑与整合内部控制活动之前，企业首先需要对现有控制活动进行全面评估，明确其存在的问题和不足。这一过程不仅包括对各项控制活动的详细描述和分析，还应涵盖控制活动的覆盖范围、执行效率、风险防控能力等方面。

1. 覆盖范围有限

在数字化转型的背景下，企业内部控制活动的覆盖范围成为一个关键问题。传统上，内部控制活动往往侧重于财务、采购、销售等核心业务流程，而忽视了如数据治理、网络安全、人工智能伦理等新兴领域，这种局限性导致企业在面对新风险时缺乏足够的应对能力。

（1）数据治理

随着大数据技术的广泛应用，企业数据量呈爆炸式增长。然而，许多企业尚未建立有效的数据治理机制，导致数据质量参差不齐、数据泄露风险增加。在内部控制活动重塑中，应将数据治理纳入重要议程，确保数据的准确性、完整性和安全性。

（2）网络安全

数字化转型加剧了企业对网络环境的依赖，但同时也使企业面临更加复杂的网络安全威胁。黑客攻击、病毒入侵等事件频发，给企业带来了巨大的经济损失和声誉风险。因此，在重塑内部控制活动时，必须加强对网络安全风险的识别和防控。

（3）人工智能伦理

随着人工智能技术的不断发展，企业在应用人工智能技术时面临着伦理挑战。如何确保人工智能系统的公平性、透明度和可解释性，避免算法歧视和偏见，成为企业内部控制活动需要关注的新领域。

2. 执行效率低下

传统内部控制活动往往存在流程烦琐、审批层级过多等问题，导致执行效率低下，这不仅增加了企业的运营成本，还可能影响业务运营的及时性和准确性。

（1）流程优化

通过引入流程管理工具和方法（如业务流程管理、六西格玛等），对现有内部控制流程进行全面梳理和优化。识别并消除冗余环节和瓶颈问题，简化审批流程，提高执行效率。

（2）自动化技术应用

利用机器人流程自动化（RPA）、人工智能等自动化技术，将重复性高、标准化程度高的任务自动化处理。减少人工干预，降低错误率，提高处理速度和准确性。

（3）绩效考核与激励机制

建立与内部控制活动执行效率相挂钩的绩效考核体系，激励员工积极参与内部控制活动改进工作。通过设立奖励机制、提供培训和发展机会等方式，激发员工的积极性和创造力。

3. 风险防控能力不足

随着市场环境和业务需求的变化，企业面临的风险日益复杂多变。然而，现有内部控制活动可能未能充分识别和评估这些风险，或者对风险的控制措施不够有效。

（1）风险识别与评估机制

建立完善的风险识别与评估机制，定期对企业面临的内外部风险进行全面梳理和评估。采用定性和定量相结合的方法，识别潜在风险点并评估其发生概率和影响程度。

（2）风险应对措施

针对识别出的风险点，制定具体的应对措施和预案。明确责任部门和责任人，制定详细的执行计划和时间表。同时，建立风险监控和反馈机制，确保应对措施得到有效执行并及时调整优化。

（3）风险文化建设

将风险管理融入企业文化中，培养员工的风险意识和防控能力，通过培训、宣传等方式，提高员工对风险管理的认识和重视程度，形成全员参与风险防控的良好氛围。

4. 跨部门协同不足

内部控制活动涉及企业各个部门和岗位之间的协同与配合。然而，在实际操作中，不同部门之间往往存在沟通不畅、信息共享不足等问题，导致内部控制活动难以形成合力。

（1）跨部门协作机制

建立跨部门协作机制，明确各部门在内部控制活动中的职责和角色。通过定期召开跨部门会议、建立信息共享平台等方式，加强部门之间的沟通与协作。

（2）信息共享与透明度提升

提高内部控制活动的信息共享程度和透明度，确保各部门能够及时获取所需信息并共同参与决策过程。通过引入数字化工具和技术手段（如 ERP 系统、CRM 系统等），实现信息的集中存储和共享利用。

（3）冲突解决与协同优化。针对跨部门协作过程中可能出现的冲突和问题，建立有效的冲突解决机制。通过协商、调解等方式，妥善解决分歧和矛盾，促进部门之间的协同合作。同时，持续优化跨部门协作流程和工作机制，提高协作效率和效果。

二、重塑控制活动的策略框架

1. 明确重塑目标与原则

在重塑内部控制活动时，首先需要明确重塑目标与原则。重塑目标应与企业战略目标相一致，旨在提升内部控制活动的覆盖范围、执行效率、风险防控能力和跨部门协同水平。重塑原则应坚持全面性、灵活性、智能化和协同性的原则。

（1）目标细化与量化

将重塑目标进一步细化和量化，明确具体指标和衡量标准。例如，设定内部控制活动覆盖范围扩大比例、执行效率提升百分比、风险防控能力提升指标等具体目标值。通过量化指标来跟踪和评估重塑工作的进展和效果。

（2）原则贯彻与落实

将重塑原则贯穿于整个重塑过程中，确保各项措施和方案都符合全面性、灵活性、智能化和协同性的要求。通过培训、宣传等方式提高员工对重塑原则的认识和重视程度，形成共同遵循的行为准则和价值观念。

2. 设计适应数字化转型的控制活动模型

为了适应数字化转型的需求，企业需要设计一套适应数字化转型的控制活动模型。该模型应涵盖企业所有关键业务环节和风险因素，并充分利用数字化技术和工具来提升内部控制活动的自动化和智能化水平。

（1）模型构建与验证

基于企业实际情况和数字化转型需求构建控制活动模型。通过专家咨询、市场调研等方式收集意见和建议不断完善模型设计。同时开展模型验证工作确保模型的有效性和可行性。

（2）数字化技术应用

在模型设计中充分利用数字化技术和工具（如云计算、大数据、人工智能等）来提升内部控制活动的自动化和智能化水平。例如利用大数据分析技术来识别潜在风险点，利用人工智能技术来辅助风险评估和决策制定。

（3）灵活性与可扩展性

确保控制活动模型具有一定的灵活性和可扩展性，以适应市场环境和业务需求的变化。通过模块化设计等方式使模型易于调整和优化，以适应不同场景和需求的变化。

3. 确定关键控制要素与优化路径

在重塑控制活动的过程中，需要确定关键控制要素与优化路径，以确保重塑工作的针对性和有效性。

（1）关键控制要素识别

通过风险识别与评估机制，识别出影响企业内部控制效果的关键控制要素，如审批流程、风险评估方法、控制措施等。针对这些关键控制要素，进行深入分析和探讨，明确其重要性和影响程度。

（2）优化路径设计

针对每个关键控制要素，设计具体的优化路径和措施。例如针对审批流程烦琐的问题，可以通过简化审批层级、引入自动化审批工具等方式进行优化；针对风险评估方法不科学的问题，可以通过引入先进的风险评估模型和工具，来提高评估准确性和可靠性。

（3）实施计划与时间表制定

为每个优化路径制定详细的实施计划与时间表，明确责任部门和责任人，以及具体执行步骤和时间节点。通过定期跟踪和评估实施进度和效果，及时调整优化方案，以确保重塑工作的顺利进行和成功落地。

三、控制活动的深度整合方案

1.跨部门协同机制建设

跨部门协同是内部控制活动深度整合的关键。企业需要建立跨部门协同机制，来加强不同部门和岗位之间的沟通与协作，形成合力共同推动内部控制活动的改进和优化。

（1）协同机制设计

基于企业实际情况和业务需求，设计跨部门协同机制，明确各部门在内部控制活动中的职责和角色，以及协同方式和流程。通过制定跨部门协作规范和信息共享标准等方式，促进部门之间的有效沟通和信息共享。

（2）协同平台建设

引入先进的协同办公工具或平台（如钉钉、企业微信等），为跨部门协同提供技术支持和便利条件。通过平台实现任务的分配与跟踪、信息的共享与交流以及进度的监控与反馈等功能，提高协同效率和效果。

（3）冲突解决与激励机制

针对跨部门协同过程中可能出现的冲突和问题，建立有效的冲突解决机制，确保问题得到及时解决并避免影响协同效果。同时建立激励机制，鼓励员工积极参与跨部门协同工作，通过表彰、奖励等方式激发员工的积极性和创造力。

2. 信息流与数据流的无缝对接

信息流与数据流的无缝对接是内部控制活动深度整合的基础。企业需要确保不同部门和岗位之间的信息流与数据流能够顺畅传递和共享利用，从而支持内部控制活动的有效执行和决策制定。

（1）信息标准化与共享

制定统一的信息标准和格式，确保不同部门和岗位之间的信息能够相互识别和共享利用。通过建立信息共享平台或数据库等方式，实现信息的集中存储和共享访问，提高信息的可用性和利用率。

（2）数据治理与质量管理

加强数据治理工作确保数据的准确性、完整性和安全性。通过建立数据质量监控机制，定期对数据进行检查和评估，及时发现并纠正数据质量问题。同时加强对敏感数据的保护，防止数据泄露和滥用风险的发生。

（3）数据分析与决策支持

利用大数据分析技术深入挖掘数据背后的规律和趋势，为内部控制活动的决策制定提供有力支持。通过建立数据分析模型和算法，对海量数据进行处理和分析，提取有价值的信息和判断，为管理层提供科学的决策依据和建议。

3. 利用数字化工具提升自动化与智能化水平

数字化工具的应用是提升内部控制活动自动化与智能化水平的重要途径。企业需要充分利用数字化技术和工具，来优化控制活动的执行流程和效果，降低人为错误的风险并提高执行效率和质量。

（1）自动化技术应用

引入机器人流程自动化等自动化工具来处理重复性高、标准化程度高的任务，如财务报销审批、采购订单处理等。通过自动化工具减少人工干预，降低错误率并提高处理速度和准确性。同时关注自动化技术的最新发展动态，及时引入新技术提升自动化水平。

（2）人工智能技术应用

利用人工智能技术辅助风险评估和决策制定，提高风险评估的准确性和可靠性，并降低人为判断的主观性和偏差性。例如利用机器学习算法对海量数据进行训练和分析识别。

（3）人工智能技术应用扩展

人工智能技术的应用不仅限于风险评估，还可以渗透到内部控制活动的多个环节。例如，利用自然语言处理技术（NLP）对内部报告、合同文档等进行自动审核，快速识别潜在的合规风险或合同条款漏洞；通过图像识别技术监控生产现场的违规行为，提高安全生产的控制水平。此外，人工智能技术还可以用于预测分析，基于历史数据和当前趋势，预测未来可能出现的风险，使企业能够提前采取措施进行防范。

4. 建立持续监控与反馈机制

内部控制活动的重塑与整合并非一蹴而就，而是一个持续优化的过程。因此，企业需要建立持续监控与反馈机制，确保内部控制活动的有效性和适应性。通过设立专门的监控部门或岗位，利用数字化工具实时监控内部控制活动的执行情况，及时发现问题并进行反馈。同时，建立畅通的反馈渠道，鼓励员工提出改进意见和建议，形成全员参与、持续改进的良好氛围。

四、实施步骤与关键成功因素

1. 实施步骤细化

（1）前期准备阶段

成立专项工作组，明确各成员职责；开展现状调研与分析，识别现有控制活动的问题与不足；制定详细的重塑与整合方案，明确目标与原则、关键控制要素与优化路径等。

（2）方案设计阶段

基于前期准备工作的成果，设计适应数字化转型的控制活动模型；制定跨部门协同机制、信息流与数据流对接方案、数字化工具应用计划等；考虑实施过程中可能遇到的挑战与风险，制定应对措施。

（3）系统开发与测试阶段

根据设计方案进行系统开发，包括流程优化软件、自动化工具、人工智能辅助系统等；在系统开发过程中，注重用户体验与操作便捷性；开发完成后进行系统测试，确保各项功能正常运行且符合预期效果。

（4）培训与推广阶段

组织相关部门和人员进行培训，确保他们了解新系统、新流程的操作方法与注意事项；通过宣传、演示等方式推广新内部控制活动体系，提高员工的认知度与接受度。

（5）试运行与调整阶段

在系统正式上线前进行试运行，观察实际效果并收集反馈意见；根据试运行情况对系统进行必要的调整与优化；确保新内部控制活动体系稳定运行后正式全面推广。

（6）持续监控与评估阶段

建立持续监控机制对新内部控制活动体系的执行情况进行实时监控；定期进行评估以检验重塑与整合效果是否达到预期目标；根据评估结果及时调整优化方案，确保内部控制活动的持续有效性。

2.关键成功因素分析

（1）高层领导的支持与推动

高层领导对内部控制活动重塑与整合的重视与支持是成功的关键。他们需要提供必要的资源与支持，确保重塑工作的顺利进行；同时积极参与推广与宣传工作，提高员工的认知度与参与度。

（2）跨部门协同与沟通

内部控制活动的重塑与整合涉及多个部门与岗位之间的协同与配合，因此建立有效的跨部门协同机制与沟通渠道至关重要。通过定期召开跨部门会议、建立信息共享平台等方式，加强部门之间的沟通与协作，确保重塑工作的顺利进行。

（3）员工积极参与与充分培训

员工的积极参与与充分培训是内部控制活动重塑与整合成功的重要保障。通过组织培训、宣传等方式，提高员工对新内部控制活动体系的认知度与接受度；鼓励员工提出改进意见和建议，形成全员参与、持续改进的良好氛围。

（4）技术选型与集成

数字化工具的应用是提升内部控制活动自动化与智能化水平的重要途径，因此选择合适的技术方案并进行有效集成至关重要。企业应根据自身实际情况与需求，选择合适的技术方案，并注重技术之间的兼容性与集成性，确保新系统的稳定运行与高效运行。

（5）风险管理与应对

在内部控制活动重塑与整合过程中，企业可能面临各种风险与挑战，如技术风险、操作风险、合规风险等，因此建立有效的风险管理与应对机制至关重要。通过制定风险识别与评估机制、建立风险应对措施与预案等方式，降低风险发生的可能性，并确保在风险发生时能够及时应对并减少损失的发生。

通过以上实施步骤与关键成功因素的分析，企业可以更加系统地推进内部控制活动的全面重塑与深度整合工作，确保在数字化转型过程中保持稳健的运营态势和持续的竞争力。

第五节　企业控制信息系统的创新与应用

一个良好的信息系统可以使企业及时掌握营运状况和组织中发生的各种情况，可以及时地为企业的员工提供履行职责所需的各种信息，从而使企业的经营和管理流畅地进行下去。企业在一定的时间内要以一定的形式确定、收集和交换信息，从而使员工能够担任岗位职责。一个组织的信息系统是指为了确认、汇总、分析、分类、记录以及报告公司交易和相关事件与情况，并保持对相关资产和负债的受托责任而建立的方法和记录。信息与沟通系统围绕在控制活动的周围，这些系统使企业内部的员工能取得他们在执行、管理和控制企业经营过程中所需的信息，并交换这些信息。

在数字化转型的深入推动下，企业控制信息系统的角色日益重要。它不仅是企业运营管理的核心支撑，更是驱动业务创新、提升决策效率的关键力量。面对快速变化的市场环境和不断升级的技术趋势，企业必须对现有控制信息系统进行全面审视，并积极探索创新与应用新型信息系统的路径，以适应数字化转型的需求。

一、现有信息系统的功能与不足

1. 现有信息系统的功能概览

现有控制信息系统通常集成了数据采集、存储、处理、分析及报告生成等多个功能模块，为企业提供了全面的业务管理支持。这些功能模块相互协作，共同构成了企业运营管理的数字化基础。

（1）数据采集

现有信息系统通过各类传感器、终端设备等手段，实时采集企业运营过程中的各类数据，包括生产数据、销售数据、财务数据等，这些数据是企业进行后续分析和决策的重要依据。

（2）数据存储

采集到的数据被存储在信息系统的数据库中，以便后续查询和分析。数据库的设计需要考虑数据的结构、容量、安全性等多个方面，以确保数据的完整性和可用性。

（3）数据处理

信息系统对存储的数据进行清洗、转换、整合等处理操作，以提高数据的质量和可用性。同时，通过算法和模型对数据进行挖掘和分析，发现数据背后的规律和趋势。

（4）数据分析

基于处理后的数据，信息系统提供多种分析工具和报表，帮助企业识别业务机会、评估绩效、预测趋势等。这些分析工具包括统计分析、趋势分析、关联分析等。

（5）报告生成

信息系统根据分析结果自动生成各类报告，如财务报表、销售报告、运营报告等，这些报告为管理层提供了直观的业务视图和决策支持。

2. 现有信息系统的不足与挑战

尽管现有信息系统在一定程度上满足了企业的管理需求，但在数字化转型的背景下，其不足与挑战也日益凸显。

（1）数据分析能力有限

现有信息系统在数据分析方面往往局限于基础的统计分析和报表生成，缺乏深入的数据挖掘和智能分析能力。这导致企业难以从海量数据中提取有价值的信息和洞察，限制了数据资源的充分利用和潜在价值的挖掘。

随着大数据技术的兴起，企业需要对现有信息系统进行升级，引入先进的数据分析工具和算法。例如，利用机器学习、深度学习等技术对数据进行深度挖掘和分析，发现隐藏的关联和模式。同时，建立数据仓库和数据湖等存储结构，以便更好地管理和利用大数据资源。

（2）系统集成度不高

不同部门、不同业务环节的信息系统往往相互独立，缺乏统一的标准和规范，导致数据孤岛现象严重。这不仅增加了数据整合和处理的难度和成本，还影响了内部控制活动的全面性和及时性。

为了提高系统集成度，企业需要制定统一的信息系统架构和标准规范。通过引入企业服务总线（ESB）、API网关等技术手段，实现不同系统之间的无缝集成和协同工作。同时建立信息共享平台和数据交换机制，确保数据的实时性和准确性。此外，还可以考虑采用微服务架构将大型系统拆分为多个小型、独立的服务，以便更好地进行管理和扩展。

（3）智能化水平低

现有信息系统大多依赖人工操作和判断，缺乏智能化决策支持功能。在面对复杂多变的业务环境时，信息系统难以提供及时、准确的决策建议和支持。

为了提升信息系统的智能化水平，企业需要积极引入人工智能技术如自然语言处理（NLP）、计算机视觉（CV）、语音识别等。通过人工智能技术实现信息系统的自动化处理、智能推荐和决策支持等功能。例如利用 NLP 技术，自动审核合同文档，识别潜在风险点；利用 CV 技术，监控生产现场，提高安全生产的控制水平；利用语音识别技术，实现语音交互，提高用户体验。

（4）安全性与稳定性挑战

随着网络攻击和数据泄露事件的频发，信息系统的安全性面临严峻挑战。同时，系统稳定性问题也时有发生，影响了企业的正常运营和声誉。

为了加强信息系统的安全性与稳定性保障，企业需要建立完善的信息安全管理体系，包括制定信息安全政策和管理制度、加强员工信息安全意识和技能培训、建立完善的应急响应机制等。同时，采用先进的安全技术和防护措施如加密技术、防火墙、入侵检测等，确保信息系统的安全性和稳定性。此外，还需要定期对信息系统进行安全审计和漏洞扫描，及时发现并修复潜在的安全隐患。

二、创新与应用新型信息系统的思路与方案

面对现有信息系统的不足与挑战，企业需要积极探索创新与应用新型信息系统的路径，以适应数字化转型的需求。以下是一些具体的思路与方案：

1.构建云原生信息系统

随着云计算技术的成熟和普及，越来越多的企业开始将信息系统迁移到云端，构建云原生信息系统成为趋势。云原生信息系统具有以下优势：

（1）弹性伸缩

云原生信息系统能够根据业务需求，自动调整资源分配，实现弹性伸缩，这有助于企业应对业务高峰期的流量压力，并降低运营成本。

（2）高可用性

云计算平台提供了完善的高可用性解决方案，如负载均衡、容灾备份

等，确保信息系统在发生故障时能够快速恢复服务，保障业务的连续性。

（3）快速迭代

云原生信息系统支持持续集成或持续部署（CI 或 CD）流程，能够加快软件交付速度并降低发布风险，这有助于企业快速响应市场变化，并推出新产品和服务。

2. 引入人工智能驱动的智能决策系统

人工智能驱动的智能决策系统是企业控制信息系统创新的重要方向之一。通过引入人工智能技术，企业可以实现信息系统的智能化升级，提高决策效率和准确性。具体方案包括：

（1）建立智能预测模型

利用机器学习算法对历史数据进行分析，建立预测模型，对未来业务趋势进行预测，这有助于企业提前做好准备并抓住市场机遇。

（2）优化供应链管理

通过引入人工智能技术，实现供应链的智能化管理，如智能库存预测、智能物流调度等，这有助于降低库存成本并提高物流效率。

（3）提升客户服务体验

利用自然语言处理技术，实现智能客服系统能够自动回答客户问题并提供个性化服务，这有助于提升客户满意度并降低客服成本。

3. 加强数据治理与合规性管理

在数字化转型过程中，数据治理与合规性管理变得尤为重要。企业需要加强数据治理工作确保数据的准确性、完整性和安全性，并遵守相关法律法规的要求。具体方案包括：

（1）建立数据治理体系

制定数据治理策略和标准规范，明确数据所有权、使用权和管理权等职责分工。同时建立数据质量监控机制，确保数据的准确性和可靠性。

（2）加强数据安全管理

建立完善的数据安全防护体系，包括数据加密、访问控制、安全审计等措施，确保数据不被非法访问和泄露。同时建立应急响应机制，以应对可能发生的安全事件。

（3）遵守法律法规要求

密切关注国内外相关法律法规的动态变化，及时调整数据治理策略和管理措施，确保企业合规运营。同时加强员工法律法规培训，提高全员合规意识。

4. 推动业务与 IT 深度融合

业务与 IT 的深度融合是企业数字化转型的关键环节之一。通过推动业务与 IT 的深度融合，企业可以实现业务流程的自动化、智能化和数字化，提高运营效率和市场竞争力。具体方案包括：

（1）建立敏捷开发团队

组建跨部门的敏捷开发团队，实现业务与 IT 人员的紧密合作，共同推进数字化转型项目的实施。敏捷开发团队能够快速响应业务需求变化并持续交付高质量的软件产品。

（2）采用开发运维（DevOps）模式

引入 DevOps 模式实现开发与运维的一体化管理，通过自动化工具和流程加快软件交付速度并提高系统稳定性和可靠性。DevOps 模式有助于打破开发与运维之间的壁垒，促进团队协作和持续改进。

（3）建立数字化工作场所

推动数字化工作场所的建设，为员工提供便捷、高效的工作环境。通过引入协同办公工具、在线会议系统等数字化工具，实现远程办公和移动办公，提高员工工作效率和灵活性。

综上所述，创新与应用新型企业控制信息系统是企业数字化转型过程中的重要一环。通过构建云原生信息系统、引入人工智能驱动的智能决策系统、加强数据治理与合规性管理以及推动业务与 IT 深度融合等措施，企业可以全面提升信息系统的功能和性能，为内部控制活动提供有力支撑，并推动企业实现可持续发展目标。在实际操作中，企业应根据自身实际情况和业务需求，制定具体的实施方案和计划，并注重实施过程中的风险管理和持续改进工作，以确保数字化转型的成功实施。

第六节　企业控制监督系统的重建与突破

在数字化转型的深入推动下，企业控制监督系统作为企业治理体系的重要组成部分，其有效性与可靠性直接关系到企业内部控制的成效和企业的长远发展。随着市场环境的快速变化和技术的不断进步，现有监督系统往往显得力不从心，难以满足企业日益增长的监督需求。因此，重建与突破企业控制监督系统，成为企业在数字化转型道路上必须跨越的一道坎。

一、评估现有监督系统的有效性与可靠性

1. 监督范围与覆盖面的审视

现有监督系统可能存在监督范围狭窄、覆盖面不全的问题。部分企业往往将监督重点放在财务、采购、销售等核心业务部门，而忽视了人力资源、信息技术、环境保护等非核心业务部门的监督需求。此外，对于跨部门、跨地域的业务活动，现有监督系统可能缺乏有效的监控手段，导致监督盲区的出现。

为了全面评估监督系统的覆盖面，企业可以采用风险矩阵法，将各项业务活动按照风险等级进行分类，并明确每类业务活动的监督要求和责任部门。同时，建立跨部门协作机制，确保监督工作的无缝衔接和全面覆盖。此外，对于远程办公、云计算等新兴业务模式，企业应积极探索新的监督手段和技术，确保监督工作的有效性和及时性。

2. 监督流程的规范性与效率性评估

现有监督流程可能存在规范性不足、效率性不高的问题。一些企业的监督流程缺乏明确的操作指南和审批标准，导致监督人员在执行过程中存在较大的自由裁量权，增加了监督结果的主观性和不确定性。同时，烦琐的审批环节和冗长的审批周期也影响了监督工作的效率。

为了提升监督流程的规范性和效率性，企业可以引入 ISO 31000 风险管理标准等国际标准，对监督流程进行全面梳理和优化。通过明确审批标准、简化审批环节、引入电子审批系统等措施，提高监督流程的规范性和效率性。同时，加强对监督人员的培训和管理，确保其严格按照流程执行监督工作。

3. 监督技术的先进性与适用性考量

现有监督技术在先进性和适用性方面可能存在不足。一方面，一些企业可能由于技术投入不足或技术水平限制，导致监督系统缺乏先进的数据分析、预警预测等功能；另一方面，即使企业引入了先进的技术手段，也可能由于系统集成度不高、数据共享不畅等原因，无法充分发挥技术的作用。

为了提升监督技术的先进性和适用性，企业应加大技术投入力度，积极引进大数据、云计算、人工智能等先进技术。通过构建智能化监督平台，实现对海量业务数据的实时采集、分析和预警。同时，加强系统集成和数据共享工作，打破信息孤岛现象，提高监督系统的整体效能。此外，还应注重技术的适用性评估，确保所选技术能够真正满足企业的监督需求并带来实际效益。

4. 监督结果的客观性与公正性检验

监督结果的客观性和公正性是衡量监督系统有效性与可靠性的重要指标。然而，现有监督系统可能受到人为因素、利益冲突等多种因素的影响，导致监督结果存在偏差或失真。

为了保障监督结果的客观性和公正性，企业应建立独立的监督机构或部门，负责监督工作的独立执行和结果报告。同时，加强对监督人员的职业道德教育和廉洁自律要求，确保其不受外界干扰和利益诱惑。此外，企业还可以引入第三方审计机构对监督结果进行复核和验证，提高监督结果的客观性和公信力。

二、重建与突破监督系统的策略与建议

1. 明确监督目标与原则

在重建与突破监督系统之前，企业应首先明确监督目标与原则。监督目标应与企业的战略目标和内部控制要求相一致，旨在提升企业的治理水平、保障业务活动的合规性和有效性。监督原则应坚持独立性、客观性、公正性和效率性的原则，确保监督工作的独立执行、客观公正和高效运作。

为了明确监督目标与原则，企业可以组织跨部门、跨层级的研讨会或座谈会，广泛征求各方面的意见和建议。同时，借鉴国际先进经验和最佳实践，结合企业实际情况制定具有针对性和可操作性的监督目标与原则。此外，企业还应将监督目标与原则纳入企业文化建设和员工培训体系之中，提高全体员工的认识和重视程度。

2. 优化监督组织架构与职责分工

为了提升监督系统的有效性和可靠性，企业应优化监督组织架构与职责分工。通过明确监督机构的设置、职责权限和人员配备等方面的要求，确保监督工作有专门机构负责、有专业人员执行。同时，加强跨部门协作与沟通机制建设，确保监督工作的全面覆盖和无缝衔接。

为了优化监督组织架构与职责分工，企业可以采用扁平化、网络化的组织架构模式，减少管理层级和决策环节，提高决策效率和执行力。同时，建立跨部门协作小组或委员会，负责协调各部门之间的监督工作，确保监督工作的整体性和一致性。此外，企业还应加强对监督人员的选拔、培训和管理工作，提高其专业素养和业务能力，以适应监督工作的需要。

3. 引入先进监督技术与工具

为了提升监督系统的先进性和智能化水平，企业应积极引入先进监督技术与工具。通过构建智能化监督平台，实现对业务活动的实时监控、数据分析和预警预测等功能，提高监督工作的效率和准确性。同时，加强对新兴技术如区块链、物联网等的研究和应用，探索其在监督领域的应用潜力和前景。

为了引入先进监督技术与工具，企业可以加强与高校、科研机构等外部机构的合作与交流，共同研发适合企业特点的监督技术与工具。同时，关注行业动态和技术发展趋势，及时了解和掌握新技术的发展动态和应用案例，以便及时调整和优化监督系统的技术架构和功能模块。此外，企业还应注重技术的安全性和稳定性评估，确保所选技术能够稳定可靠地运行，并保障企业数据的安全性和隐私性。

4. 完善监督制度与流程

为了规范监督行为和提高监督效率，企业应完善监督制度与流程。通过制定详细的监督制度，明确监督工作的范围、程序、方法和要求，确保监督工作的规范性和一致性。同时，优化监督流程，减少不必要的审批环节和冗余步骤，提高监督工作的效率和及时性。

为了完善监督制度与流程，企业可以借鉴国内外先进企业的经验和做法，结合企业实际情况制定具有针对性和可操作性的监督制度与流程。同时，加强对监督制度执行情况的监督和检查，确保制度得到有效执行并发挥实际作用。此外，企业还应定期对监督制度与流程进行评估和优化，根据市场环境和业务需求的变化，及时调整和完善相关制度与流程，以适应企业发展的需要。

5. 强化监督结果的运用与反馈

监督结果的运用与反馈是监督工作的关键环节之一。企业应加强对监督结果的运用和分析，及时发现和纠正存在的问题和风险点，并提出改进意见和建议。同时建立健全的监督结果反馈机制，确保监督结果能够及时传达给相关部门和人员，并得到有效处理和改进。

为了强化监督结果的运用与反馈，企业可以建立监督结果通报制度和整改跟踪机制，定期向管理层和相关部门通报监督结果并督促相关部门及时整改落实。同时，加强对整改情况的跟踪和评估，确保整改措施得到有效执行并取得实效。此外，企业还应建立监督结果激励与约束机制，将监督结果与绩效考核、奖惩机制等相结合，激发员工的积极性和创造力，推动监督工作的深入开展和持续改进。

6. 培养高素质的监督人才队伍

高素质的监督人才队伍是企业控制监督系统重建与突破的重要保障。企业应注重培养高素质的监督人才队伍，提高其专业素养和业务能力，以适应监督工作的需要。

为了培养高素质的监督人才队伍，企业可以加强与高校、培训机构等外部机构的合作与交流，共同开展监督人才培训和教育工作。同时，建立健全的人才培养体系和激励机制，为监督人员提供广阔的发展空间和晋升机会，激发其工作热情和创造力。此外，企业还应注重培养监督人员的创新思维和实践能力，鼓励其积极探索新的监督方法和手段，提高监督工作的创新性和实效性。

综上所述，企业控制监督系统的重建与突破是一项复杂而艰巨的任务。然而，只要企业能够明确监督目标与原则、优化监督组织架构与职责分工、引入先进监督技术与工具、完善监督制度与流程、强化监督结果的运用与反馈，以及培养高素质的监督人才队伍，就一定能够构建出更加高效、智能、可靠的控制监督系统，为企业的稳健发展提供有力保障。

本章深入探讨了企业数字化转型背景下的内部控制重构问题，从数字化转型的战略定位与规划出发，明确了企业在此过程中的目标与方向，并强调了制定详细规划与路线图的重要性。随后，本章分析了企业内部控制环境的现状，提出了重构与优化控制环境的方案与建议，以确保数字化转型的顺利进行。在风险评估方面，本章指出了识别、评估及应对数字化转型过程中风险的关键步骤，帮助企业有效管理风险。此外，本章还关注了企业内部控制流程的重塑与整合，以及控制信息系统的创新与应用，旨在通过优化流程和利用先进技术，进一步提升企业内部控制的效率和效果。最后，本章对现有监督系统的有效性与可靠性进行了评估，并提出了重建与突破监督系统的策略与建议，以保障数字化转型背景下的内部控制质量。综上所述，本章为企业实现数字化转型与内部控制重构提供了全面而深入的分析和策略建议。

第六章　企业数字化转型与内部控制重构的案例研究

本章"企业数字化转型与内部控制重构的案例研究"将通过深入分析中国工商银行和中国联通两大企业的实践案例，为读者提供宝贵的实践经验与启示。首先，本章将详细介绍中国工商银行的数字化转型与内部控制重构实践。从中国工商银行的概况出发，阐述其在数字化转型方面的具体举措，以及内部控制重构的详细实践。同时，本章还将分析中国工商银行数字化转型与内部控制重构所取得的成效，为读者提供可借鉴的成功经验。接着，本章将介绍中国联通的数字化转型与内部控制重构实践。详细描述其在数字化转型方面的探索与实践，包括在数字化转型初期营收款控制系统构建方面的具体做法，以及在数字化转型深化阶段内部控制重构的实践，揭示其如何通过内部控制的优化来支撑企业的数字化转型。最后，本章将对以上两个案例进行深入的分析与总结，提炼出对企业数字化转型与内部控制重构具有普遍指导意义的启示。这些启示将帮助读者更好地理解企业数字化转型与内部控制重构的实践路径，为企业在这一领域的探索提供有益的参考。

第一节　中国工商银行数字化转型与内部控制重构实践

一、中国工商银行概况

中国工商银行（以下简称工商银行）成立于 1984 年 1 月 1 日。2005 年 10 月 28 日，整体改制为股份有限公司。2006 年 10 月 27 日，在上交所和香港联交所同日挂牌上市。工商银行连续 11 年位列英国《银行家》全球银行 1000 强榜单榜首和美国《财富》500 强榜单全球商业银行首位，连续 8 年位列英国 Brand Finance 全球银行品牌价值 500 强榜单榜首。[①] 工商银行总部设在北京，作为中国最大银行之一，其数字化转型之路堪称典范，并积极推进内部控制系统的优化以适应新的业务环境。

随着数字技术的快速发展，工商银行开始实施包括云计算、大数据、人工智能和区块链技术在内的多项创新技术，以提高服务效率和风险管理能力。工商银行的内部控制体系传统上依赖于严格的规章制度和手工审查流程，但这在数字化快速发展的环境下显得日益不足。因此，工商银行开始优化其内部控制体系，引入自动化的风险监控和管理工具，同时强化对网络安全和数据保护的控制；通过整合内部数据资源，建立了一个中央数据仓库，不仅加强了数据驱动的决策制定能力，还提升了对各种金融犯罪行为的预防和响应速度；采用了先进的分析工具和算法，来提升其风险评估和管理流程的精确性。通过这些措施，工商银行构建了一个更加灵活、响应迅速的内部控制系统，从而更好地适应数字经济时代的挑战和机遇。这些变革不仅提升了工商银行的业务效率和客户服务质量，也加强了其市场竞争力，使其在全球金融市场中保持领先地位。

---

① 数据来自中国工商银行官方网站

二、中国工商银行数字化转型

1. 银行业数字化转型

党的二十大报告明确指出，要加速推进数字经济的发展步伐，促进数字经济与实体经济的深度融合，以服务现代化产业体系的构建，这为数字经济的发展指明了方向。在 2023 年的中央金融工作会议上，习近平总书记对金融服务实体经济作出了重要部署，强调要做好科技金融、绿色金融、普惠金融、养老金融、数字金融这五篇大文章。银行业作为现代化经济体系中举足轻重的"金融力量"，正全面加速数字化转型的步伐，积极响应并服务于数字经济与实体经济融合的发展趋势。这不仅是时代发展的必然要求，更是银行业在"数字蓝图"上不断书写崭新篇章的生动实践。

（1）银行业数字化转型内涵

数字经济在农业经济、工业经济之后，已然崛起为当前社会的主导经济形态。它以数据资源作为核心要素，依托现代信息网络作为主要载体，并通过信息通信技术的深度融合应用以及全要素的数字化转型，构成了其发展的重要推动力。在这一转型浪潮中，金融业，尤其是银行业，扮演着先行者的角色。银行业作为技术和知识密集型行业，天生具备利用信息技术提升业务效率的内生需求和显著优势，因此在各行业的数字化进程中名列前茅。银行业的数字化转型，是以数据和技术要素为双轮驱动，旨在加速组织模式、业务模式、管理模式以及商业模式的创新与重塑，进而有效提升价值创造能力，实现企业级的转型升级与创新发展。

（2）银行业数字化转型特征

银行业作为数字化发展的先行者，在转型实践中坚定地将金融科技作为核心引擎，将智能移动终端领域视为主要渠道，将场景化金融生态作为关键战场，将丰富和提升客户体验作为主要路径，将建立敏捷化组织作为核心主轴，持续推动模式创新与体制机制变革。具体来看，银行业的数字化转型主要呈现以下几个显著特征：

第一，数据化（Datafication）。在数字经济时代，数据已迅速渗透到生产、分配、流通、消费等各个环节，成为最具时代特征的生产要素。数字经济的发展及业态创新，本质上都是基于数据信息的价值创造。通过海量、动态、高增长、多元化的数据在各行各业的广泛应用，可以创造更多价值，同时降低各类成本，使价值创造更加高效。银行业天生与数据相伴，其数字化转型应以数据为核心，持续推动业务数据化和数据业务化，释放数据的业务和经营价值，实现全量全要素的连接和实时反馈，提升对业务的感知、决策、创新、营销、风控能力，进而提升业务体验、业务效率与经营价值。

第二，智能化（Intelligentization）。智能化是指事物在计算机网络、大数据、物联网和人工智能等技术的支持下，所具备的能满足人的各种需求的属性。它是建立在数据化基础上对功能和服务的全面升华。银行业一直坚守服务国计民生的初心，在降低服务门槛的同时，充分运用数字化技术，秉持以客户为中心的服务理念，持续提升客户体验。它聚焦客户的痛点、难点，以数字化手段为客户提供智能化、场景化的解决方案，以智能输送便捷，用服务传递温度。

第三，开放化（Openness）。数字经济时代以高效集聚、顺畅融通、开放共享为特征。国内银行业也基于此，开启了由传统银行逐步向开放银行探索的数字化发展"进阶之路"。开放银行是指利用开放 API 等技术，实现与第三方机构间的数据共享、银行服务与产品的即插即用。它以"走出去"和"引进来"两种方式，将终端服务客群衍生至传统银行服务难以触达的长尾客户，全面释放数据价值与规模价值。

第四，生态化（Ecologization）。银行业致力于推进金融服务线上线下一体化和跨界生态融合共建，打造精准布局、链式赋能、协同运营的新型生态银行。它激活金融服务"内生态"，畅通跨界融合"外生态"，构筑数字生活新图景，让数字化转型成果更广泛地惠及社会民生。在数字化转型过程中，银行业在实现金融服务的场景输出时，通过将数字化转型应用向产业链上下游、生产的前后端等各环节拓展，重塑产业布局，发现新的产业机遇和增长点。它致力于打造优势互补、开放共赢、合作共享的金融生态圈，构建银政企数字共同体，形成强大合力。

2. 中国工商银行数字化转型历程

在中国工商银行官网上，有这样一段落描述：本行始终聚焦主业，坚持服务实体经济的本源，与实体经济共荣共存、共担风雨、共同成长；始终坚持风险为本，牢牢守住底线，不断提高控制和化解风险的能力；始终坚持对商业银行经营规律的把握与遵循，致力于成为基业长青的银行；始终坚持稳中求进、创新求进，持续深化重点发展战略，积极发展金融科技，加快数字化转型；始终坚持专业专注，开拓专业化经营模式，锻造"大行工匠"。

中国工商银行作为中国银行业最大银行之一，其数字化转型之路堪称典范。自创立之初，工行便坚持"科技引领"的战略导向，而其数字化转型的道路经历了线上化和智能化，最终走向了数字化。通过构建智能化数据产品体系，打造"市场—业务—科技"的全行创新大循环体系，工商银行将不断强化数字化转型的支撑作用，努力成为促进经济高质量发展的"数字工行"。中国工商银行数字化转型历程见下表 6-1-1。

表 6-1-1 中国工商银行数字化转型历程

转型阶段	名称	时间	重要成果
第一阶段	数字化 1.0	1999—2014	全球数据大集中
			CB2000 系统
第二阶段	数字化 2.0	2015—2021	NOVA1.0 信息处理系统
			智慧银行生态系统（ECOS 系统）
第三阶段	数字工行	2022—	"D-ICBC"集团数字化品牌

进入 2022 年，工商银行发布了"D-ICBC"数字化品牌，围绕数字生态、数字资产、数字技术、数字基建、数字基因五维布局打造领先优势，以客户为中心对传统金融模式进行数字化重构。2023 年，建成具有数字化转型引领示范效应，具有更强适应性、竞争力、普惠性的"数字工行"。"D-ICBC"数字化品牌五维布局见下表 6-1-2。

表 6-1-2　"D-ICBC"数字化品牌五维布局

数字五维布局	目标	具体方针
数字生态	增强数字生态开拓运营能力，服务畅通国内大循环、国内国际双循环。	1. 紧密围绕全行重点任务，创新一批数字化合作标杆和极致体验"精品"，建设开放、合作、共赢的金融场景生态布局，构建开放互联、跨界融合的"数字共同体"。 2. 准确把握挖掘经济全球化等重大市场机遇，运用金融科技手段强化外汇业务基础运营能力、合规与风险控制能力，持续创新外汇和全球产品服务，构建智慧贸易金融生态。
数字资产	增强数字资产智能应用能力，做实做强做活数据新要素，活跃数字经济循环。	1. 深度参与数据要素市场化改革，广泛引入政府公共数据等优质外部数据，全力推动内外部数据入源头与过程控制。强化数据质量。 2. 持续升级数据中台，健全数据服务产品管理与运营机制，打造智能化数据产品体系，强化集团数据管理、创新应用与共享服务能力，推动数据资源向数据资产转化。
数字技术	增强数字技术创新驱动能力，打造先进可控的硬核科技，发挥科技创新在畅通循环中的关键作用。	1. 打造"云上工行"，构建"云计算＋分布式"两大核心技术平台，持续升级同业领先的大数据、人工智能、区块链、物联网、5G 等一系列企业级技术平台。 2. 加大产学研用联合创新，实施一批具有前瞻性、战略性的重大科技项目，加强新技术的规模化应用，使科技创新成果加速转化为业务价值。
数字基建	增强数字基建安全保障能力，夯实数字化转型发展根基，提升金融产业供应链安全稳定水平。	1. 加快实施科技新基建，打造世界一流绿色数据中心，形成"多中心多活"新布局。 2. 打好银行业"卡脖子"技术攻坚战，有序推进信息系统转型改造试点和推广。 3. 加快建立新一代运维体系，以及面向全集团、全过程、智能化的信息安全防御体系。 4. 完善数据安全管理体系，建立数据分级分类管理规范，稳妥开展数据合作共享。
数字基因	增强数字基因灵活创新能力，建设敏捷协同的组织机制，激发数字化内生源动力。	1. 充分发挥高层决策和统筹推进作用，坚持全行一盘棋，将数字化转型作为一项全局性的系统工程来抓。 2. 建立创新孵化机制、试错容错机制，实行创新攻关"揭榜挂帅"机制，加大科技研发投入，培养造就更多科技领军人才、创新团队。 3. 积极构建"全行懂、全行做"的创新格局，推进业务条线之间深度整合、业务与科技深度融合，激发数字化内生源动力。

3. 中国工商银行数字化转型成果

（1）数字生态布局成果

第一，赋能政务服务。工商银行通过金融科技优势，主动对接各级政府机构，在财政资金支付、预付费监管、政法服务、社保医保等领域提供数字化服务升级，助力政府数字化转型，实现数据多跑路、群众少跑腿。例如，工商银行新疆分行建成财政资金发放互联系统，实现工资发放全流程电子化以及国库集中支付电子化项目 2.0 版本的全覆盖。

第二，助力企业数字化转型。工商银行聚焦"场景+"生态共建，依托线上核心业务，培育和打造贴近市场、贴近客户、贴近需求的线上融资产品，为企业客户提供便捷高效的金融服务。同时，推出工银聚融"对公客户数字化合作伙伴"品牌服务，打造数字供应链平台，链式拓展服务上下游客户。

第三，提升个人客户服务体验。工商银行持续推动手机银行升级，完成互联网适老化与无障碍改造，为客户提供便捷好用、风险适配的差异化金融服务。同时，打造云网点线上服务模式，服务客户超百万人次，提升数字化运营能力。

（2）数字资产布局成果

第一，数据能力建设。工商银行对内实现全集团、境内外数据全入湖，构建企业级数据中台，沉淀大量客户特征和共享指标，为全行业务系统提供企业级数据服务。对外与多省市开展政务数据合作，落地多个场景，积极参与数据要素市场建设。

第二，数据治理与赋能。工商银行建立三级数据治理机制，实现质量问题识别、分析、治理、验证全流程管控。围绕营销、风控、产品、运营、决策五大板块打造智能化数据应用体系，实现数据对业务的即时赋能和数据驱动智能化决策。

（3）数字技术布局成果

第一，新技术研发与应用。工商银行聚焦云计算、区块链、大数据、人工智能等新技术领域，持续加大新技术研发投入，推出自主研发的十大新技术平台，形成领先的企业级技术能力和业务应用能力。例如，在票据业务领域，工行推出票据业务数据中台、智能客服、数字化运营平台等创新产品。

第二，金融科技产品创新。工商银行依托最新数字化技术，推出工银全球付、工银 e 信、数字雄安征拆资金管理区块链平台等一系列数字化产品，加快推动业务优化升级，提升客户服务体验。

（4）数字基建布局成果

第一，基础设施建设。工商银行加快构建安全、高效、可扩展的数字基础设施，为数字化转型提供坚实支撑。例如，实现"两地三中心"布局，搭建同业体系最全、应用最广的分布式技术体系，提升系统服务能力和业务处理效率。

第二，智慧网点建设。工商银行积极探索智慧网点建设，通过引入智能机器人、5G 网络智能终端等设备，提升网点服务效率和客户体验。例如，工行北京分行推出的智慧化系统"一体化网点通"极大提高了业务处理速度。

（5）数字基因布局成果

第一，数字化转型理念深入人心。工商银行将数字化转型作为推动高质量发展的核心战略，数字化转型理念在全行范围内深入人心。从高层领导到基层员工都积极参与数字化转型工作，形成上下联动、共同推进的良好局面。

第二，数字化转型能力持续提升。通过持续的数字化转型实践和创新探索，工商银行在数字化转型能力方面不断提升。无论是金融科技创新能力、数据治理能力还是基础设施建设能力都达到了行业领先水平。

综上所述，中国工商银行在数字化转型过程中通过五维布局取得了显著成果，不仅提升了自身竞争力和服务质效，还积极赋能政府、企业和个人客户，推动数字经济和实体经济深度融合发展。

三、中国工商银行内部控制重构的具体实践

1. 中国工商银行传统内部控制模式的局限性

在中国工商银行的发展历程中，其传统的内部控制模式曾长期作为保障

业务稳健运行和风险控制的重要基石。然而，随着金融市场的日益复杂化、技术的飞速进步以及客户需求的多元化，这一传统模式逐渐显露出其固有的局限性。

（1）制度僵化与流程烦琐

中国工商银行的传统内部控制体系建立在严格的规章制度之上，这些制度往往经过长时间的积累和沉淀，形成了相对固定的框架。然而，这种固化的制度模式在面对快速变化的市场环境和新兴业务时，显得尤为僵化。传统流程设计复杂、审批环节众多，不仅增加了业务处理的时间成本，还可能因决策链条过长而错失市场机遇。此外，过于烦琐的流程还可能抑制员工的创新精神和主动性，影响工作效率和服务质量。

（2）信息孤岛与数据割裂

在传统内部控制模式下，中国工商银行各部门之间的信息系统相对独立，数据难以实现有效共享和整合。这种信息孤岛现象导致内部控制所需的关键数据分散在各个系统中，难以形成全面、准确的风险画像。同时，数据割裂也限制了银行对业务风险进行全面、深入的评估和分析，使得内部控制措施难以精准实施。此外，缺乏统一的数据标准和治理体系还可能导致数据质量参差不齐，进一步影响内部控制的有效性和可靠性。

（3）人工依赖与操作风险

传统内部控制模式在很大程度上依赖于人工操作和判断。尽管这在一定程度上保证了内部控制的灵活性和针对性，但也带来了不容忽视的操作风险。人为因素在内部控制过程中可能引发失误、疏忽甚至欺诈行为，对银行的资产安全和业务合规性构成威胁。特别是在业务量大、操作频繁的情况下，人工操作的准确性和效率往往难以保证，增加了内部控制的难度和成本。

（4）风险预警机制滞后

面对快速变化的市场环境和日益复杂的业务风险，中国工商银行传统内部控制模式的风险预警机制显得相对滞后。传统方法往往依赖于历史数据和经验判断来识别和分析风险，难以实时捕捉市场动态和潜在威胁。此外，由于各部门之间的信息壁垒和数据割裂现象严重，风险信息难以在银行内部快速传递和共享，导致风险响应速度慢、防控效果差。这种滞后性不仅可能使银行在风险事件发生时处于被动地位，还可能因错失最佳防控时机而遭受重大损失。

（5）缺乏灵活性与创新性

在数字化转型的大背景下，传统内部控制模式在灵活性和创新性方面显得尤为不足。随着金融科技的不断发展和应用，银行业务模式和风险特征正在发生深刻变化。然而，传统内部控制模式往往难以迅速适应这些变化，缺乏对新业务、新技术和新风险的有效应对策略。此外，由于过于强调稳定性和合规性而忽视了对创新性的追求，传统内部控制模式还可能抑制银行的创新精神和市场竞争力。

综上所述，中国工商银行传统内部控制模式存在制度僵化、信息孤岛、人工依赖、风险预警滞后以及缺乏灵活性与创新性等局限。面对数字化转型的挑战和机遇，银行认识到这些局限并积极采取措施加以改进和完善，以构建更加高效、智能和适应未来发展的内部控制体系。

2. 数字化转型下中国工商银行的内部控制重构具体措施

数字化转型下中国工商银行的内部控制重构具体措施是一个复杂而系统的工程，它涉及组织架构、流程优化、数据治理、技术应用、风险管理等多个方面。以下是对这些具体措施进行详细阐述的内容，旨在全面展现中国工商银行在数字化转型背景下如何重构内部控制体系。

（1）优化组织架构与职责分工

在数字化转型的浪潮中，中国工商银行首先着眼于组织架构的优化与职责分工的明确。银行成立了由高层领导挂帅的金融科技与数字化发展委员会，负责统筹推进数字化转型和内部控制重构工作。该委员会下设多个专项工作组，分别负责技术研发、数据治理、风险管理、流程优化等关键领域的工作，确保数字化转型和内部控制重构的有序推进。

同时，银行对内部各部门的职责进行了重新梳理和明确。通过打破部门壁垒，建立跨部门协作机制，实现了信息共享和资源整合。各部门在内部控制中的角色和职责得到了清晰界定，确保了在数字化转型过程中内部控制工作的连续性和有效性。

（2）强化风险管理体系

数字化转型对银行的风险管理提出了更高要求。中国工商银行在重构内部控制体系时，将强化风险管理体系作为核心任务之一。银行利用大数据、人工智能等先进技术，构建了全面的风险识别、评估、预警和防控体系。

具体而言，银行通过整合内外部数据资源，建立了统一的风险数据集市，实现了对各类风险的实时监控和动态分析。在此基础上，银行开发了智能风险预警模型，能够自动识别潜在风险点并发出预警信号，为风险防控提供了有力支持。

此外，银行还加强了对新兴业务风险的管理。针对金融科技、互联网金融等新兴业务领域，银行制定了专门的风险管理政策和流程，确保在推动业务创新的同时有效控制风险。

（3）再造内部控制流程

传统内部控制流程在数字化转型背景下显得烦琐且低效。中国工商银行在重构内部控制体系时，对内部控制流程进行了全面再造。银行通过简化审批环节、优化业务流程、提高自动化水平等措施，实现了内部控制流程的高效运转。

具体而言，银行利用机器人流程自动化（RPA）技术替代了大量重复性高、附加值低的人工操作，提高了业务处理效率和准确性。同时，银行还引入了先进的业务流程管理系统（BPM），实现了对业务流程的全程监控和持续优化。这些措施不仅降低了内部控制成本，还提升了客户体验和员工满意度。

（4）推进数据治理与信息共享

数据是数字化转型的核心要素之一。中国工商银行在重构内部控制体系时，将数据治理作为重要任务来抓。银行建立了统一的数据治理体系，明确了数据标准和管理规范，确保了数据的准确性、完整性和一致性。

在此基础上，银行推进了信息共享工作。通过打破信息孤岛现象，实现了各部门之间的数据互联互通。银行建立了统一的数据平台和数据服务接口，为内部控制提供了全面、准确的数据支持。同时，银行还加强了与外部机构的合作与交流，实现了跨行业、跨领域的数据共享与资源整合。

（5）加强内部审计与监督

内部审计与监督是内部控制的重要组成部分。中国工商银行在重构内部控制体系时，加强了内部审计与监督工作力度。银行建立了健全的内部审计机制，定期对内部控制制度的执行情况进行检查和评估。通过内部审计发现的问题和不足，及时反馈给相关部门并督促整改落实。

同时，银行还加强了外部审计合作与交流。通过引入第三方审计机构对内部控制体系进行全面评估和监督，确保内部控制的有效性和合规性。此外，银行还建立了内部控制信息披露制度，定期向公众披露内部控制相关信息，提高透明度和公信力。

（6）提升员工素质与技能

员工是内部控制体系的重要组成部分。中国工商银行在重构内部控制体系时，注重提升员工素质与技能水平。银行通过加强员工培训和教育，提升员工对内部控制重要性的认识和掌握程度，特别是针对数字化转型带来的新技术和新业务进行专项培训，提高员工的专业技能和操作能力。

具体而言，银行建立了完善的培训体系包括线上课程、线下培训、实操演练等多种形式。通过定期组织培训活动，邀请行业专家授课分享最新技术和业务动态，提高员工的综合素质和创新能力。同时，银行还鼓励员工自主学习和自我提升，为内部控制体系的持续优化和完善提供人才保障。

（7）引入先进技术与工具

数字化转型离不开先进技术与工具的支持。中国工商银行在重构内部控制体系时积极引入大数据、人工智能、区块链等先进技术以及先进的内部控制工具和系统。这些技术与工具的引入，不仅提高了内部控制的效率和准确性，还降低了人为操作的风险和成本。

具体而言，银行利用大数据技术构建了全面的风险识别与评估模型，实现了对风险的实时监控和动态分析；利用人工智能技术开发了智能客服系统和智能投顾系统，提高了客户体验和金融服务质量；利用区块链技术构建了分布式账本系统，确保了交易的真实性和可追溯性。此外，银行还引入了先进的内部控制工具和系统，如风险管理信息系统（RMIS）、内部控制评价系统等，提高了内部控制的自动化水平和智能化程度。

（8）建立持续改进机制

内部控制体系是一个动态发展的过程，需要随着市场和业务的变化不断进行优化和完善。中国工商银行在重构内部控制体系时，建立了持续改进机制，确保内部控制体系的有效性和适应性。

具体而言，银行建立了内部控制评价制度，定期对内部控制体系的运行情况进行评估和反馈，发现问题和不足及时整改落实；建立了内部控制优化机制，根据市场和业务的变化不断调整和完善内部控制政策和流程，确保内部控制的适应性和有效性；建立了内部控制创新机制，鼓励员工提出创新性的内部控制建议和方案，推动内部控制体系的持续优化和创新发展。

综上所述，中国工商银行在数字化转型背景下通过优化组织架构与职责分工、强化风险管理体系、再造内部控制流程、推进数据治理与信息共享、加强内部审计与监督、提升员工素质与技能、引入先进技术与工具以及建立持续改进机制等一系列措施，成功重构了内部控制体系，为银行的稳健运行和高质量发展提供了有力保障。

四、中国工商银行数字化转型与内部控制重构的成效

1. 控制环境

中国工商银行在数字化转型与内部控制重构的进程中，对控制环境进行了全面而深入的优化，取得了显著且多方面的成效。这一成效在人力资源、银行治理和银行文化三大领域展现出了深远的积极影响，为银行的可持续发展奠定了坚实的基础，并间接促进了银行业务处理效率和合规管理水平的提升。

（1）人力资源

在人力资源方面，中国工商银行通过数字化转型实现了人力资源的深度优化和高效配置。银行借助系统驱动，成功释放并优化了人力资源，使员工能够从日常重复性的工作中解脱出来，专注于更具战略性和分析性的工作，如异常交易和行为监测。例如，通过引入反洗钱 RPA 交易明细补录系统，能够自动处理大量的交易数据，从而减轻人工的工作负担，实现了系统驱动的人力释放与优化。这种转变不仅提高了银行的业务处理效率和合规管理水平，还为员工提供了更多的发展机会和更好的工作环境，进一步激发了员工的工作积极性和创造力。同时，通过研发多个分行特色系统，如员工异常行为调查问卷系统、反洗钱智能管理系统等，银行确保了业务处理标准的统一性和规范性，有效降低了因人工操作不当带来的监管风险，提升了整体业务处理的准确性和稳定性。此外，银行还加强了数字化团队建设，通过培训和实践提升了员工的数字化技能和素质，使员工能够更好地适应数字化转型带来的变化和挑战。

（2）银行治理

在银行治理方面，数字化转型也带来了显著的改变和提升。中国工商银行坚持数据赋能内控合规管理，通过运用数据仓库、数据湖、商业智能（BI）技术等大数据手段，自主建模挖掘数据，实现了对业务违规行为和员工异常行为的深度排查。这种以"智监测—精检查"为核心的工作模式，使得银行能够聚焦重点专业、关键环节和重点领域，开展精准的风险监测和防控。其次，银行在发现违规问题后，能够迅速启动整改问责闭环管理。通过数字化手段，银行能够实现对违规机构和人员的持续跟踪和整改监督，确保问题得到根本解决。这种数字化赋能的违规整改问责机制，不仅提高了银行的管理效率，还增强了银行的风险防控能力。

中国工商银行通过组织举办实操练习、送教上门等"智能内控 e 课堂"特色活动，将数字化转型的成果转化为实际的管理效能。这些活动不仅提高了员工的数字化技能，还加强了员工对内控合规工作的认识和重视程度。此外，各级内控合规部总经理亲自主持召集开展以系统为依托的合规管理专项工作履职提升专题培训，这不仅体现了银行对内控合规工作的重视，也展示了银行在数字化转型中对于领导干部的期望和要求。通过这些培训，领导干部能够更好地理解和应用数字化系统，提升自身的管理水平和能力，进而带动整个银行管理水平的提升。

（3）银行文化

在银行文化方面，数字化转型同样产生了积极而深远的影响。中国工商银行积极响应数字化变革的趋势，确立了以数字生态、数字资产、数字技术、数字基建、数字基因为核心的五维布局战略。这一战略不仅推动了银行的数字化转型进程，还催生了独具特色的银行文化。这种文化以客户为中心，注重传统金融模式的优化和创新，致力于构建具有数字化转型引领示范效应的现代金融服务体系。在这种文化的引领下，银行员工更加注重创新、协作和客户服务，形成了积极向上的工作氛围和共同的价值观。同时，银行还通过举办各种数字化培训和交流活动，提高了员工的数字化意识和技能水平，进一步推动了银行文化的数字化转型。

2. 风险评估

在中国工商银行数字化转型与内部控制重构的进程中，风险评估领域展现出了显著的成效。这些成效不仅体现了内部控制体系在数字化转型中的优化与升级，更彰显了银行在风险管理方面的卓越能力和前瞻视野。

（1）风险评估体系的智能化升级

随着数字化转型的推进，中国工商银行充分利用大数据和人工智能技术，对风险评估体系进行了智能化升级。通过构建智能化的风险评估系统，银行实现了对海量数据的实时分析和挖掘，能够自动识别潜在风险点，并提供精准的风险预警和评估报告。这种智能化的风险评估方式不仅提高了评估的准确性和时效性，还有效减轻了人工评估的工作量，提升了整体风险管理效率。同时，智能化的风险评估体系还能够根据历史数据和业务发展趋势，进行风险预测和模拟，为银行提供更加全面、深入的风险管理建议。

（2）风险评估流程的数字化改造

在数字化转型的浪潮下，中国工商银行对风险评估流程进行了全面的数

字化改造。通过实现风险评估流程的端到端数字化管理，银行进一步提高了
风险评估的效率和准确性，并增强了流程的可追溯性和透明度。数字化改造
后的风险评估流程不仅简化了烦琐的手工操作，还实现了数据的自动收集、
处理和分析，大大提高了风险评估的时效性和准确性。同时，银行还引入了
自动化和智能化的风险评估工具，这些工具能够自动收集和处理相关数据，
生成风险评估报告，并提供实时的风险监控和预警功能，从而进一步提升了
风险评估的质量和效率。

（3）风险评估与业务运营的深度融合

中国工商银行在数字化转型与内部控制重构的过程中，注重将风险评估
与业务运营深度融合。银行将风险评估嵌入业务运营的全流程中，确保在业
务开展过程中能够实时识别和评估潜在风险。这种嵌入式风险评估机制，不
仅提高了银行对风险的敏感度和应对能力，还有效降低了业务运营中的不确
定性因素。同时，针对不同业务类型和客户群体，银行还制定了定制化的风
险评估方案。这些方案充分考虑了业务特点和客户需求，通过差异化的风险
评估方法和模型，为银行提供了更加精准的风险管理策略。这种深度融合的
风险评估方式，不仅提高了银行的风险管理能力，还增强了业务运营的稳健
性和可持续性。

（4）成效的深远影响与未来展望

中国工商银行在数字化转型与内部控制重构中取得的风险评估成效，不
仅提升了银行自身的风险管理水平，还为整个银行业树立了新的标杆。这些
成效的取得，得益于银行在数字化转型过程中的前瞻视野和卓越能力，也得
益于银行对内部控制体系的持续优化和升级。展望未来，随着数字化技术的
不断发展和金融市场的不断变化，中国工商银行将继续深化数字化转型与内
部控制重构的进程，进一步提升风险评估的智能化、数字化和定制化水平，
为银行的稳健运营和可持续发展提供更加有力的保障。同时，银行还将积极
探索新的风险管理技术和方法，不断创新风险评估体系，以更好地应对未来
市场的挑战和机遇。

3. 控制活动

在数字化转型与内部控制重构的大背景下，中国工商银行在控制活动领域取得了显著成效，这些成效不仅强化了银行内部管理的规范性和有效性，更为其稳健运营和可持续发展奠定了坚实基础。

（1）控制活动的智能化与自动化转型

中国工商银行充分利用大数据、云计算、人工智能等先进技术，推动控制活动的智能化与自动化转型。通过构建智能化的内部控制系统，银行实现了对控制活动的实时监控、自动执行与智能分析。具体来说，银行利用机器学习算法对海量数据进行深度挖掘和分析，从而自动识别异常交易、欺诈行为等潜在风险，并实时触发预警机制。同时，自动化工具的应用也大大减少了人工干预，提高了控制活动的执行效率和准确性。这一转型不仅极大地提高了控制活动的执行效率，减少了人为错误和疏漏，还使得银行能够更快速、更准确地识别潜在风险点，及时采取应对措施，有效提升了银行的风险防控能力。

（2）控制活动与业务流程的深度融合

在数字化转型过程中，中国工商银行注重将控制活动与业务流程深度融合，确保控制活动贯穿于业务操作的全过程。银行通过优化业务流程，将关键控制点嵌入业务系统中，实现自动化控制。例如，在贷款审批流程中，系统会自动检查借款人的信用记录、还款能力等关键信息，确保只有符合要求的借款申请才能获得批准。这种深度融合不仅有效降低了操作风险，还提升了业务处理的质量和效率。同时，银行还通过数据分析工具对业务流程进行持续监控和优化，及时发现并解决潜在问题。这种深度融合使得银行能够更好地理解业务需求，为制定更加精准、有效的控制策略提供了有力支持，进一步增强了银行的市场竞争力和客户满意度。

（3）定制化控制策略的实施

针对不同业务类型、客户群体及风险特征，中国工商银行制定了差异化的定制化控制策略。这些策略充分考虑了业务特性和客户需求，通过灵活调整控制活动的强度和频率，实现了风险与效益的平衡。例如，对于高风险业务，银行会实施更为严格的控制措施，如增加审批层级、提高监控频率等；而对于低风险业务，则可以适当放宽控制要求，以提高业务处理效率。定制化控制策略的实施不仅提高了银行的风险管理能力，还增强了客户体验。通过为客户提供更加个性化、高效的服务，银行提升了客户满意度和忠诚度，进一步巩固了其市场地位。

（4）控制活动的持续优化与创新

中国工商银行在数字化转型与内部控制重构的过程中，不仅注重现有控制活动的优化，还积极探索新的控制技术和方法，以实现控制活动的持续创新。银行通过引入先进的内部控制理念和技术手段，如区块链、生物识别等，进一步提升控制活动的效率和准确性。同时，银行还鼓励员工提出创新性的控制活动建议，通过设立创新奖励机制等方式，激发员工的创新热情和参与度。这种持续优化与创新的精神，使得银行能够不断适应市场变化和监管要求的变化，保持其内部控制体系的先进性和有效性。

（5）控制活动与合规文化的深度融合

中国工商银行在数字化转型与内部控制重构的过程中，注重将控制活动与合规文化深度融合。银行通过加强合规培训和宣传，提高员工的合规意识和风险意识，使员工能够自觉遵守内部控制要求，形成良好的合规氛围。同时，银行还将合规要求嵌入业务流程和控制活动中，确保业务操作符合法律法规和监管要求。这种合规文化的建设不仅有助于银行防范合规风险，还提升了银行的声誉和形象，为银行的可持续发展奠定了坚实基础。

4. 信息与沟通

在数字化转型与内部控制重构的浪潮中，中国工商银行高度重视信息与沟通机制的建设与优化，取得了显著成效。这些成效不仅提升了银行内部信息传递的效率和准确性，还增强了内外部沟通的透明度和有效性，为银行的稳健运营和高质量发展提供了有力支撑。

（1）数字化信息平台的构建

中国工商银行依托先进的数字技术，构建了全面、高效、安全的数字化信息平台。该平台整合了银行内部各类信息资源，实现了数据的集中存储、统一管理和快速检索。通过该平台，银行员工可以便捷地获取所需信息，减少了信息孤岛现象，提高了信息资源的利用效率。同时，数字化信息平台还支持跨部门、跨层级的信息共享与协作，促进了银行内部信息的流畅传递和有效沟通。

（2）实时沟通与反馈机制的建立

为了提升沟通效率，中国工商银行建立了实时沟通与反馈机制。通过即时通信工具、在线会议系统等数字化手段，银行员工可以实现即时交流和信息共享，及时解决工作中遇到的问题。同时，银行还鼓励员工提出改进意见和建议，通过设立意见箱、开展员工满意度调查等方式收集反馈信息，不断优化内部沟通与协作流程。这种实时沟通与反馈机制不仅提高了沟通效率，还增强了员工的参与感和归属感。

（3）内外部沟通渠道的拓展与优化

中国工商银行注重拓展与优化内外部沟通渠道，加强与客户、监管机构、合作伙伴等利益相关方的沟通与联系。在客户沟通方面，银行通过建设多渠道客户服务体系，如电话银行、网上银行、手机银行等，为客户提供便捷、高效的金融服务。同时，银行还通过社交媒体、客户论坛等渠道收集客户反馈和建议，不断改进产品和服务质量。在监管机构沟通方面，银行积极配合监管要求，主动报告经营情况和风险状况，与监管机构保持密切沟通与合作。在合作伙伴沟通方面，银行加强与上下游企业的合作与交流，共同推动业务发展和创新。

（4）信息安全与隐私保护的强化

在信息与沟通过程中，中国工商银行始终将信息安全与隐私保护放在首位。银行通过加强信息安全管理体系建设、采用先进的安全技术和手段、加强员工信息安全意识培训等措施，确保客户信息和银行内部信息的安全。同时，银行还建立了完善的信息泄露应急响应机制，一旦发生信息泄露事件能够迅速响应并妥善处理。这些措施不仅保护了客户利益和银行声誉，还增强了客户对银行的信任度和满意度。

综上所述，中国工商银行在数字化转型与内部控制重构过程中，通过构建数字化信息平台、建立实时沟通与反馈机制、拓展与优化内外部沟通渠道以及强化信息安全与隐私保护等措施，取得了显著的信息与沟通成效。这些成效不仅提升了银行内部管理的规范性和有效性，还为银行的稳健运营和可持续发展奠定了坚实基础。

5. 内部监督

在数字化转型与内部控制重构的背景下，中国工商银行深刻认识到内部监督对于保障业务稳健运行、防范风险的重要性，并采取了一系列措施加强内部监督工作，取得了显著成效。

（1）数字化监督系统的建立与优化

中国工商银行充分利用大数据、云计算、人工智能等先进技术，建立了全面、高效、智能的数字化监督系统。该系统能够实时监控银行业务运营过程中的各项数据指标，自动识别异常交易、潜在风险点，并实时生成预警报告。通过数字化监督系统，银行实现了对业务运营的全流程、全方位监督，提高了监督的准确性和时效性。同时，银行还不断优化监督系统，引入先进的算法模型，提升系统的智能化水平，确保监督工作的精准高效。

（2）风险导向的内部监督机制

中国工商银行坚持风险导向原则，将风险评估与内部监督工作紧密结合。银行定期对各类业务风险进行评估，根据风险评估结果确定监督重点和优先级，确保高风险领域得到重点关注和有效监督。同时，银行还建立了风险预警和应急响应机制，一旦发现潜在风险，能够迅速启动应急预案，采取有效措施进行风险控制和处置。这种风险导向的内部监督机制有助于银行及时发现并应对潜在风险，保障业务稳健运行。

（3）内部审计与自我评估的强化

中国工商银行高度重视内部审计与自我评估工作，将其作为提升内部控制有效性的重要手段。银行建立了独立的内部审计部门，负责对全行各项业务进行定期审计和专项审计，确保内部控制制度的有效执行和业务运营的合规性。同时，银行还鼓励各部门开展自我评估工作，通过自我检查、自我整改等方式不断提升内部控制水平。内部审计与自我评估的强化有助于银行发现内部控制中存在的薄弱环节和不足之处，为完善内部控制体系提供有力支持。

（4）监督结果的应用与反馈机制

中国工商银行注重监督结果的应用与反馈工作。银行将监督结果作为改进内部控制、优化业务流程的重要依据，针对监督中发现的问题和不足之处，制定具体的整改措施并跟踪落实。同时，银行还建立了监督结果反馈机制，及时将监督结果向相关部门和人员进行通报和反馈，促进信息共享和协同合作。这种监督结果的应用与反馈机制有助于银行不断完善内部控制体系，提升业务运营效率和风险管理水平。

综上所述，中国工商银行在数字化转型与内部控制重构过程中，通过建立数字化监督系统、实施风险导向的内部监督机制、强化内部审计与自我评估以及完善监督结果的应用与反馈机制等措施，取得了显著的内部监督成效。这些成效不仅提升了银行内部控制的有效性和业务运营的合规性，还为银行的稳健运行和高质量发展提供了有力保障。

中国工商银行作为全球领先的大型国有商业银行之一，拥有庞大的客户基础和广泛的服务网络。在数字化转型的浪潮中，中国工商银行展现出其行业领导者的地位，积极拥抱技术创新，以提升服务质量和运营效率。中国工商银行的案例表明，数字化转型不仅是技术层面的革新，更是内部控制和风险管理体系的全面升级。通过这一过程，中国工商银行成功地提高了服务质量、增强了运营效率，并在保障安全和合规的基础上，为客户提供了更加丰富和便捷的金融产品与服务。这一成功实践为其他金融机构提供了宝贵的经验和启示，展示了在数字化时代中，内部控制重构对于企业可持续发展的重要性。

第二节　中国联通数字化转型与内部控制重构实践

一、中国联通概况

中国联通，全称中国联合网络通信集团有限公司，是中国主要电信运营商之一。中国联通成立于 1994 年 7 月 19 日，标志着中国通信业改革的开始。2009 年 1 月 6 日，中国联通由原中国网通和原中国联通合并重组而成，开启了中国联通发展的新篇章。中国联通是中国唯一一家曾经在纽约、香港、上海三地同时上市的电信运营企业，也开启了集团层面整体进行混合所有制改革中央企业的试点。

中国联通在无线通信领域经历了从 2G 到 5G 的跨越式发展，持续引领和推动通信业的变革创新。特别是近年来，中国联通在 5G 网络共建共享、千兆光网建设等方面取得了显著成就。中国联通在国内 31 个省（自治区、直辖市）和境外多个国家和地区设有分支机构，拥有覆盖全国、通达世界的现代通信网络。其主要业务范围包括固定通信业务、移动通信业务、国内国际通信设施服务业务、数据通信业务、网络接入业务、各类电信增值业务、与通信信息业务相关的系统集成业务等。

中国联通连续多年入选"世界 500 强企业"，在电信行业具有较高的国际影响力。中国联通在 5G、光网络、云网一体、数字化创新等领域持续加大研发投入，推动技术创新和产业升级，同时积极履行社会责任，在推进网络强国、数字中国建设等方面发挥重要作用。

二、中国联通数字化转型

中国联通的数字化转型经历了多个阶段，从 IT 系统优化、升级起步，到

IT 集约化建设，逐步向以业务运营为驱动的数字化转型迈进。数字化转型是一个持续不断的过程，不同阶段的划分并不是绝对的，下表 6-2-1 是中国联通数字化转型的主要历程和阶段的一个粗浅划分：

表 6-2-1　中国联通数字化转型历程

转型阶段	名称	时间	重要成果
第一阶段	数字化转型起步阶段	2014 年之前	IT 系统优化和升级
第二阶段	IT 集约化建设阶段	2014—2020 年	打造"四天"（天宫、天梯、天眼、天擎）系统 cBSS 系统上线和升级
第三阶段	数字化转型深化阶段	2020—	2021 智慧大脑 1.0 2022 智慧大脑 2.0，数字化转型 1.0 基本形成[①] 2022 向以业务运营为驱动的数字化转型 2.0 迈进

三、中国联通数字化转型起步阶段营收款控制系统的构建实践

中国联通作为三大运营商中成立较迟的电信运营企业，其在成长过程中，借鉴老电信企业先进管理经验，同时不断创新优化，借助内部控制建设和 ERP 系统建设建立了比较完善的公司管理体系，形成了一系列合理规范并行之有效的规章制度和操作流程。但随着电信新产品新业务不断推出，市场竞争日益激烈，管理过程中的新问题也不断出现，需要对原有管理制度和流程进行进一步梳理。中国联通的内部控制系统从管理控制和作业控制的角度，可以在财务控制子系统、资金控制子系统、营收款控制子系统、营销控制子系统、采购控制子系统、物流控制子系统、运行与维护控制子系统、存货控制子系统、固定资产控制子系统、人事控制子系统等多方面开展研究和

---

① 人民邮电报 . 中国联通软件研究院院长耿向东：打造"智慧大脑"点燃数字化转型核心引擎 [J/OL] . （2023-03-16）[2024-06-01]https://www.cnii.com.cn/rmydb/202303/t2023031 6_455256. html.

设计。这些子系统相互独立又相辅相成，而其中的营收款是企业运营的关键，所以本节对中国联通数字化转型起步阶段的营收款内部控制系统实践进行重点研究。

1. 中国联通数字化转型起步阶段现金流基本情况

根据中国联通的运营项目和财务管理规定，该企业地市级分公司经营活动产生的现金流量主要为联通公司的各个经营项目所产生的现金流，投资活动所产生的现金流主要是网络建设所进行的固定资产投资等，而筹资活动所产生的现金流主要指部分银行借贷和其他吸收投资等，期初及期末现金及现金等价物余额中包含内部往来（上缴省分公司款项）。从 2012 年上市公司披露的年报推算，中国联通 2012 年日均营业现金流入约为 7 亿元，可见营收款控制的好坏关系到电信企业的生存和未来的发展。国务院国有资产监督管理委员会连续发文强调中央企业资金管理，先于 2011 年发布《关于进一步做好中央企业资金保障防范经营风险有关事项的紧急通知》（国资发评价〔2011〕48 号），接着于 2012 年 1 月发布《关于加强中央企业特殊资金（资产）管理的通知》，后又于 2012 年 5 月发布了《关于加强中央企业资金管理有关事项的补充通知》（国资厅发评价〔2012〕45 号），中国联通也先后多次发文要求各级公司关注资金风险，加强资金管理，并专门设计建设"营收资金管理系统"在 ERP 环境下运行，可见资金风险及资金管理在数字化转型起步阶段已引起政府及中国联通的高度重视。

2. 中国联通营收款控制目标

电信业营收款主要来源于前台收款和后台收款。前台收款包括自建营业厅营业前台收款、合作营业厅营业前台收款和委托代收费银行前台收款三类，后台收款包括同城或异地特约委托收款（银行托收）、电子渠道收款、直销员营收款、欠费催缴收款、部分业务上门收款和对委托代理商部分产品批量销售等种类。

营收款是公司所有收入的来源，是企业效益的保证，是整个中国联通战略得以实现的基础，中国联通各级分公司每天的营业收款超 7 亿元，金额非常大，业务种类繁多，相应的营收款项目也较多。同时，中国联通下级分公司大量营收款资金存在银行，另一方面上级分公司向银行贷款解决固定资产投资的项目资金问题，造成了资金分散、管理失控、资金利用效率低下等问题。所以各级分公司必须保证所有营收款完整、准确、及时地归集到公司的收入户，同时加速资金回流，减少贷款，降低成本费用。

根据相关财务制度和企业内控管理制度，营收款控制主要应实现以下目标：一是保证营收款数据采集完整准确。交换系统和计费端的话单采集、批价处理应与用户的实际使用情况和公司制定的营销政策完全一致，避免营收款的"漏"。二是保证营收款的收款完整。从各个收款环节保证现金流入与出账收入（应收账款）和销售收入相符合，避免营收款的不完整。三是保证营收款的归集及时准确和完整。从各个交款环节控制营收款及时完整准确地归集到分公司指定的银行收入户。四是保证营收款的及时上缴。严格遵守收支两条线或资金集中管理原则，严格控制资金成本。五是保证营收款核算真实合规。设立相应的会计核算办法保证营收款的核算真实、准确、合法和合规。

3. 中国联通营收款控制环境

所谓控制环境，是指对建立、加强或削弱特定政策、程序及其效率产生影响的各种因素，主要是指重大影响因素，包括治理职能和管理职能，以及治理层和管理层对内部控制的态度、认识和所采取的措施。控制环境的好坏直接影响到企业内部控制的贯彻和执行以及企业经营目标及整体战略目标的实现。控制环境决定了企业的基调，影响企业员工的控制意识，是其他要素的基础，提供了基本规则和构架。控制环境主要包括以下要素：对诚信和价值观念的沟通和落实、对胜任能力的重视、治理层的参与程度、管理层的理念和经营风格、组织结构、责任授权和划分的方法、人力资源政策与实务等。

很多企业不重视内部控制环境建设曾经带来沉痛教训，中国联通同样如此。2005 年 3 月，中国联通向境内外资本市场披露新疆、江西重大会计差错和内控缺陷，2002 年多计净资产 1900 万元，2003 年多计净利润 6600 万元。涉及坏账准备列支、移动电话终端及代理费列支和收入确认等问题。虽然中国联通已在公司 2004 年合并利润表中对前述不当会计记录及会计差错进行了调整，但是仍对公司造成了较大的影响，资本市场认为这些有关江西和新疆分公司的问题反映了中国联通在财务内控方面的重大弱点。中国联通公司在内部控制环境构建时认真分析了内部控制环境方面存在的管理者风险管理意识、员工道德规范风险、治理结构风险、政策导向风险、舞弊行为风险、IT系统安全风险和不当授权风险等七方面的主要风险，并为防范这些风险提出了相应的应对措施，如完善公司治理结构，调整审计委员会职能，开展独立内控评估，建立真正意义上的公司法人治理结构，使权力有所制衡；完善绩效管理与政策导向，建立相对公平完善的激励机制；建立反舞弊制度及约束机制；建立与财务报告数据有关的 IT 系统总体控制和应用控制；强化管理层的风险管理意识和控制风险的能力；加强员工的道德规范、诚信建设，提高全员职业道德；建立完善各项制度和政策等。运用这些措施的最终目的是提高员工职业道德，使之不愿舞弊；增强员工法律意识，使之不敢舞弊；完善各项控制制度，使之不能舞弊。

营收款控制环境的构建，重中之重是组织架构。中国联通各省级、地市级运营分公司指定专门分管领导和专门部门负责营收款的监督、稽查职责。各省级、地市级分公司的财会部门设置营业会计岗位，配备专职会计人员，专门从事营业收入的账务、报账、结算、核算、对账和财务监督等工作。各省级、地市级分公司的营销部门设置营收二级部门，负责管理各单位的营收款制度、流程的制定和设计，以及营收款的基础管理工作。

营收款控制环境的建立，对各级营收款人员的职业道德教育也很重要，2003 年，中国联通的个别分公司曾出现过营业厅人员携带营业款潜逃、银行上门收款人员收款不入账携巨款潜逃的反面案例。加强内部审计和财务检查的力度是保证营收款完整准确的有力武器。各级分公司应定期或不定期的通过自查、互查、抽查、重点检查等多种方式加强对营收款运行全过程的监督检查，并充分利用内部审计力量，加大对营收款的审计检查力度。定期按规定对银行账户进行检查，避免出现账实不符、长款、短款等差额，或出现隐藏存款，对不按要求操作的事件应追究相关责任人的责任。同时，还可用一些激励机制进行评比，奖优罚劣，从而推动该项工作的开展。

4. 中国联通营收款控制流程

如前所述，中国联通的营业款来源于前台和后台收款两个部分，营收款通过合法合规的账务处理最后形成财务收入。所以，相应的营业收款控制流程框架可包括以下几个方面控制流程：自建厅营业前台收款控制、委托代收费银行收款控制、合作厅收款控制、电子渠道收款控制、银行托收款控制、直销员营收款控制、欠费催缴收款控制、部分业务上门收款控制和委托代理商部分产品批量销售营收款控制。

营业前台收款流程和规定设计分为以下步骤：第一，明确职责。公司制定营业前台工作职责及营收款管理制度。工作职责由人力资源部会同财务部、综合市场部共同制定，营业款收款管理制度由财务部制定。营业前台工作人员按照各自的岗位职责，在营收款管理制度规定下开展工作。第二，营业受理。前台工作人员根据公司营销政策规定受理业务，每笔业务必须进入营业系统进行操作，包括无现金流业务。第三，日报表生成。各个营业工号当日营业终了，打印出当日本工号受理的营业报表，汇总实收款项，交营业点负责稽核人员。第四，营收款解缴。营业点稽核人员将各营业员上交的报表、现金与系统进行核对，核对无误后进行汇总，按专业将当日的营业款缴入财务部指定的公司收入银行专户。第五，月报表生成。月末，营业系统生成月报表，各营业网点将本月现金缴款单、银行回单及其他代币单证汇总，按营业日顺序装订成册汇总金额，并与月报表进行核对，核对无误后交结算部门（账务中心）报账、审核。第六，账务汇总。账务中心审核各营业点的报表与缴款汇总表的真实、完整、正确，并将审核无误的各营业点的报表进行汇总交财务，财务会计人员进行审核、制单、入账。

营业前台收款控制的关键点和控制措施有以下几点：一是业务培训。培训从表面看起来与营收款无关，却是事前控制的关键所在。对营业人员进行培训，使其熟练掌握公司的营销政策，明确营业款管理规定，正确使用营收系统，这是营收款控制系统得以实施的前提。二是出账准确。每月用户新产生收入经交换系统数据采集到计费系统批价生成，务必保证出账收入准确，这是营收款准确的前提。每月出账前召开由交换、计费、客户服务、市场等相关部门参加的出账前准备会，对老用户投诉进行梳理并找出解决途径，对新套餐测试结果进行讨论研究，对竞争对手的情况进行分析并找出对策，保证出账的完整准确。计费系统应当按照规程，定期组织计费拨打测试。业务计费部门还应对网间结算的计费准确性和正确性负责测试比较。三是数据安全。单位的计费和营业客服系统的收费数据，数据应当严格按照业务规程操作，确保系统运行安全和数据备份。四是营账系统的完善性。为保证营收款完整，要求公司所有受理业务均进入营账系统界面操作，包括无现金流业务。所以营账系统必须包括中国联通的所有业务，并能生成各种统计报表以供核对。当一个系统不能满足所有业务的操作需求时，可以不同业务使用不同的操作系统。五是审核核对。应当设置业务稽核岗位和配备专职业务稽核人员，开展业务稽核工作，负责受理业务的票据与应收款的稽核、收费标准的稽核和营业收入报告与发生业务的稽核等。每日、每月的实收款均应与系统生成的报表应收款核对一致。营业前台人员、营业厅值班长、账务中心、财务部会计要对上级报表与单证分别核对。核对无误方可进入下一程序。六是营销政策的刚性。公司制定的营销政策，所有营业网点包括公司自建营业厅、共建营业厅和上门收款人员等均须无条件执行。每日营账系统中生成的各个营业网点的营收款报表的收款栏包括应收和实收两部分，按规定实收栏和应收栏相符。特殊情况下实收和应收的差额等于减免报告的汇总数。七是减免审批权限的严肃性。八是退款手续和流程的严密性。九是杜绝坐支。任何网点任何个人不得占用营收款项，营收款项必须每天足额及时上交规定的银行收入户。

5. 中国联通营收款财务核算关键控制点和控制措施

公司的业务收入通过营业报告、计费报告反映，并作为会计进行收入核算的基础，应当按照权责发生制原则及时、正确、完整地报告和核算当期营业收入。单位对客户服务开办的业务受理、营业收费、出租电路、出租商品、委托代销或代理业务、委托收款等业务，应当统一由公司营业机构办理。营业机构每个工作日结束，应当依据当日收款项目及发生额，填制《营业报告单》报送财会部门。财会部门依据营业机构报送的《营业报告单》进行会计处理。单位的业务管理部门，应当负责按月向财会部门报告通信服务计费出账结果，填制《记账用户通信服务费收入汇总表》和《预付费有价卡收入提转表》，报送财会部门。财会部门依此进行会计处理。单位的业务管理部门，应当负责按月向财会部门提供国际、国内网间结算账单和漫游业务结算账单。财会部门依据业务部门提供或经过复核的应收、应付账款账单办理网间结算。单位的业务管理部门，应当于每个月末向财会部门提供《用户欠费账龄分析报表》。财会部门按此报表按月、足额提取坏账准备。

　　公司以营业机构为单位，设置专门岗位或人员，负责柜台管理、统一归口向财会部门办理营业报告和交款。营业机构交款时，需要填制一式多联《交款单》。财会部门经点验现金、支票、银行存款回执凭单，与《交款单》数额相符，需要在《交款单》上加盖财务收款专用章和收款人员名单，并退给交款单位一联交款回执，以此作为双方列账的原始凭证。公司使用的《营业报告单》《记账用户通信服务费收入汇总表》《预付费有价卡收入提转表》《用户欠费账龄分析报告表》和《交款单》等凭单，作为会计核算的原始凭证，应由财会部门商业务部门制定实行统一的格式，并纳入会计基础工作规范。营业机构和计费部门向财务部门提供的凭单，应当采取自动生成方式，并对驻地所报数据的真实性和正确性负责。避免因人工修改或篡改造成收入流失，发生其他作弊行为。报送给会计部门的上述凭单，应当由报送单位或部门加盖公章和由经办人员、稽核人员签字或盖章。单位的业务管理部门负责用户预存款、用户欠费等原始客户数据的明细管理。会计部门应当按月定期与业务部门和营业机构核对用户预存款、用户欠费、营业款结算账户余额。始终保持会计与业务间账账相符，并监督其与营业管理明细的原始客户数据汇总相符。单位的业务管理部门对用户欠费的控制和收缴负有具体职责，应当制定有效措施防范损失风险。财务部门应当加强对欠费的考核管理，改善财务状况。对于单位已经作为坏账核销的用户欠费和其他应收账款，应当实行"账销案悬"，保留继续求偿权。由业务管理部门另外建立数据库单独管理，力求应收尽收，不得任意放弃公司债权。单位的营业机构收取的款项，应当于当日的《营业报告单》中全额报告，并将所收款额全额交给财会部门或存入财会部门在银行设立的专门收款账户。为保证收款柜台找零需要，可由财会部门拨备一定数额的备用金。单位委托外单位代理业务和代办收费，应当与其签署业务代理、代办收费协议。由单位的营业机构或业务管理部门对其负责管理，并负责向财会部门报送《营业报告单》和办理结算。财会部门应当对签署的业务代理、代办收费协议有关结算方式和结算频次条款的监督，并监督业务代理、代办收费单位及时结算划款。单位为其他单位办理代办收费业务，应当经单位研究决定，并将代收款项列入营业报告，全额交给财会部门，由财会部门协助业务部门办理结算。所得代办手续费，应当计入营业收入。单位的营业机构不得擅自为其他单位代办收费或私分、截留代办手续费。单位的营业机构应当负责营业环节的资金安全。应对营业机构营业人员的收款过程，建立严密的牵制制度，实行不相容岗位分离和实时监督制度。营业场所应当保证安全环境，做到防抢、防盗和防范其他意外事故。

6. ERP 环境下营收款资金归集关键控制点和控制措施

企业资源计划 ERP（Enterprise Resource Planning）是从 MRP（物料资源计划）发展而来的新一代集成化管理信息系统，它扩展了 MRP 的功能，其核心思想是供应链管理，它跳出了传统企业边界，从供应链范围去优化企业的资源，是基于网络经济时代的新一代信息系统。ERP 系统是一个在全公司范围内应用的、高度集成的系统。数据在各业务系统之间高度共享，所有源数据只需在某一个系统中输入一次，保证了数据的一致性。对公司内部业务流程和管理过程进行了优化，主要的业务流程实现了自动化。要实施全过程的实时控制，需要信息化手段的支撑，ERP 为实施全过程的实时内控提供了技术支撑。

营收款资金的归集也是电信业营收款管理的一个重要组成部分，要保证 ERP 环境下资金的及时、足额、准确的归集，要做到以下几点关键控制措施。第一是保证用户到公司账户环节资金完整：采取切实可行的措施保证各个营业网点的营收款（包括自收、代收）当天归入中国联通的相关收入账户。

第二是保证公司收入户到资金汇总账户环节资金完整：保证各收入账户资金每周或每旬一次划归资金汇总账户。第三是核定余额：核定各级分公司的月末银行存款余额，避免上级公司在花费费用筹集资金的同时下级分公司存在巨额银行存款。第四是检查和考核：上级分公司定期或不定期对营收款资金归集的制度报告情况组织检查、互查、自查，并进行相应的奖惩。第五是专户专用：各级分公司在某一指定银行开立资金汇总账户，在某一或两个指定银行开立支出专户，在各相关银行开立收入专户。该资金汇总账户和收入专户均为只收不支账户，收入户用于归集各渠道的营业收款项，每旬末将收入户余额全部转入资金汇缴专户，每旬向上级资金汇缴专户汇缴一次。支出户为由上级拨入的当月可使用的运营或工资建设资金。第六是权限设置：各级分公司如需要变更上述专户，需要向上级公司专题汇报并经批准方可变更。第七是计划刚性：每月向上级上报月度资金使用计划，支出户资金在该计划范围内使用。

7. 中国联通营收款的控制监督和考核

由于中国联通的营收款资金量大、面广，难于管理和控制，所以，在原有控制系统上的后续监督和考核程序尤为重要，尤其是以下几个方面监督和考核的重点需要重点关注：在各营收相关部门员工进行营业活动时，营收资金如何稽核？主管如何监督？管理层是否通过培训、会议或其他方式，获悉控制是否有效的信息？是否定期询问相关部门员工，是否了解公司的行为守则，是否遵守公司的行为守则，以及是否定期执行重要的控制活动？各稽核岗位的工作人员是否各负其责，能力如何，经验如何，其资格是否符合公司的规定和岗位的要求？考核是否落到实处？考核办法是否真的奖勤罚懒、奖优罚劣？

中国联通建立营收资金稽核三级管理模式。一级稽核是指各营业机构或授权委托代理机构的稽核人员（一般为营业班长）按照规定的时限和内容对每日营收资金收取、缴存过程的稽核；二级稽核是指区县公司营业机构或授权委托代理机构的稽核人员（指区县分公司财务部门）按照规定的时限和内容对所管辖范围内的营收资金收取、缴存过程的稽核，是对一级稽核的再复核；三级稽核是指市分公司的稽核人员（指市分公司财务部门）每月定期对本级公司的全部营收资金收取、缴存过程的稽核，是对二级稽核的全面复核。各级分公司除实施有效稽核外，还需依靠责任到人以及将内控要求固化到 IT 系统中的方式强化内控执行，并通过自查、管理层测试、外部审计等多层次、内外结合的监督检查，有效提升营收款控制制度的执行效率和效果。

在中国联通数字化转型起步阶段的几年年报对内部控制披露均如下：本公司根据《公司法》《证券法》《上市公司内部控制指引》《企业内部控制基本规范》及配套指引等境内外资本市场监管要求，结合公司管理需要，构建了切合公司实际，具有中国联通特色的内控与风险管理体系。董事会已按照《企业内部控制基本规范》要求对财务报告相关内部控制进行了评价，并认为其在 ×× 年 12 月 31 日有效。公司在内部控制自我评价过程中未发现与非财务报告相关的内部控制缺陷。公司聘请的 ×× 会计师事务所有限公司已对公司财务报告相关内部控制的有效性进行了审计，出具了标准无保留意见的内部控制审计报告。可以看出中国联通对内部控制建设所作出的努力和所取得的成果。

四、中国联通数字化转型深化阶段内部控制重构实践

在数字化转型的深化阶段，中国联通积极响应国务院国资委关于国有企业数字化转型的号召，认真落实国务院国资委《国有企业数字化转型行动计划》要求，通过转意识强统筹、转组织强保障、转方法强能力、转模式强运营、转文化强协同，加快推动数字化、智能化转型升级，取得一系列标志性成果和实质性突破，加快释放数字技术与数据要素核心价值，打造央企数字化转型标杆。中国联通通过一系列内部控制重构实践，不仅提升了企业的运营效率和管理水平，还进一步巩固了其行业领先地位。以下是中国联通在数字化转型深化阶段内部控制重构的主要实践内容。

1. 强化顶层设计，战略引领，重构内控环境

（1）明确转型目标

中国联通坚持服务国家战略，积极落实国企数字化转型工作要求，将数

智强企作为公司长期坚持的强企战略之一，以"四提一控一强"，即提效率、提质量、提感知、提效益、控风险、强创新为转型目标，"场景、工具、平台、数据、流程"五要素为转型方法论，加快数字化、智能化升级，做强智慧大脑、做优智慧运营、赋能智慧生产，强化数据要素、AI 大模型等技术与该公司生产经营管理各类场景深度融合，推动人才、技术、网络、资金、资产、资本等要素发挥更大价值，提高生产运营精细化、敏捷化、智能化水平，打造高质量数智应用，提高全要素生产率和差异化竞争力，彰显"一个联通，一体化能力聚合、一体化运营服务"核心优势，向数智化要运营新功能，向数智化要发展新空间，助力该公司实现高质量发展。

（2）加强组织保障

成立数字化转型领导小组，由董事长担任组长。设置转型推进办公室，确保转型工作的顺利推进。内设业务总架构师和技术总架构师，成立公众、政企、客服、网络、管理工作组和数据、流程治理组，转型管理体系健全度达 100%。

（3）数字化理念和文化引领

全局性谋划、整体性推进，明确一把手是推进数字化转型第一责任人，进一步提升对转型重要性、紧迫性和系统性的认知。加大资源保障，强化横纵调度和沟通，深化数字化理念和认知，营造转型文化氛围，有序推进"数智强企"企业文化，增强员工数字化转型意识。

（4）强化数字化研发与人才培养

强化数字化研发平台建设，实现研发资源统筹、研发过程协同、研发成果共享、研发质效提升。打造自研产品多款，签约金额显著增长。注重数字化人才的培养和梯队建设，通过培训、实践等方式提升员工的数字化技能和素养，为数字化转型提供人才保障。

2. 梳理风险点，建立预警机制，重构风险评估

（1）全面梳理业务流程与风险点

中国联通组织跨部门团队，对各项业务流程进行了全面梳理，识别了潜在的风险点，并制定了相应的风险应对策略。同时，建立了业务流程持续优化机制，确保业务流程与数字化转型目标保持一致。

引入了先进的风险评估工具和方法，如风险矩阵、蒙特卡洛模拟等，对风险进行量化评估。并建立了风险评估数据库，对评估结果进行存储和分析，为风险应对提供数据支持。

（2）建立风险预警机制

建立了风险预警系统，通过大数据分析和智能算法，对潜在风险进行实时监测和预警。预警系统还与业务流程管理系统相集成，实现风险的自动识别和预警。

定期组织风险应急演练，模拟各种可能出现的风险情况，提高员工的风险应对能力。演练结束后，进行效果评估和总结，不断完善应急预案。

3. 深化数据治理，加强流程优化，重构控制活动

（1）过程控制与业绩评价

遵循"三图一碑"（规划图、路线图、施工图、里程碑）等项目管理方法，坚持目标导向、问题导向和结果导向，采取业务技术双组长制推进任务，以标志性成果为牵引，将重点指标纳入数字化战略评价考核体系。

（2）强化数据治理

坚持五要素方法论，加强业务与技术协同联动，实现全域数据的规范管理和高效融合，驱动全业务、全客户、全场景一体化能力聚合，实现管理效能、一线感知、业务办理向全面好用升级。通过数据治理，开放数据资产超3.4万个，价值数据近600PB，核心数据可用率提升至98.9%，数字沙盘数据可用率提升至99.5%；孵化推广十大金牌模型，丰富数据赋能场景，智慧运营赋能场景数提升至723个，10个场景4642项BOM数据实现T+1日供给。

（3）实施流程数字化

通过流程变革，加强对重点业务全流程、全生命周期管理，打造简捷高效的数字化流程。例如，优化公众订单中台调度环节，智能派单时长大幅缩短，从8.8小时压缩至分钟级；贯通政企账务销账流程，销账时长显著减少，由9天缩短至5.32天；优化新兴ICT业务流程，实现ICT项目全流程线上可视可管；一线对流程治理满意度由85%提升至89.5%。

（4）构建协同融汇工作机制

加快构建技术、业务、数据融合，跨层级、跨地域、跨系统、跨部门、跨业务的"三融五跨"协同工作机制，"人人为我，我为人人"的利他文化和"技术共享、平台共享、数据共享、能力共享"的共享文化正成为企业文化的组成部分。聚力打造用户敏捷化服务，实现网络、营销、用户"三大资源"精准匹配，促进"用户、网格、员工"大连接。立足全程全网大服务理念，深化"一线吹哨、部门报到"协同机制，推进服务"标准、运营、管理"闭环体系，客户问题解决满意率提升72.2%。

（5）经营一体化管理

依托"联通智慧大脑"，汇聚大中小屏能力，畅通与员工、百万渠道、千万网元节点、上亿客户的数字化联接，强化精兵作战能力。健全建强基层营服体系，坚持统一营销组织、统一配置标准、统一积分体系、统一营销模式、统一系统支撑、统一成本规则的"六统一"原则，做到"网络覆盖、网格规划、队伍配备"同步到位，营销铁军月百元等效发展量提升74%。统一指标，依托大数据平台，实现经营分析提速50%。完成指标溯源，利用经营型数据驱动企业内部应用和创新，实现价值链可视化、透明化、预测预警。推进数字技术与公众、政企、服务、网络、管理"五位一体"深度融合，实现全渠道、全客户营销服务一体化、集约化运营高效聚合。面向公众市场，全客户全场景数字化运营占比提升至78.5%，宽融全渠道一体化经营能力显著增强，订单转化率提升至66.1%。面向政企市场，强化名单制客户与商企市场数字化管理，靶向营销能力显著提升，新兴ICT项目流程线上可视可管。面向品质服务，建成智能化服务体系，打造10010热线为枢纽的线上线下一站式服务体验，智能自助解决能力显著提升，智能服务占比提升至84.6%，行业第一。面向网业协同，实现网络故障一键定位，双线全量新装订单交付率提升至99.6%，FTTR设备纳管可视率超97.5%。面向运营管理，实现"量质构效"指标数据从总部穿透至网格，政企电子合同签订时长压降超70%，智慧供应链支撑23省4类物资全环节可视，企业各类生产要素配置效率显著提升。

（6）升级数字化平台与信息处理

发布"联通智慧大脑"，升级数字化平台。作为智能化决策指挥中枢，"联通智慧大脑"将 AI 技术、云计算、大数据能力与业务、网络、服务、管理相结合，通过大屏、中屏和小屏层层联动，赋能生产经营。

构建数字化能力体系，提高信息处理能力。历经多年建设，中国联通已形成一套包括联通云底座、五大中台、五大运营平台、五大 APP 在内的"1555N"数字化能力体系，以及全球电信行业最大规模的核心业务系统 cBSS，实现全云化承载。

4. 建立高效的信息系统，强化内部沟通与协作，重构信息与沟通

建立高效的信息系统平台，实现高质量共享。中国联通一方面构建了高效的信息系统平台，如企业社交平台、协同办公平台等，实现了信息的快速传递和共享。同时，还加强了信息系统的安全防护措施，确保信息的安全性。一方面通过优化信息系统架构和功能模块、引入数据治理机制等方式，提高了数据的准确性和时效性。例如，建立了数据质量监控体系，定期对数据进行清洗和校验。

强化内部沟通机制，建立了定期的会议制度、培训交流机制等，如每周部门例会、每月跨部门协调会议等，加强了部门之间的沟通与协作。同时，还鼓励员工通过企业社交平台进行实时沟通和协作。建立了员工反馈机制，如设立员工意见箱、定期举办员工座谈会等，鼓励员工提出意见和建议，并对员工的反馈进行及时响应和处理，形成了良好的内部反馈氛围。

5. 建立健全的监督体系，持续跟踪与评估，重构控制监督

设立了独立的内部审计机构，定期对各部门和业务流程进行审计检查。审计过程中，注重运用数字化手段提高审计效率和质量。例如，通过数据分析工具对财务数据进行审计分析，发现潜在的风险和问题。加强了纪检监察工作力度，对违规行为进行严肃处理。同时，还建立了纪检监察与内部审计的协同工作机制，共同推动内部控制体系的完善。

定期收集和分析相关数据指标和信息反馈情况，如业务运行数据、员工满意度调查结果等，对内部控制的有效性进行客观评价。对于发现的问题

和不足之处及时采取措施进行改进和完善。例如，针对某一业务流程中的漏洞，立即修订相关内控制度并加强培训；针对员工反馈的沟通不畅问题，优化沟通机制并加强跨部门协作培训。

综上所述，中国联通在数字化转型深化阶段通过强化顶层设计、完善组织架构、梳理风险点，建立预警机制，深化数据治理，加强流程优化，建立高效的信息系统，强化内部沟通与协作，建立健全的监督体系，持续跟踪与评估等一系列内部控制重构实践，不仅提升了企业的运营效率和管理水平，还进一步巩固了其行业领先地位。这些实践为中国联通实现高质量发展奠定了坚实基础。

第三节 案例分析与启示

一、案例分析

在深入探讨中国工商银行（以下简称"工行"）与中国联通的数字化转型与内部控制重构实践时，本研究可以从多个维度解析这两家企业在转型过程中的策略选择、实施路径及成果展示，以此提炼出对行业具有普遍指导意义的经验与启示。

1. 数字化转型的驱动力与策略选择

工行与中国联通在数字化转型的驱动力上虽各有侧重，但均体现了对市场趋势、客户需求及技术进步的深刻洞察。工行作为金融行业的领军者，其数字化转型的核心驱动力在于提升金融服务效率、拓宽服务边界、增强客户体验，应对日益激烈的市场竞争。而中国联通作为通信行业的巨头，其转型动力则更多源于技术迭代的压力、行业生态的变革以及提升网络服务质量与用户体验的需求。

在策略选择上，工行采取了"金融＋科技"深度融合的发展路径，致力于打造"数字工行"品牌，通过构建开放、协同、共赢的数字生态，推动银行业务的全面数字化转型。具体举措包括：利用大数据技术进行精准营销与风险管理；引入人工智能优化客户服务体验；通过区块链技术提升交易透明度与安全性；构建云服务平台，实现资源的灵活配置与高效利用。

中国联通则聚焦于通信技术的迭代升级与数字化转型的深度融合，提出了"大集约、大协同、大平台、大生态"的转型战略。通过优化资源配置、提升 IT 管理能力、构建数据中台与业务中台，旨在打造灵活高效、协同创新的运营体系。同时，中国联通还积极探索 5G、物联网、云计算等前沿技术在通信服务中的应用，推动通信技术与实体经济的深度融合，拓展新的业务增长点。

2. 内部控制重构的实施路径与成效

在数字化转型的背景下，工行与中国联通均对内部控制体系进行了重构与优化，以适应新的业务形态与管理需求。

工行在内部控制重构方面，注重将数字化技术融入内部控制的全流程，通过构建智能化、自动化的内部控制系统，提升风险防控的精准度与效率。具体举措包括：利用大数据分析技术，对业务数据进行实时监测与预警，及时发现潜在风险；通过人工智能算法，对内部控制流程进行优化与标准化，减少人为操作失误；构建全面的风险管理信息系统，实现风险信息的跨部门共享与协同应对。这些措施有效提升了工行的风险防控能力与内部控制效率，为数字化转型提供了坚实的保障。

中国联通在内部控制重构过程中，更加注重 IT 治理与业务流程的深度融合。通过规范 IT 管理和决策流程，确保了数字化转型的顺利进行与成果的持续发挥。同时还构建了立体化协同机制，促进了跨业务、跨部门的合作与交流，提升了整体运营效率。在资源配置方面，中国联通通过健全 TCO 管理体系、优化资源配置结构等手段，实现了资源的高效利用与成本的有效控制。这些内部控制重构举措不仅提升了中国联通的治理能力与运营效率，还为其在数字化转型过程中保持稳健发展提供了有力支撑。

3. 数字化转型与内部控制重构的协同效应

工行与中国联通的数字化转型与内部控制重构实践充分展示了两者之间的协同效应。数字化转型为内部控制的重构提供了技术支撑与数据支持，使得内部控制更加智能化、自动化与高效化；而内部控制的重构则为数字化转型提供了稳健的管理基础与风险防控保障，确保了数字化转型的顺利进行与成果的持续发挥。

具体来说，数字化转型通过引入大数据、人工智能等先进技术，为内部控制提供了更加精准、高效的风险识别与防控手段。同时，数字化转型还推动了业务流程的优化与再造，使得内部控制流程更加简洁、高效与标准化。这些变化不仅提升了内部控制的效率与效果，还为企业创造了更多的价值增长点。

而内部控制的重构则通过规范 IT 治理、优化资源配置、强化风险防控等手段，为数字化转型提供了稳健的管理基础与保障。内部控制的重构确保了数字化转型过程中的合规性与稳健性，避免了因管理不善而引发的风险问题。同时，内部控制的重构还促进了数字化转型成果在企业内部的广泛传播与应用，提升了企业的整体竞争力与市场地位。

二、启示

通过对中国工商银行和中国联通的数字化转型与内部控制重构实践的深入分析，可以得出以下几个重要的启示，这些启示对于其他企业进行数字化转型和内部控制优化具有重要的指导意义。

1. 数字化转型是提升企业竞争力的必由之路

在当前的市场环境下，数字化转型已经成为企业提升竞争力的必由之路。工行和中国联通的实践表明，通过数字化转型，企业可以更加高效地管理资源，优化业务流程，提升服务效率，从而增强市场竞争力。数字化转型不仅能够帮助企业更好地满足客户需求，还能够通过技术创新和业务模式创新，为企业开辟新的增长点。因此，企业应该积极拥抱数字化转型，将其作为提升竞争力的关键手段。

2. 内部控制重构是数字化转型的重要保障

在数字化转型的过程中，内部控制的重构和优化是至关重要的。工行和中国联通的实践表明，通过内部控制的重构，企业可以确保数字化转型的顺利进行，并有效防控可能出现的风险。内部控制的重构包括优化组织架构、完善风险防控机制、创新内部控制活动等，这些措施可以帮助企业更好地适应数字化转型带来的变化，确保企业在转型过程中保持稳健的运营态势。因此，企业在进行数字化转型时，应该注重内部控制体系的重构和优化，确保数字化转型的成效能够得到持续发挥。

3. 技术与管理并重是数字化转型成功的关键

数字化转型的成功不仅取决于技术的先进性，还取决于企业管理水平的提升。工行和中国联通的实践表明，技术与管理并重是数字化转型成功的关键。企业应该将技术与管理深度融合，通过技术创新推动管理创新，构建更加适应数字化时代的企业运营模式。这包括引入先进的技术手段，优化业务流程，提升员工数字化技能，以及构建适应数字化转型的企业文化等。只有技术与管理并重，企业才能在数字化转型的过程中实现真正的变革和提升。

4. 注重风险防控是数字化转型的必然要求

在数字化转型的过程中，企业面临着诸多风险，包括网络安全风险、数据泄露风险、业务流程中断风险等。因此，注重风险防控是数字化转型的必然要求。工行和中国联通的实践表明，企业应该建立健全的风险防控机制，包括加强网络安全防护、完善数据治理机制、制定应急预案等，以确保企业在数字化转型的过程中能够有效应对各种风险。同时，企业还应该注重培养员工的风险意识，提升全员的风险防控能力。

5. 持续创新与优化是数字化转型的永恒主题

数字化转型是一个持续的过程，企业需要不断关注市场动态和技术发展，持续优化和升级自身的数字化能力和内部控制体系。工行和中国联通的实践表明，持续创新与优化是数字化转型的永恒主题。企业应该建立创新机制，鼓励员工提出创新想法和建议，不断尝试新的技术和业务模式。同时，企业还应该注重数字化转型的成效评估，及时发现问题并进行优化调整。只有持续创新与优化，企业才能在数字化转型的道路上不断前行。

6. 人才培养与文化建设是数字化转型的重要支撑

数字化转型的成功还离不开人才的培养和企业文化的建设。工行和中国联通的实践表明，企业应该注重培养具备数字化技能和创新能力的人才队伍，为员工提供持续的培训和发展机会。同时，企业还应该构建适应数字化转型的企业文化，包括鼓励创新、注重协作、强调客户导向等。只有建立了适应数字化转型的人才队伍和企业文化，企业才能在数字化转型的过程中保持持续的发展动力。

综上所述，通过对中国工商银行和中国联通的数字化转型与内部控制重构实践的深入分析，我们可以得出以上六个重要的启示。这些启示对于其他企业在进行数字化转型和内部控制优化时具有重要的指导意义。企业应该积极拥抱数字化转型浪潮，注重内部控制体系的重构与优化，以技术创新与管理创新为双轮驱动推动企业实现高质量发展。

第七章 结 语

经过前六章的深入探讨与分析，我们对企业数字化转型与内部控制重构有了较为全面和深刻的理解。从数字化转型的背景、意义，到内部控制在数字化转型中的重要性，再到具体的重构策略与实践案例，每一章都为我们揭示了企业数字化转型与内部控制重构的复杂性和挑战性。在此基础上，本章作为结语部分，将进一步探讨数字化时代内部控制的发展趋势，并针对性地提出应对数字化转型与内部控制重构的策略建议。本章的探讨旨在为企业在数字化浪潮中稳健前行，实现内部控制体系的持续优化与升级提供有益的指导与参考，帮助企业更好地应对数字化时代的挑战与机遇。

第一节 数字化时代内部控制的发展趋势

一、内部控制的未来发展方向

在数字化时代背景下，内部控制作为企业管理的重要组成部分，正经历着前所未有的变革与重塑。面对数字化带来的种种挑战与机遇，内部控制的未来发展方向显得尤为关键。深入探讨这一话题，我们需要从技术融合、风险导向、协同整合、人才与文化等多个维度进行分析。

首先，技术融合是内部控制未来发展的重要趋势。数字化技术的迅猛发展，如大数据、人工智能、云计算等，为内部控制提供了全新的工具和手段。未来，内部控制将更加注重与这些数字化技术的深度融合，通过智能化、自动化的方式，实现对业务流程的全面监控和风险控制。例如，利用大数据分析技术，企业可以实时监测和分析业务数据，及时发现潜在的风险和异常，从而采取相应的控制措施。这种技术融合不仅提高了内部控制的精准度和效率，还使企业能够更好地应对复杂多变的市场环境。

其次，风险导向将成为内部控制的核心理念。在数字化时代，企业面临的风险更加多样化、复杂化和隐蔽化，这些风险可能来自市场竞争、法律法规、信息安全等多个方面，因此，内部控制需要更加注重对风险的识别、评估和应对。未来，内部控制将建立以风险为导向的管理体系，通过对风险的全面梳理和分类，制定针对性的控制措施和应急预案。同时，内部控制还将加强与风险管理部门的沟通与协作，共同构建企业的风险防线。

再者，协同整合是内部控制未来发展的另一个重要方向。在数字化时代，企业内部各个部门与职能之间的界限越来越模糊，业务流程也更加复杂和交叉。因此，内部控制需要打破传统的部门壁垒，实现跨部门、跨职能的协同与整合，包括内部控制流程的整合、内部控制信息的共享以及内部控制资源的优化配置等。通过协同整合，内部控制可以更加全面地覆盖企业的各个业务领域和关键环节，确保企业的整体运营效率和风险控制能力。

除了技术融合、风险导向和协同整合外，内部控制的未来发展方向还将注重人才与文化的建设。在数字化时代，内部控制需要更多具备数字化技能和创新能力的人才来支撑其发展。因此，企业需要注重培养和引进这类人才，并为他们提供持续的学习和发展机会。同时，企业还需要构建适应数字化时代的企业文化，包括鼓励创新、注重协作、强调客户导向等，这种企业文化的建设将为内部控制的发展提供有力的支撑和保障。

此外，内部控制的未来发展方向还将关注与业务发展的紧密结合。在过去，内部控制往往被视为一种事后监督和控制手段，与业务发展存在一定的脱节。然而，在数字化时代，内部控制需要更加紧密地与业务发展相结合，成为推动企业发展的重要力量。这要求内部控制不仅要关注风险的控制和合规性的保障，还要关注业务的效率和创新能力的提升。通过与业务发展的紧密结合，内部控制可以为企业创造更多的价值，并推动企业的可持续发展。

最后，内部控制的未来发展方向还将注重与国际标准的接轨和合规性的提升。随着全球化的加速和国际贸易的不断发展，企业需要更加注重与国际标准的接轨和合规性的提升。这要求内部控制不仅要符合国内的相关法律法规和监管要求，还要满足国际标准和跨国经营的需求。通过与国际标准的接轨和合规性的提升，企业可以更好地参与国际竞争，并实现跨国经营的稳健发展。

数字化时代背景下，内部控制的未来发展方向将为内部控制带来新的变革和机遇，也将为企业带来更加稳健、高效与可持续的发展动力。企业需要积极应对这些变革和机遇，不断优化和完善内部控制体系，以适应数字化时代的发展需求。

二、内部控制在数字化时代的重要性

在数字化时代，内部控制的重要性愈发凸显，它不仅是企业稳健运营的基石，更是企业适应数字化变革、实现可持续发展的关键。以下将深入分析内部控制在数字化时代的重要性。

首先，内部控制在保障信息安全方面发挥着至关重要的作用。数字化时代，信息是企业最宝贵的资产之一，也是企业竞争优势的源泉。然而，随着数字化技术的广泛应用，信息安全风险也日益增加。黑客攻击、数据泄露、网络欺诈等威胁层出不穷，给企业带来了巨大的损失。内部控制通过建立完善的信息安全管理制度和流程，确保企业信息的安全性和保密性。它要求企业对敏感信息进行加密处理，限制访问权限，定期进行安全审计和漏洞扫描，及时发现并应对潜在的安全威胁。通过内部控制的有效实施，企业可以降低信息安全风险，保护企业的核心资产。

其次，内部控制在提升运营效率方面也具有重要意义。数字化时代，企业面临着日益激烈的市场竞争和快速变化的市场需求。为了保持竞争优势，企业需要不断提高运营效率，迅速响应市场变化。内部控制通过优化业务流程、减少冗余环节、提高自动化程度等方式，帮助企业实现运营效率的提升。它要求企业建立标准化的操作流程和规范，确保各项工作按照既定的程序进行，减少人为错误和延误。同时，内部控制还通过实时监控和数据分析，帮助企业发现运营中的瓶颈和问题，并提出改进建议。通过内部控制的持续改进和优化，企业可以不断提升运营效率，增强市场竞争力。

再者，内部控制在促进合规性方面也发挥着重要作用。数字化时代，法律法规和监管要求日益严格，企业需要确保自身业务活动的合规性，避免法律风险和声誉损失。内部控制通过建立合规性管理体系，确保企业遵守相关法律法规和监管要求。它要求企业对各项业务活动进行合规性审查，确保业务操作的合法性和合规性。同时，内部控制还通过培训和宣传，提高员工的合规意识和法律意识，确保员工在工作中始终遵循合规要求。通过内部控制的有效实施，企业可以降低合规风险，树立良好的企业形象。

此外，内部控制在增强风险管理能力方面也具有重要意义。数字化时代，企业面临着更加复杂和多变的风险环境，包括市场风险、信用风险、操作风险等。这些风险的存在可能对企业的稳健运营和发展造成重大影响。内部控制通过建立全面的风险管理体系，帮助企业识别和评估潜在的风险，并制定相应的风险应对策略和措施。它要求企业对各项业务活动进行风险评估，确定风险的性质和程度，并采取相应的控制措施进行防范和应对。通过内部控制的有效实施，企业可以增强风险管理能力，降低风险损失，确保企业的稳健运营。

最后，内部控制在支持战略决策方面也发挥着重要作用。数字化时代，企业需要制定科学的战略决策来应对市场的变化和挑战。内部控制通过提供准确、及时的信息和数据支持，帮助企业管理层做出明智的战略决策。它要求企业建立完善的信息报告和分析系统，对各项业务活动进行实时监测和数据分析，为管理层提供决策依据。同时，内部控制还通过对战略执行过程的监督和评估，确保战略决策的有效实施和调整。通过内部控制的有效支持，企业可以制定更加科学、合理的战略决策，推动企业的长期发展。

综上所述，内部控制在数字化时代的重要性不容忽视，在保障信息安全、提升运营效率、促进合规性、增强风险管理能力以及支持战略决策等方面都发挥着至关重要的作用。企业需要重视内部控制的建设和完善，不断适应数字化变革的需求，以确保企业的稳健运营和可持续发展。

第二节　应对数字化转型与内部控制重构的策略建议

在数字化转型的浪潮中，企业内部控制的重构已成为一个核心议题，它关乎企业能否在数字化时代保持竞争力和稳健发展。为了帮助企业更好地应对这一挑战，下文进一步分析数字化转型与内部控制重构的策略建议，并详细探讨了这些建议的实施与保障措施。

一、策略建议的提出

在数字化转型与内部控制重构的复杂背景下，企业需要提出一系列深思熟虑的策略建议，以确保转型过程的顺利进行和内部控制体系的有效建立。这些策略建议应当全面覆盖转型的各个方面，并具体细化为以下几个核心点：

1.明确转型目标与路径

企业在推进数字化转型和内部控制重构时，首要之务是明确具体的转型目标。这些目标应当紧密围绕提高运营效率、降低风险、增强客户体验等核心诉求，以确保转型工作有明确的方向和价值导向。基于这些目标，企业需要制定一份详尽的转型规划和实施路径，清晰地勾勒出转型的各个阶段、关键任务、时间节点以及预期的成果。同时，企业还需要对自身的业务现状、市场环境以及技术趋势进行深入的分析，识别出数字化转型和内部控制重构的关键驱动因素，并制定相应的应对措施和预案。

2. 优化组织结构与职责分工

对现有组织结构进行全面梳理，识别并解决潜在的瓶颈和障碍，确保组织结构能够适应数字化转型和内部控制重构的需求。企业应打破部门壁垒，促进跨部门协作，建立跨部门沟通平台，确保信息的顺畅流通和资源的共享。同时，明确各部门和员工的职责分工，确保转型任务的顺利执行，并建立有效的绩效考核机制，以激励员工积极参与转型工作。

3. 全面风险管理与合规性

进行全面的风险评估，识别转型过程中可能遇到的风险和挑战，包括技术风险、操作风险、合规风险等。企业应制定相应的风险应对策略，建立风险管理和合规性监控机制，确保转型项目符合相关法律法规和监管要求。同时，加强员工的风险意识和合规培训，确保员工能够遵守相关规定，降低合规风险。

4. 资源分配与支持

为数字化转型和内部控制重构项目提供必要的资金、人力和物力支持。企业应制定详细的预算和采购计划，确保资源的有效利用和合理分配。同时，建立项目管理机制，对资源使用进行监控和调整，确保项目按时按质完成。此外，企业还应积极寻求外部资金支持和合作机会，以共同推动转型项目的顺利实施。

5. 人才培养与引进

加强员工在数字化技能和内部控制知识方面的培训和学习，提升员工的转型能力和专业素养。企业应制定详细的培训计划，包括内部培训和外部培训，确保员工能够掌握所需的技能和知识。同时，积极引进具有丰富经验和专业技能的外部人才，为转型工作注入新活力。通过建立人才激励机制和职业发展路径，吸引和留住优秀人才，推动转型项目的顺利实施。

二、策略建议的实施与保障措施

为了确保上述策略建议的有效实施，企业需要制定详细的实施计划和保障措施。这些措施应涵盖以下几个方面：

1. 建立跨部门实施团队

组建由各部门代表组成的实施团队，负责策略建议的具体执行和协调。团队成员应具备相关领域的专业知识和实践经验，确保实施工作的顺利进行。建立团队沟通和协作机制，促进信息共享和协同工作，确保各部门之间的紧密合作和有效沟通。

2. 制定详细实施计划与时间表

为每项策略建议制定详细的实施计划和时间表，明确任务的完成时间和关键节点。定期对实施进度进行监控和评估，确保按计划推进。建立项目里程碑和阶段性目标，对实施过程进行分阶段管理和控制，确保项目的有序进行。

3. 建立有效沟通机制

建立跨部门沟通平台，促进信息共享和协同工作。定期召开项目进展汇报会议，及时解决实施过程中出现的问题和障碍。建立问题反馈和解决机制，确保问题的及时响应和处理，确保沟通渠道的畅通和信息的准确传递。

4. 资源保障与预算管理

确保为数字化转型和内部控制重构项目提供充足的资源支持。制定严格的预算管理制度，对资源使用进行有效监控和调整。建立项目成本控制机制，确保项目在预算范围内顺利实施。同时，对资源的分配和使用进行定期评估和审计，确保资源的合理利用和最大化效益。

5. 引入外部专业机构进行咨询与评估

借助外部专家的力量，提供专业的咨询和评估服务。定期对转型项目进行外部审计和评估，确保项目的科学性和可行性。与外部机构建立长期合作关系，为企业提供持续的咨询和支持，确保企业在转型过程中能够获得专业的指导和帮助。

6. 风险管理与合规性监控

建立风险管理和合规性监控机制，对实施过程中可能出现的风险进行及时识别、评估和应对。确保转型项目始终符合相关法律法规和监管要求，降低合规风险。建立应急预案和恢复计划，以应对可能出现的风险事件，确保企业在面对风险时能够迅速做出反应并恢复正常运营。

通过上述策略建议的实施与保障措施的制定和执行，企业可以更好地应对数字化转型与内部控制重构的挑战，实现转型目标的顺利达成。这将有助于企业在数字化时代保持竞争力并实现可持续发展。

第三节　未来展望与持续研究方向

一、数字化转型与内部控制领域的未来展望

展望未来，数字化转型与内部控制领域将呈现更为紧密的结合与深远的发展。随着技术的不断突破和应用场景的持续拓展，我们可以预见以下几个关键趋势：

首先，数字化转型将进一步深化，不仅局限于技术层面的革新，更将引发业务模式、组织架构和企业文化的根本性变革。这种变革将推动内部控制体系不断演进，以适应日益复杂多变的业务环境，确保企业在数字化浪潮中稳健前行。

其次，内部控制将更加注重数据的价值挖掘。随着大数据、人工智能等先进技术的广泛应用，内部控制将能够更精准地识别潜在风险、预测市场趋势，并做出迅速响应。数据将成为内部控制的核心资产，驱动决策优化和效率提升，助力企业在市场竞争中脱颖而出。

再者，数字化转型将推动内部控制向智能化和自动化方向迈进。借助先进的数字化工具和技术，内部控制流程将更加高效、准确，人为错误和舞弊风险将大幅降低。同时，智能化技术还将助力内部控制实现更高级别的风险预警和防控，确保企业运营的安全稳定。

最后，数字化转型将促进内部控制的全球化协作与标准统一。随着跨国

业务的增多和全球市场的深度融合，企业需要建立更加统一、高效的内部控制体系，以实现全球资源的优化配置和风险的有效管控。这将有助于企业在全球范围内实现合规运营和可持续发展。

二、持续研究的方向和建议

面对数字化转型与内部控制领域的快速发展和变革，持续研究的方向和建议显得尤为重要。以下是一些值得深入探索的领域：

首先，我们需要深入研究数字化转型对内部控制体系的具体影响机制。包括技术变革如何重塑内部控制的流程、方法和工具，以及这些变化如何影响企业的风险管理和决策效率。通过揭示这些影响机制，我们可以为企业的数字化转型提供更为精准的指导和支持。

其次，我们应关注并总结数字化转型背景下内部控制的创新实践案例。企业如何在数字化转型的过程中创新内部控制模式，以适应新的业务环境和市场挑战，是一个值得深入挖掘的问题。通过分析和推广这些创新实践案例，我们可以为更多企业提供可借鉴的经验和启示。

再者，我们需要探索如何更好地发挥数字化转型与内部控制的协同效应。如何使数字化转型与内部控制相互促进、共同提升企业的竞争力和稳健性，是一个具有实践意义的研究方向。通过深入研究这种协同效应的实现路径和策略选择，我们可以为企业提供更为有效的数字化转型和内部控制解决方案。

最后，建议加强跨学科研究与合作，将数字化转型与内部控制的研究与计算机科学、数据科学、管理学等多个学科相结合。通过跨学科的研究方法与合作机制，我们可以更全面地揭示数字化转型与内部控制的内在联系和规律，为企业实践提供更有力的理论支持和实践指导。同时，这种跨学科的研究与合作也将推动数字化转型与内部控制领域的创新与发展。

参考文献

［1］安筱鹏，2019.数字化转型的关键词 [J].信息化建设（6）：50-53.

［2］安家骥，狄鹤，刘国亮，2022.组织变革视角下制造业企业数字化转型的典型模式及路径 [J].经济纵横（2）：54-59.

［3］白华，2015.COSO 内部控制结构之谜 [J].会计研究（2）：58-65，94.

［4］白华，胡礼燕，2020.超越 COSO：中国内部控制规范体系探索 [J].会计与经济研究，34（6）：11-31.

［5］曹越，孙丽，郭天枭，蒋华玲，2020."国企混改"与内部控制质量：来自上市国企的经验证据 [J].会计研究（8）：144-158.

［6］翟华云，李倩茹，2022.企业数字化转型提高了审计质量吗：基于多时点双重差分模型的实证检验 [J].审计与经济研究，37（2）：69-80.

［7］池国华，周正义，2023.金融行政处罚监管与银行内部控制：基于行政处罚公告的证据 [J].科学决策（12）：1-18.

［8］池国华，2010.基于管理视角的企业内部控制评价系统模式 [J].会计研究（10）：55-61，96.

［9］池国华，郭芮佳，邹威，2021.高管超额在职消费不同治理机制间协调研究：基于政府审计与内部控制关系视角的实证分析 [J].中国软科学（2）：151-162.

［10］池国华，郭芮佳，邹威，2021.高管超额在职消费不同治理机制间协调研究：

基于政府审计与内部控制关系视角的实证分析 [J]. 中国软科学（2）：151-162.

［11］陈关亭，黄小琳，章甜，2013. 基于企业风险管理框架的内部控制评价模型及应用 [J]. 审计研究（6）：93-101.

［12］陈汉文，张宜霞，2008. 企业内部控制的有效性及其评价方法 [J]. 审计研究（3）：48-54.

［13］陈红，郭彤梅，张玥，郭秋云，2024. 内部控制对制造业企业组织韧性的影响研究：基于企业生命周期视角 [J]. 南开管理评论（5）：1-28.

［14］陈海东，2023. 数字化转型促进制造业高质量发展的机制与效应研究 [D]. 江西：江西财经大学 .

［15］陈剑，黄朔，刘运辉，2020. 从赋能到使能：数字化环境下的企业运营管理 [J]. 管理世界，36（2）：117-128，222.

［16］陈剑，刘运辉，2021. 数智化使能运营管理变革：从供应链到供应链生态系统 [J]. 管理世界，37（11）：227-240，14.

［17］陈威如，王诗一，2016. 平台转型 [M]. 北京：中信出版社 .

［18］陈小辉，张红伟，吴永超，2022. 数字经济如何影响企业内部控制质量 [J]. 财经论丛（11）：71-80.

［19］陈晓红，唐立新，李勇建，等，2019. 数字经济时代下的企业运营与服务创新管理的理论与实证 [J]. 中国科学基金，33（3）：301-307.

［20］董小红，孙文祥，2021. 企业金融化、内部控制与审计质量 [J]. 审计与经济研究（1）：26-36.

［21］董晓松，许仁仁，赵星，2021. 制造业数字化转型中组织惯性与路径权变：仁和药业案例研究 [J]. 科学决策（11）：32-48.

［22］丁玉龙，2021. 数字经济的本源、内涵与测算：一个文献综述 [J]. 社会科学动态（8）：57-63.

［23］戴璐，支晓强，2015. 企业引进管理会计方法的排斥效应、后续变革与影响因素：基于国有企业情景的案例调查 [J]. 南开管理评论，18（2）：103-114.

［24］戴文涛，李维安，2013. 企业内部控制综合评价模型与沪市上市公司内部控制质量研究 [J]. 管理评论，25（1）：128-138，176.

［25］戴文涛，王茜，谭有超，2013. 企业内部控制评价概念框架构建 [J]. 财经问题研究（2）：115-122.

［26］戴捷敏，方红星，2023. 公司战略会影响管理层财务报告内部控制自我评价质量吗？[J]. 会计与经济研究，37（5）：21-42.

［27］邓芳，游柏祥，陈品如，2017.企业信息化水平对审计收费的影响研究［J］.审计研究，195（1）：78-87.

［28］数字产业创新研究中心.2024DIIRC央国企数字化转型十大趋势报告［R］.（2024-06-05）

［29］付东雪，石泓，2014.企业信息化水平对审计费用的影响研究：基于中国上市公司的经验数据［J］.中国注册会计师，182（7）：85-88.

［30］郜保萍，2023.企业数字化转型与内部控制有效性［J］.会计之友（4）：127-133.

［31］郭慧芳，王宏鸣，2022.数字化转型与服务业全要素生产率［J］.现代经济探讨（6）：92-102，113.

［32］顾奋玲，解角羊，2018.内部控制缺陷、审计师意见与企业融资约束：基于中国A股主板上市公司的经验数据［J］.会计研究（12）：77-84.

［33］顾基发，唐锡晋，朱正祥，2007.物理-事理-人理系统方法论综述［J］.交通运输系统工程与信息（6）：51-60.

［34］顾基发，高飞，1998.从管理科学角度谈物理-事理-人理系统方法论［J］.系统工程理论与实践（8）：2-6.

［35］龚雅娴，2022.企业数字化转型：文献综述与研究展望［J］.产经评论，13（1）：40-47.

［36］国务院发展研究中心课题组，马建堂，张军扩，2020.充分发挥"超大规模性"优势推动我国经济实现从"超大"到"超强"的转变［J］.管理世界36（1）：1-7，44，229.

［37］何帆，刘红霞，2019.数字经济视角下实体企业数字化变革的业绩提升效应评估［J］.改革（4）：137-148.

［38］何帆，秦愿，2019.创新驱动下实体企业数字化转型经济后果研究［J］.东北财经大学学报（5）：45-52.

［39］洪金明，桑倩兰，2021.管理者过度自信、内部控制与企业"短贷长投"［J］.统计与决策，37（23）：165-169.

［40］胡迟，2018.国企改革：四十年回顾与未来展望［J］.经济纵横（9）：18-27，2.

［41］胡海波，周洁，卢海涛，2022.数字化转型推动制造企业高质量发展：基础、挑战与对策［J］.企业经济，41（1）：17-23.

［42］黄勃，李海彤，刘俊岐，雷敬华，2023.数字技术创新与中国企业高质量发展：来自企业数字专利的证据［J］.经济研究，58（3）：97-115.

［43］黄速建，肖红军，王欣，2018. 论国有企业高质量发展 [J]. 中国工业经济（10）：19-41.

［44］黄速建，余菁，2006. 国有企业的性质、目标与社会责任 [J]. 中国工业经济，（2）：68-76.

［45］黄大禹，谢获宝，孟祥瑜，等，2021. 数字化转型与企业价值：基于文本分析方法的经验证据 [J]. 经济学家（12）：41-51.

［46］黄大禹，谢获宝，邹梦婷，孟祥瑜，2023. 数字化转型对企业风险承担水平的影响：作用机制与影响渠道 [J/OL]. 科技进步与对策，40（11）：1-10.

［47］焦豪，2022. 双碳目标下国有企业数字化战略变革的模式、路径及保障机制研究 [J]. 北京工商大学学报（社会科学版），37（3）：10-22.

［48］焦勇，2022. 数字经济时代产业备份的大国方略 [J]. 经济学家，287（11）：43-51.

［49］加里·哈默，2012. 管理的未来 [M]. 陈劲，译. 北京：中信出版社.

［50］吉姆·怀特赫斯特，2016. 开放式组织 [M]. 王洋，译. 北京：机械工业出版社.

［51］卡马耶夫，1983. 经济增长的速度和质量 [M]. 武汉：湖北人民出版社.

［52］克劳斯·施瓦布，2016. 第四次工业革命 [M]. 北京：中信出版社.

［53］李凤鸣，韩晓梅，2001. 内部控制理论的历史演进与未来展望 [J]. 审计与经济研究（4）：3-8.

［54］李九斤，徐妍妍，2022. 国有企业财务数字化转型探究 [J]. 财会月刊（11）：39-45.

［55］李敏，齐玺瑢，2024. 企业数字化转型、内部控制与审计定价关系研究 [J]. 中国市场（14）：123-126.

［56］李巧华，2019. 新时代制造业企业高质量发展的动力机制与实现路径 [J]. 财经科学（6）：57-69.

［57］李晓华，2016. "互联网＋"改造传统产业的理论基础 [J]. 经济纵横，364（3）：57-63.

［58］李小燕，杨济华，郭颖，2015. 美国萨班斯法案与中国企业内部控制制度自强化机制的构想 [J]. 会计研究（2）：66-72，94.

［59］李越冬，张冬，刘伟伟，2014. 内部控制重大缺陷、产权性质与审计定价 [J]. 审计研究（2）：45-52.

［60］李莹，2015.COSO 框架变革方向与我国国有企业内部控制改革 [J]. 财经问题研究（1）：125-129.

［61］李载驰，吕铁，2021.数字化转型：文献述评与研究展望 [J].学习与探索（12）：130–138.

［62］林钟高，张天宇，2018.内部控制、董事会行为与企业创新战略选择 [J].会计与经济研究，32（3）：73–89.

［63］刘景艳，2013.中外内部控制评价体系发展比较研究 [J].财会通讯（19）：116–118.

［64］刘少杰，2022.从实践出发认识网络化、数字化和智能化 [J].社会科学研究（2）：66–71

［65］刘淑春，闫津臣，张思雪，林汉川，2021.企业管理数字化变革能提升投入产出效率吗 [J].管理世界（5）：170–190.

［66］刘锡禄，陈志军，马鹏程，2023.信息技术背景 CEO 与企业数字化转型 [J].中国软科学，385（1）：134–144.

［67］刘奕，夏杰长，2021.平台经济助力畅通服务消费内循环：作用机理与政策设计 [J].改革（11）：19–29.

［68］刘正军，陈雪吟，2023.企业数字化转型对审计费用的影响：基于内部控制的调节效应 [J].长沙大学学报，37（4）：73–80，90.

［69］柳志南，2024.数字化转型有助于企业抑制内部控制缺陷吗？[J].暨南学报（哲学社会科学版），46（4）：97–112.

［70］倪克金，刘修岩，2021.数字化转型与企业成长：理论逻辑与中国实践 [J].经济管理，43（12）：79–97.

［71］逯东，王运陈，付鹏，2014.CEO 激励提高了内部控制有效性吗：来自国有上市公司的经验证据 [J].会计研究（6）：66–72，97.

［72］吕铁，2019.传统产业数字化转型的趋向与路径 [J].人民论坛·学术前沿（18）：13–19.

［73］骆良彬，张白，2008.企业信息化过程中内部控制问题研究 [J].会计研究（5）：69–75.

［74］孟小峰，慈祥，2013.大数据管理：概念、技术与挑战 [J].计算机研究与发展，50（1）：146–169

［75］南京大学会计与财务研究院课题组，2010.论中国企业内部控制评价制度的现实模式：基于 112 个企业案例的研究 [J].会计研究（6）：51–61，96.

［76］聂兴凯，王稳华，裴璇，2022.企业数字化转型会影响会计信息可比性吗 [J].会计研究（5）：17–39.

［77］潘乐，张绪娥，2012.企业内部控制评价体系构建探讨 [J].财会通讯（19）：21-23.

［78］裴长洪，倪江飞，李越，2018.数字经济的政治经济学分析 [J].财贸经济，39（9）：5-22.

［79］戚君贤，2021.数字化转型下的商业银行数据安全治理研究 [J].中国信息化（2）：68-69.

［80］戚聿东，蔡呈伟，2019.数字化企业的性质：经济学解释 [J].财经问题研究（5）：121-129

［81］戚聿东，杜博，温馨，2021.国有企业数字化战略变革：使命嵌入与模式选择：基于3家中央企业数字化典型实践的案例研究 [J].管理世界，37（11）：137-158，10.

［82］祁怀锦，曹修琴，刘艳霞，2020.数字经济对公司治理的影响：基于信息不对称和管理者非理性行为视角 [J].改革（4）：50-64.

［83］钱雨，孙新波，2021.数字商业模式设计：企业数字化转型与商业模式创新案例研究 [J].管理评论，33（11）：67-83.

［84］孙惠宏，龚艳群，吴云飞，2016."制度＋科技"模式下企业内部控制评价研究 [J].财务与会计（9）：53-55.

［85］施先旺，2008.内部控制理论的变迁及其启示 [J].审计研究（6）：79-83.

［86］史宇鹏，王阳，张文韬，2021.我国企业数字化转型：现状、问题与展望 [J].经济学家（12）：90-97.

［87］上海国家会计学院，2012.内部控制与内部审计 [M].上海：经济科学出版社.

［88］尹丽波，2020.数字基建 [M].北京：中信出版集团.

［89］宋建波，苏子豪，王德宏，2018.中国特色内部控制规范体系建设的思考 [J].会计研究（9）：11-16.

［90］宋锴业，2020.中国平台组织发展与政府组织转型：基于政务平台运作的分析 [J].管理世界，36（11）：172-194.

［91］谭志东，赵洵，潘俊，谭建华，2022.数字化转型的价值：基于企业现金持有的视角 [J].财经研究（3）：1-16.

［92］滕晓梅，2011.扩充《企业内部控制应用指引》控制项目的研究：基于企业集团内部资本配置活动的控制 [J].会计研究（4）：68-74，94.

［93］王凤彬，王骁鹏，张驰，2019.超模块平台组织结构与客制化创业支持：基于海尔向平台组织转型的嵌入式案例研究 [J].管理世界，35（2）：121-150，199-200.

［94］王海兵，伍中信，李文君，田冠军，2011.企业内部控制的人本解读与框架重构 [J].会计研究（7）：59-65.

［95］王惠芳，2011.内部控制缺陷认定：现状、困境及基本框架重构 [J].会计研究（8）：61-67.

［96］王嘉鑫，2020.强制性内部控制审计、企业创新与经济增长 [J].会计研究（5）：166-177.

［97］王佳元，2022.数字经济赋能产业深度融合发展：作用机制、问题挑战及政策建议 [J].宏观经济研究（5）：74-81.

［98］王蕾，池国华，2023.银行内部控制如何影响信贷风险识别能力：来自 A 股上市银行的经验证据 [J].中国软科学（8）：157-174.

［99］王蕾，池国华，2021.企业内部控制体系建设的再发展：纠偏重构与转型升级 [J].财务与会计（20）：50-52.

［100］王满，姜洪涛，2018.管理会计控制系统理论的演进趋势、机制与功能 [J].东岳论丛，39（2）：77-85.

［101］王墨林，阎海峰，宋渊洋，2023.企业数字化程度对战略激进度的影响研究 [J].管理学报，20（5）：667-675.

［102］王蔷，任庆涛，2004.扁平化组织的组织模式架构 [J].经济管理（5）：14-17.

［103］王清刚，2016.内部控制与风险管理：理论、实践与案例 [M].北京：高等教育出版社 .

［104］王小林，杨志红，2022.高质量发展视角下企业数字化转型的机理 [J].求索（4）：126-134

［105］王永贵，汪淋淋，2021.传统企业数字化转型战略的类型识别与转型模式选择研究 [J].管理评论，33（11）：84-93.

［106］王永海，石青梅，2016.内部控制规范体系对公司风险承受是否具有抑制效应：中国版 "萨班斯" 法案强制实施的风险后果分析 [J].审计研究（3）：90-97.

［107］魏昀妍，龚星宇，柳春，2022.数字化转型能否提升企业出口韧性 [J].国际贸易问题，478（10）：56-72.

［108］吴非，胡慧芷，林慧妍，2021.企业数字化转型与资本市场表现：来自股票流动性的经验证据 [J].管理世界，37（7）：130-144，10.

［109］吴秋生，郭飞，2020.内控重大缺陷修复信息披露有效性研究：基于成本效益视角 [J].会计研究（4）：130-142.

［110］吴秋生，卫晓明，2023.非重大缺陷披露与内部控制评价报告的信息含量 [J].财务研究（4）：73-84.

［111］吴秋生，杨瑞平，2011.内部控制评价整合研究 [J].会计研究（9）：55-60,97.

［112］吴水澎，陈汉文，邵贤弟，2000.企业内部控制理论的发展与启示 [J].会计研究（5）：2-8.

［113］吴武清，赵越，苏子豪，2022.企业信息化建设与审计费用：数字化转型时期的新证据 [J].审计研究（1）：106-117.

［114］韦影，宗小云，2021.企业适应数字化转型研究框架：一个文献综述 [J].科技进步与对策，38（11）：152-160.

［115］肖红军，2020.面向"十四五"的国有企业高质量发展 [J].经济体制改革（5）：22-29.

［116］谢卫红，李忠顺，李秀敏，等，2020.数字化创新研究的知识结构与拓展方向 [J].经济管理，42（12）：184-202.

［117］徐蒙，2020.数字化转型与企业创新 [J].企业经济，39（12）：54-60.

［118］徐宪平，鞠雪楠，2019.互联网时代的危机管理：演变趋势、模型构建与基本规则 [J].管理世界，35（12）：181-189.

［119］许瑜，冯均科，2020.企业内部控制有效性评价体系的构建 [J].财会月刊（18）：96-101.

［120］夏鹏，2022.关于完善企业内部控制评价体系的思考 [J].财务与会计（14）：7-11.

［121］谢海娟，何和阳，刘晓臻，2016.基于五大目标的企业内部控制评价体系指标研究 [J].财会通讯（3）：115-118.

［122］阎达五，杨有红，2001.内部控制框架的构建 [J].会计研究（2）：9-14, 65.

［123］颜鹏飞，汤正仁，2009.新熊彼特理论述评 [J].当代财经（7）：116-122.

［124］闫世刚，2022.内部控制指数构建、影响因素及经济后果研究 [D].吉林：吉林大学.

［125］姚晓蓉，2018.组织平台化视角下的管理控制适应性研究 [J].云南民族大学学报（哲学社会科学版），35（3）：114-119.

［126］姚晓蓉，王志华，2014.ERP 环境下电信业营收款控制系统构建：以中国联通为例 [J].财会通讯（34）：15-18.

［127］杨道广，王佳妮，陈丽蓉，2019."矫枉过正"抑或"合理管控"：内部控制

在企业创新中的作用 [J]. 经济管理，41（8）：113–129.

［128］杨道广，王金妹，陈丽蓉，2019. 内部控制能提升企业多元化价值吗：来自我国非国有上市公司的经验证据 [J]. 审计与经济研究，34（4）：33–43.

［129］杨道广，2021. 超越财务报告内部控制：中国经验 [M]. 北京：中国人民大学出版社 .

［130］杨德明，夏小燕，金淞宇，林丹滢，马晴，2020. 大数据、区块链与上市公司审计费用 [J]. 审计研究（4）：68–79.

［131］杨德明，胡婷，2010. 内部控制、盈余管理与审计意见 [J]. 审计研究（5）：90–97.

［132］杨帆征，徐璐辉，2024. 数字化转型程度影响企业风险承担水平机制探讨：基于企业内部控制质量中介效应的实证检验 [J]. 中央财经大学学报（5）：101–114.

［133］杨晴贺，2022. 内部控制与企业国际化水平 [D]. 北京：对外经济贸易大学 .

［134］杨雄胜，2011. 内部控制范畴定义探索 [J]. 会计研究（8）：46–52，96.

［135］杨雄胜，2005. 内部控制理论研究新视野 [J]. 会计研究（7）：49–54，97.

［136］杨玉晶，王健姝，2024. 企业数字化转型与审计费用：一个有调节的倒 U 型模型 [J]. 中国注册会计师（3）：66–73.

［137］杨彦欣，高敏雪，2024. 企业数字化转型：概念内涵、统计测度技术路线和改进思路 [J]. 统计研究，41（3）：62–73.

［138］依绍华，梁威，2023. 传统商业企业如何创新转型：服务主导逻辑的价值共创平台网络构建 [J]. 中国工业经济，418（1）：171–88.

［139］易露霞，吴非，徐斯旸，2021. 企业数字化转型的业绩驱动效应研究 [J]. 证券市场导报（8）：15–25，69.

［140］袁淳，肖土盛，耿春晓，等，2021. 数字化转型与企业分工：专业化还是纵向一体化 [J]. 中国工业经济（9）：137–55.

［141］余菁，2004. 扁平化组织的信息视角 [J]. 经济管理（5）：42–46.

［142］余可发，杨慧，2023. 传统企业数字化转型的价值链重构路径与机理：数字化赋能视角的纵向单案例研究 [J]. 当代财经，462（5）：79–91.

［143］约瑟夫·熊彼特，2020. 经济发展理论 [M]. 北京：商务印书馆 .

［144］臧跃茹，刘泉红，郭春丽，2008. 深化中央国有企业改革的总体思路和对策 [J]. 宏观经济研究（7）：24–31.

［145］张宏霞，解辰影，2024. 企业数字化转型、内部控制与审计质量 [J]. 国际商务财会（4）：3–10，22.

［146］张继栋.地方国有企业数字化转型路径探讨 [J]. 现代管理科学，2021（3）：96–102.

［147］张萌，张永珅，宋顺林，2022.企业数字化转型与税收规避：基于内部控制和信息透明度的视角 [J]. 经济经纬，39（6）：118–127.

［148］张明超，孙新波，王永霞，2021.数据赋能驱动精益生产创新内在机理的案例研究 [J]. 南开管理评论（3）：102–116.

［149］张钦成，杨明增，2022.企业数字化转型与内部控制质量：基于"两化融合"贯标试点的准自然实验 [J]. 审计研（6）：117–128.

［150］张日敏，陈明，2024.企业数字化转型对审计费用的影响：基于内部控制视角 [J]. 科技和产业，24（1）：62–67.

［151］张瑞琛，杨景涵，温磊，2023.数字化转型能促进企业的高质量发展吗：基于内部控制和社会责任的双视角 [J]. 会计研究（10）：129–142.

［152］张先治，戴文涛，2011.中国企业内部控制评价系统研究 [J]. 审计研究（1）：69–78.

［153］张永珅，李小波，邢铭强，2021.企业数字化转型与审计定价 [J]. 审计研究（3）：62–71

［154］张瑶，郭雪萌，2015.风险管理视角下对企业内部控制评价研究 [J]. 理论与改革（1）：86–90.

［155］张永珅，李小波，邢铭强，2021.企业数字化转型与审计定价 [J]. 审计研究（3）：62–71.

［156］张砚，杨雄胜，2007.内部控制理论研究的回顾与展望 [J]. 审计研究（1）：37–42.

［157］张永珅，李小波，邢铭强，2021.企业数字化转型与审计定价 [J]. 审计研究，221（3）：62–71.

［158］张哲，阳镇，陈劲，等.国有企业数字化转型的多重模式比较：来自 50 个国有企业案例的分析 [J/OL]. 科技进步与对策：1–11.

［159］张兆国，张旺峰，杨清香，2011.目标导向下的内部控制评价体系构建及实证检验 [J]. 南开管理评论，14（1）：148–156.

［160］赵晴晴，李思琦，2023.传统企业数字化转型中的战略与组织协同机制：基于战略一致性模型的案例研究 [J]. 管理学刊，36（2）：1–20.

［161］赵涛，张智，梁上坤，2020.数字经济、创业活跃度与高质量发展：来自中国城市的经验证据 [J]. 管理世界，36（10）：65–76.

［162］赵振，2015."互联网+"跨界经营：创造性破坏视角［J］.中国工业经济，331（10）：146-60.

［163］郑莉莉，刘晨，2021.新冠肺炎疫情冲击、内部控制质量与企业绩效［J］.审计研究（5）：120-128.

［164］郑石桥，徐国强，邓柯，王建军，2009.内部控制结构类型、影响因素及效果研究［J］.审计研究（1）：81-86.

［165］郑小碧，2017."+互联网"、"互联网+"与经济发展：超边际一般均衡分析［J］.经济学动态，676（6）：32-44.

［166］赵纳晖，刘瑾，2024.内部控制评价报告文本特征与资本市场定价效率［J］.审计研究（3）：148-160.

［167］支晓强，戴璐，2012.组织间业绩评价的理论发展与平衡计分卡的改进：基于战略联盟情景［J］.会计研究（4）：79-86，95.

［168］邹怡，郭彩云，梁川，2021.深耕中国市场工业互联网助推纸业数字化转型：访维美德中国区总裁朱向东［J］.造纸信息（2）：8-12，1.

［169］甄杰，谢宗晓，董坤祥，2023.企业数字化转型中吸收能力影响组织敏捷性机理探究：IT创新和流程创新的链式中介作用［J］.中央财经大学学报（1）：105-114.

［170］钟越华，冯均科，冯春雨，王鑫，2022.企业数字化转型影响审计费用吗？［J］.财会月刊，938（22）：96-104.

［171］周静，2023.企业数字化转型会提高审计费用吗：基于企业经营不确定性的视角［J］.经营与管理（8）：102-109.

［172］周楷唐，郭婧，原智超，2024.审计师数字化专长与企业内部控制质量：基于审计师数字化审计经验视角［J］.财务研究（2）：32-44.

［173］周卫华，刘一霖，2022.管理者能力、企业数字化与内部控制质量［J］.经济与管理研究，43（5）：110-127.

［174］周雪峰，韩露，肖翔，2022."双碳"目标下数字经济对企业持续绿色创新的影响：基于数字化转型的中介视角［J］.证券市场导报，364（11）：2-12.

［175］中国宏观经济分析与预测课题组，杨瑞龙，2017.新时期新国企的新改革思路：国有企业分类改革的逻辑、路径与实施［J］.经济理论与经济管理（5）：5-24.

［176］中国人民大学国有经济研究院课题组，2021.分类推进国有企业数字化转型［J］.企业观察家（12）：40-41.

［177］朱荣恩，贺欣，2003.内部控制框架的新发展：企业风险管理框架：COSO委员会新报告《企业风险管理框架》简介［J］.审计研究（6）：11-15.

［178］朱秀梅，林晓玥，2022.企业数字化转型：研究脉络梳理与整合框架构建 [J].研究与发展管理，34（4）：141-55.

［179］ACEMOGLU D，2003. Labor and capital augmenting technical change[J]. Journal of the European Economic Association，1（1）：1-37.

［180］AGARWAL R，GUO DG，DESROCHES C，et al，2010. The digital transformation of healthcare：current status and the road ahead[J]. Information Systems Research（4）：796-809.

［181］ALTAMURO J，BEATTY A，2010. How does internal control regulation affect financial reporting？[J]. Journal of Accounting and Economics，49（1-2）：58-74.

［182］ANDERSON R C，REED D M，2003. Founding - family ownership and firm performance：evidence from the s&p 500[J]. The journal of finance，58（3）：1301-1328.

［183］ASHBAUGH-SKAIFE H，COLLINS D W，KINNEY W R，et al，2009. The effect of sox Internal control deficiencies on firm risk and costof equity[J]. Journal of Accounting Research，47（1）：1-43.

［184］BCG，阿里研究院，2017.《未来平台化组织研究报告》.

［185］BEDARD J C，HOITASH R，HOITASH U，2009. Evedence from the United States on the effect of auditor involvement in assessing internal control over financial reporting[J]. Internal Journal of Auditing，13（2）：105-125.

［186］BENEISH M D，BILLINGS M B，HODDER L D，2008. Internal control weaknesses and information uncertaint[J]. The Accounting Review，83（1）：665-703.

［187］BLOOMBERG J，2018. Digitization，digitalization，and digital transformation：confuse them at your peril[J/OL]. https://www.forbes.com/sites/jasonbloomberg/2018/04/29/digitization-digitalization-and-digital-transformation-confuse-them-at-your-peril.

［188］BRONSON S N，VARCELLO J V，RAGHUNANDAN K，2006. Firm characteristics and voluntary management reports on internal control[J]. Auditing：A Journal of Practice and Theory，25（2）：25-39.

［189］BROWN N C，POTT C，WOMPENER A，2014. The effect of internal control and risk management regulation on earnings quality：evidence from germany[J]. Journal of Accounting & Public Policy，33（1）：1-31.

［190］CASSELL A M，2011. The Impact of financial reporting quality on debt contracting：evidence from internal control weakness reports[J]. Journal of Accounting Research，49（1）：97-136.

［191］CHEN X. M, 2020. Family entrenchment and internal control: evidence from S&P 1500 firms[J]. Review of Accounting Studies, 25（1）: 246–278.

［192］CIBORRA C U, 1996. The platform organization: recombining strategies, structures, and surprises[J]. Organization Science, 7（2）: 103–118.

［193］CLEMONS K E, REDDI P S, ROW C M, 1993. The lmpact of information technology on the organization of economic activity: The "Move to the Middle" hypothesis [J]. Journal of Management Intormation Systems, 10（2）: 9–35.

［194］COSTELLO A M, WITTENBERG–MOERMAN R, 2011. The impact of financial reporting quality on debt contracting: evidence from internal control weakness reports[J]. Journal of Accounting Research, 49（1）: 97–136.

［195］CUI L, WANG Y S, 2023. Can corporate digital transformation alleviate financial distress？ [J]. Finance Research Letters（55）: 103983.

［196］DRUCKER P, 1992. The new society of organizations[J]. Harvard Business Review, 95–1042.

［197］FENG M, LI C, MCVAY S, 2009. Internal control and management guidance[J]. Journal of Accounting and Economics, 48（1）: 190–209.

［198］GALBRAITH J, 1977. Designing complex organizations reading, MA: Addison Wesley.

［199］GALLIMBERTI, CARLO M, 2021. Borrowers' financial reporting and the quality of banks' Loan portfolios[J]. Accounting Review, 96（2）: 261–301.

［200］GAO X, JIA Y, 2016. Internal control over financial reporting and the safeguarding of corporate resources: evidence from the value of cash holdings[J]. Contemporary Accounting Research, 33（2）: 783–814.

［201］GOBBLE M, 2018. Digital strategy and digital transformation[J]. Research Technology Management, 61（5）: 66–71.

［202］GOH B W, LI D, 2011. Internal controls and conditional conservatism[J]. The Accounting Review, 86（1）: 975–1005.

［203］GOLDFARB A, TUCKER C, 2019. Digital economics[J]. Journal of Economic Literature, 57（1）: 3–43.

［204］GOLDFARB A, TUCKER A, 2012. An analysis of multiple consecutive years of material weaknesses in internal control[J]. The Accounting Review, 87（6）: 2027–2060.

［205］GRAY J, Rumpe B, 2017. Models for the digital transformation[J]. Software

&Systems Modeling, 16（2）：307–308.

［206］HALPERN N, MWESIUMO D, SUAU-SANCHEZ P, BUDD T, BRATHEN S, 2021. Ready for digital transformation? The effect of organisational readiness, innovation, airport size and ownership on digital change at airports[J]. Journal of Air Transport Management, 90.

［207］HAMMERSLEY J S, LINDA M A, SHAKESPEARE C, 2008. Market reactions to the disclosure of internal control weaknesses and to the characteristics of those weanesses under section 302 of the sarbanes–oxley act of 2002[J]. Review if Accounting Studies, 13（1）：141–165.

［208］HANELT A, BOHNSACK R, MARZ D, ANTUNES MARANTE C, 2021. A systematic review of the literature on digital transformation：Insights and implications for strategy and organizational change[J]. Journal of Management Studies, 58（5）：1159–1197.

［209］HANWEN C, DAOGUANG Y, JOSEPH H, 2020. ZHANG, HAIYAN ZHOU. Internal controls, risk management, and cash holdings[J]. Journal of Corporate Finance, 64.

［210］HESS T, MATT C, BENLIAN A, & WIESBÖCK F, 2016. Options for formulating a digital transformation strategy[J]. MIS Quarterly Executive, 15（2）.

［211］HOITASH R, HOITASH U, JOHNSTONE K M, 2012. Internal control material weaknesses and CFO compensation[J]. Contemporary Accounting Research, 29（3）：768–803.

［212］HUANG P S, GUO J, MA T S, et al, 2015. Does the value of cash holdings deteriorate or improve with material weaknesses in internal control over financial reporting? [J]. Journal of Banking & Finance, 54（5）：30–45.

［213］JOHNSTONE K, LI C, RUPLEY K H, 2011. Changes in corporate governance associated with the revelation of Internal control material weaknesses and their subsequent remediation[J]. Contemporary Accounting Research, 28（1）：331–383.

［214］KANTER, 1989. The new managerial work[J]. Harvard Business Review, 85–92.

［215］KEUNE M B, KEUNE T M, 2018. Do managers make voluntary accounting changes in response to a material weakness in internal control? [J]. Auditing, 37（2）：107–137.

［216］KHIN S, HO T C, 2019. Digital technology, digital capability and organizational performance：a mediating role of digital innovation[J]. International Journal of

Innovation Science, 11（2）: 177–195.

［217］KIRSTEN A. COOK, G. RYAN H, THOMAS C. OMER, 2008. Earnings management through effective tax rates: the effects of tax - planning investment and the sarbanes - oxley act of 2002 *[J]. Contemporary Accounting Research, 25（2）: 447–471.

［218］LI C M, HUO P, WANG Z Y, ZHANG W G, et al, 2023. Digitalization generates equality？ enterprises' digital transformation, financing constraints, and labor share in China[J]. Journal of Business Research（163）: 113924.

［219］LI R, RAO J, WAN L Y, 2022. The digital economy, enterprise digital transformation, and enterprise innovation[J]. Managerial and Decision Economics, 43（7）: 2875–2886.

［220］LISIC L L, MYERS L A, SEIDEL T A, et al, 2019. Does audit committee accounting expertise help to promote audit quality？ evidence from auditor reporting of internal control weaknesses[J]. Contemporary Accounting Research, 36（4）: 2521–2553.

［221］LI T H, WEN J Y, ZENG D W, LIU K, 2022. Has enterprise digital transformation improved the efficiency of enterprise technological innovation？ a case study on Chinese listed companies[J]. Mathematical Biosciences and engineering, 19（12）: 12632–12654.

［222］I YAMU I, XU A X T, GOMEZ–RAMIREZ O, et al, 2021. Defining digital public health and the role of digitization, digitalization, and digital transformation: scoping Review[J]. JMIR Public Health Surveill, 7（11）: e30399.

［223］MAEDCHE, A, 2016. Interview with michael nilles on—what makes leaders successful in the age of the digital transformation？[J]. Business & Information Systems Engineering, 58（4）: 287–289.

［224］MAJCHRZAK A, MARKUS M L, & WAREHAM J, 2016 Designing for digital transformation: Lessons for information systems research from the study of ICT and societal challenges[J]. MIS Quarterly, 40（2）: 267–277.

［225］MANDZILA E E W, ZEGHAL D, 2016. Content analysis of board reports on corporate governance, internal controls and risk management: Evidence from france[J]. Journal of Applied Business Research, 32（3）: 637–648.

［226］MATT C, HESS T, BENLIAN A, 2015. Digital transformation strategies[J]. Business & Information Systems Engineering, 57（5）: 339–343.

［227］MC MULLEN D A, RAHUNANDAN K, RAMA D V, 1996. Internal control reports and financial reporting problems[J]. Accounting Horizons，10（4）：67–75.

［228］MERGEL I，EDELMANN N，HAUG N，2019. Defining digital transformation：Results from expert interviews[J]. Government Information Quarterly，36（4）：101385.

［229］NEGROPONTE N，1995. Being digital[M]. New York：Alfred Knopf.

［230］NTT DoCoMo 官方网站

［231］OECD，2019. Measuring the digital transformation[M]. Paris：OECD Publishing.

［232］RICE S C，WEBER D P，WU B，2015. Does sox 404 have teeth？ Consequences of the failure to report existing internal control weaknesses[J]. The Accounting Review，90（3）：1169–1200.

［233］SEBASTIAN I，ROSS J，BEATH C，MOCKER M，MOLONEY K，& FONSTAD N，2017. How big old companies navigate digital transformation[J]. MIS Quarterly Executive，16（3）：197–213.

［234］SETIAWAN A，DJAJADIKERTA H，MAJIDAH，2017. Impact of internal audit function on internal control disclosure[J]. Advanced ence Letters，23（9）：8078–8084.

［235］SHI W，WANG R，2012. Dynamic internal control performance over financial reporting and external financing[J]. Journal of Contemporary Accountiing & Economics，8（1）：92–109.

［236］SINGHAL K，FENG Q，GANESHAN R，SANDERS N R，& SHANTHIKUMAR J G，2018. Introduction to the special issue on perspectives on big data[J]. Production and Operations Management，27（9）：1639–1641.

［237］STABELL C B，FJELDSTAD Ø D，1998. Configuring value for competitive advantage：On chains，shops，and networks[J]. Strategic Management Journa，119（5）：413–437.

［238］SULAIMAN，S，MITCHELL，F，2005. Utilising a typology of management accounting change：An empirical analysis[J]. Management Accounting Research，16（4）：422–437.

［239］SU L N，ZHAO X R，ZHOU G S，2014. Do customers respond to the disclosure of internal control weakness？［J]. Journal of Business Research，67（7）：1508–1518.

［240］TEKIC Z，KOROTEEV D，2019. From disruptively digital to proudly analog：A holistic typology of digital transformation strategies[J]. Business Horizons，62（6）：683–

693.

[241] TOBIAS K, & POOYAN K Digital transformation and organization design, 2020: An integrated approach[J]. California Management Review, 62（4）: 86–104.

[242] VIAL G, 2019. Understanding digital transformation: A review and a research agenda[J]. Journal of Strategic Information Systems, 28（2）: 118–144.

[243] WEI X C, CHENG L, TIAN J Z, 2024. The stages of enterprise digital transformation and its impact on internal control: Evidence from China[J]. International Review of Financial Analysis（92）: 103079.

[244] WESTERMAN G, BONNET D, 2015. Revamping your business through digital transformation[J]. MIT Sloan management review, 56（3）: 10–13.

[245] WILLIAMSON O E, 1975. Markets and hierarchies, analysis and antitrust implications: a study in the economics of internal organization.

[246] WILLIS D M, SUSAN S L, 2000. Management Reports on Internal Controls: What do they say about your company？ [J]. Journal of Accountancy, 14（2）: 52–63.

[247] XIAO L, FEI Y Z, ZHI Q Z, 2024. Corporate digital transformation, internal control and total factor productivity.[J]. PloS one, 19（3）: e0298633–e0298633.

[248] YAN Z G, 2012. Internal control quality, firm risk and cost of equity capital: theoretical analysis and empirical test[J]. Economic Survey, 1（5）: 107–111.

[249] ZHAO T Y, YAN N, JI Y J, 2023. Digital transformation, life cycle and internal control effectiveness: Evidence from China[J]. Finance Research Letters, 58（PA）.

[250] ZHANG H Y, DONG S Z, 2023. Digital transformation and firms' total factor productivity: The role of internal control quality[J]. Finance Research Letters, 57.